MENUS
ET RECETTES
POUR TOUTE
LA FAMILLE

MENUS ET RECETTES POUR TOUTE LA FAMILLE

FRANÇOISE BERNARD

HACHETTE

Maquette : Guy Gilbert
Dessins : Jacques Taillefer

Crédit photographique :
Philippe Asset : pages 64, 97, 128, 160, 161, 288,
Patrick Bourdet : pages 32, 96, 193, 224, 256, 289, 320,
Laurence Vidal : pages 33, 65, 129, 192, 225, 257, 321

INTRODUCTION

Avec Menus et recettes pour toute la famille, *j'ai voulu vous apporter un service encore plus complet que dans mes livres précédents. Vous allez y trouver :*

– *des* recettes nouvelles *très faciles à réussir, n'exigeant pas d'ingrédients extraordinaires ni de longs préparatifs ou de tours de force techniques. Tout est simple. Il vous suffit de suivre mes indications à la lettre pour obtenir un bon résultat ;*

– *des* menus *élaborés autour de chacune de ces recettes, tenant compte des règles d'hygiène alimentaire, des lois de la gastronomie et des contraintes de temps et de budget de toute maîtresse de maison jeune et active.*

Ces menus que je vous propose sont donc le résultat de l'expérience et du bon sens. C'est ainsi qu'une recette simple et vite faite figurera dans un menu de tous les jours, *qu'un plat plus élaboré ou un peu plus coûteux entrera dans un* menu soigné *et qu'une recette raffinée faisant appel à des produits plus nobles sera réservée à une* réception.

Sans jouer à la diététicienne, je n'ai pas pour autant négligé l'aspect nutritionnel des menus : chacun d'eux s'efforce de respecter un certain équilibre entre protéines, sucres et corps gras, tout en évitant l'excès de calories ou l'insuffisance de vitamines. Mais l'équilibre se retrouve surtout au niveau de l'ensemble des menus, et, si vous y avez souvent recours, votre régime alimentaire sera raisonnable et varié, ce qui est l'essentiel d'une bonne hygiène alimentaire.

En matière de fromages, *j'ai voulu sortir du banal tiercé camembert - gruyère - saint-paulin, en vous suggérant, à côté de ces classiques, d'autres variétés de fromages (il en existe plus de 300...) bien assorties à vos repas.*

Enfin, pour les menus soignés ou de réception, je vous propose des vins aptes à mettre en valeur la saveur de vos plats. Mais comme en matière de vin les combinaisons les plus diverses sont possibles, j'ai surtout voulu vous aider à faire, vous-même, votre propre choix. Vous trouverez donc – autre nouveauté dans ce type d'ouvrage – un chapitre assez étoffé sur le bon usage du vin, *comprenant : aperçus sur la réglementation, signification des appellations, vocabulaire du vin, inventaire des 150 crus les plus courants et, surtout, un répertoire des bons mariages entre les mets et les vins.*

Je n'ai pas cherché à rivaliser avec les nombreux ouvrages spécialisés traitant du vin de façon beaucoup plus savante. Mon propos est simplement de vous fournir quelques éléments de base qui vous permettront de choisir vos vins en meilleure connaissance de cause.

Et, comme dans la plupart de mes ouvrages, les recettes sont très faciles à retrouver puisqu'elles sont classées par ordre alphabétique et qu'à la fin du livre figurent, en plus,
– un index général alphabétique,
– un index par catégorie de plats.

J'espère que ce livre vous rendra la préparation des menus quotidiens moins fastidieuse et vous aidera à faire, de vos repas de réception, une fête partagée.

Françoise Bernard

SAVOIR METTRE LE COUVERT

I-I *bis* Lorsqu'un potage est prévu, l'*assiette à potage* se place sur l'assiette plate. C'est la seule qu'il soit permis de superposer de la sorte.

Une assiette sale est enlevée toujours à gauche du convive ; l'assiette propre est présentée du côté droit.

2 La *fourchette* se pose à gauche, les dents tournées vers la nappe.

3 Le tranchant de la lame du *couteau,* posé à droite, doit être tourné vers l'assiette.

Au cours d'un repas intime, on ne change pas fourchette et couteau après chaque plat. Ils reposeront alors sur un *porte-couteau* placé en haut et à droite de l'assiette. Ce porte-couteau est superflu au cours d'un repas de réception, puisque le couvert est changé et que la nappe ne risque pas d'être salie.

4-5 *Fourchette* et *couteau à poisson* sont disposés de part et d'autre du couvert ordinaire ; le couteau, non coupant et de forme arrondie, est généralement en métal argenté : une lame d'acier risque de communiquer un goût au poisson. La fourchette est plus large, mais plus petite que la fourchette ordinaire.

6 La partie creuse de la *cuiller à potage* doit être tournée vers la nappe. Cette cuiller se place après les couteaux.

7 Le *verre à eau* (le plus grand) est placé au-dessus de l'assiette, légèrement à gauche.

8 Le *verre à vin blanc* doit être de taille moyenne.

9 Le *verre à vin rouge* peut être un peu plus petit.

Ces verres seront placés selon leur taille, du plus grand au plus petit, en commençant par la gauche ; la *coupe* ou la *flûte à champagne* sera disposée à l'extrême gauche ou derrière les autres verres. Les *verres à liqueur* ne sont apportés à table qu'à la fin du repas.

L'usage veut, chez nous, que l'on dispose sur la table, en plus des objets énoncés plus haut, carafes, salières, poivrières et pots à moutarde.

La *soupière* n'est apportée qu'au cours d'un repas intime ; lors d'une réception, le potage doit se trouver déjà fumant dans les assiettes, lorsque les invités passent à table.

Les assiettes à fromage et à dessert (avec le couvert disposé en croix) restent sur la desserte ou une table roulante, attendant leur entrée en scène.

Il est toujours possible d'ajouter à une table de réception quelques éléments supplémentaires : *assiette à salade* (que l'on pose à gauche de l'assiette au moment où l'on apporte le saladier et qui adopte la forme d'une demi-lune) ou *assiette à pain* (posée également à gauche, mais dont l'usage est encore peu répandu en France) qui évite les miettes sur la nappe.

QUELQUES ÉCUEILS A ÉVITER...

... dans la tenue à table lorsque vous recevez ou que vous êtes invité.

Les *fromages* sont servis entamés, l'entame laissée sur le plateau. Attention ! tranchez le chèvre en biais ; ne coupez pas le nez du brie ; les fromages ronds se coupent en quartiers ; dans les fromages carrés, on plante la lame jusqu'au milieu et d'un second coup de couteau, on détache le triangle tenant au centre. Évitez toujours que le dernier servi ne trouve que des croûtes...

Pour peler correctement un *fruit,* maintenez-le solidement sur l'assiette avec votre fourchette. Ceci demande une certaine dextérité ; si vous ne l'avez pas, prenez une mandarine qui s'épluche tout simplement avec les doigts...

Quant au *pain,* si vous êtes invité, vous le trouverez en ouvrant votre serviette ; et si vous en manquez, n'en réclamez pas ; il faut attendre que l'on vous en propose.

Bien que ce ne soit pas pratique, il est encore d'usage de ne pas se servir de couteau pour la salade. Si une feuille est trop grande, brisez-la avec le bord de votre fourchette.

Le rince-doigts, même en simple céramique, s'impose quand vous mettez des crustacés au menu. Présentez-le empli d'eau tiède avec une rondelle de citron ou un pétale de rose... Vos invités s'y rinceront le bout des doigts et les essuieront avec leur serviette.

En quittant la table, posez votre *serviette,* sans la plier, à gauche de l'assiette.

Enfin, *ne fumez pas à table !* Attendez que la maîtresse de maison vous y autorise de bon cœur et ne lui demandez cette permission qu'à partir des fromages...

Recettes

Abats (préparation et cuisson)

ABATS	BŒUF		VEAU		GÉNISSE		MOUTON		PORC		PRÉPARATION
	Cuisson	Pour 4	Cuisson	Pour 4	Cuisson	Pour 4	Cuisson	Pour 4	Cuisson	Pour 4	
Amourettes	10 mn	500 g	10 mn	500 g	10 mn	500 g					• au court-bouillon bouillant : portez lentement à ébullition, retirez du feu et laissez « pocher » hors du feu, jusqu'à refroidissement. • meunière, maître d'hôtel, beignets ou garniture de vol-au-vent.
Cervelle	20 mn	1	10 mn	2	10 mn	2	5 mn	4	5 mn	4	
Cœur	2 h	1	1 h 30	1 ou 2	2 h	1 ou 2	1 h	4			• braisé, farci. En steaks (5 mn à la poêle).
Foie	braisé 30 mn par livre	1 kg	5 mn	500 g	5 mn	500 g	5 mn	500 g	5 mn	500 g	• sauté, en brochettes. Braisé.
Fraise			1 h 30 (court-bouillon)	800 g à 1 kg							• sautée, vinaigrée, gribiche. (parfois vendue déjà cuite) (1)
Gras-double et tripes	3 h	1 kg									• frits, sautés, au gratin, en ragoût, à la poulette. (parfois vendus déjà cuits) (1)
Joue	3 à 4 h	800 g à 1 kg									• en pot-au-feu, daube, bourguignon.
Langue	2 h 30 à 3 h	1/2	1 h 45	1			45 mn	4			• bouillie, braisée, avec sauce madère, sauce tomate, sauce piquante.
Pieds			1 h 30	4			1 h 30	4 ou 6	Panés 15 mn (au four)	4	• bouillis avec sauce poulette, vinaigrette. Braisée. (pieds de porc vendus déjà cuits)
Ris			30 mn	1			30 mn	2			• au court-bouillon (5 mn) puis braisés (25 mn), en garniture de vol-au-vent.
Rognon	braisé 1 h 30 à 2 h	1 ou 1 ½	brochettes 10 mn, ou sauté 5 mn	2		2		4 ou 6		4	• sauté, flambé, cocotte, en brochettes.
Tête			1 h 30	1					3 à 4 h	1/2	• au court-bouillon puis fines herbes, sauce câpres, tartare, rémoulade, aïoli, moutarde. – En terrine.
Tétine					8 mn	4 tranch.					• sautée avec hachis d'ail et de persil. (vendue demi-cuite, en tranches)

(1) **Fraise, tripes et gras-double** sont vendus sous deux formes : presque cuits ou juste ébouillantés (blanchis). Dans ce dernier cas, ils nécessitent une cuisson assez longue au court-bouillon. Renseignez-vous auprès de votre tripier au moment de l'achat. Il se peut aussi que vous aimiez les tripes moelleuses ou encore croquantes sous la dent. Toutes ces raisons peuvent vous amener à modifier le temps de cuisson indiqué dans ce tableau.

Agneau fricassé à l'orientale

Très facile
Raisonnable
Prép. et cuisson : 1 h 45
en autocuiseur : 45 mn

Pour 4, il faut :
800 g d'épaule d'agneau désossée ou 1,5 kg de collier, en morceaux
500 g de petites aubergines très fermes
Sel
Un peu de farine
1 verre d'huile environ
2 oignons hachés
3 ou 4 tomates bien mûres
1 cuil. à soupe de tomate concentrée
Poivre
½ cuil. à café de curcuma (facultatif)
1 ou 2 pincées de cayenne
Bouquet garni
½ citron

Menu

Fromage blanc aux radis roses (p. 130)
*Agneau fricassé à l'orientale**
Gros macaronis
Salade de fruits

☐ Lavez les aubergines. Coupez-les en gros dés, sans les peler. Mettez-les à macérer dans une terrine avec beaucoup de sel pendant ¼ d'heure, afin qu'elles rendent le plus d'eau possible.

☐ Pendant ce temps, farinez légèrement les morceaux de viande. Faites-les dorer dans une cocotte (ou l'autocuiseur) contenant un peu d'huile très chaude. Joignez-y oignons hachés, puis tomates en morceaux, tomate concentrée, sel, poivre, curcuma, cayenne et bouquet garni. Mélangez et laissez cuire quelques minutes à feu vif, sans couvrir.

☐ Égouttez les aubergines et épongez-les. Faites-les rissoler à la poêle avec de l'huile très chaude. Déposez-les dans la cocotte. Arrosez-les d'1 verre d'eau (en autocuiseur : 1 verre seulement). Couvrez et laissez mijoter 1 heure 30 environ (en autocuiseur : 45 minutes).

☐ ½ heure avant la fin, ajoutez le jus de citron dans la cocotte. La cuisson terminée, la viande doit être très moelleuse et les aubergines presque réduites en purée.

Aiguillette de bœuf en gelée

Facile
Raisonnable
A préparer 2 jours à l'avance
Marinage : 12 h
Cuisson : 4 h
en autocuiseur : 1 h 30
Au réfrigérateur : 12 h

Pour 6 à 8, il faut :
1,500 kg à 2 kg d'aiguillette baronne
1 pied de veau fendu
2 os de veau
1 cuil. à soupe d'huile
Sel, poivre

Marinade :
2 verres de banyuls
2 verres à liqueur d'eau-de-vie
3 verres de vin blanc sec
12 petits oignons
1 carotte en rondelles
3 gousses d'ail
Bouquet garni
1 oignon piqué de 3 clous de girofle
10 grains de poivre
2 pincées de quatre-épices

Décor :
Feuilles de laitue
Cornichons

1 terrine du volume de la viande

Menu soigné froid

Soupe glacée au concombre (p. 313)
*Aiguillette de bœuf en gelée**
Salade de maïs aux couleurs de l'été (p. 285)
Coupes de glace au coulis de framboises

Vouvray ou Montlouis

☐ *L'avant-veille :* dans une grande terrine, mettez l'aiguillette à macérer avec la marinade au frais. Couvrez.

☐ *La veille :* faites bouillir le pied et les os de veau à l'eau salée, 10 minutes. Égouttez et rincez-les.

☐ Retirez l'aiguillette de sa marinade. Épongez-la. Faites-la dorer de toute part dans une grande cocotte, avec 1 cuil. d'huile, sur feu vif. Égouttez la graisse surchauffée. Ajoutez-y ensuite la marinade et ses aromates (sauf les oignons), pied et os de veau, sel, poivre et ¼ litre d'eau bouillante. Laissez mijoter doucement, bien couvert, pendant 4 heures (en autocuiseur : 1 heure 30). ½ heure avant la fin de la cuisson, ajoutez les oignons.

☐ La cuisson terminée, versez un doigt de jus de cuisson dans la terrine. Laissez prendre au froid.

☐ Déposez l'aiguillette sur cette couche de gelée. Disposez autour le pied de veau coupé en dés, rondelles de carotte et petits oignons. Recouvrez de jus de cuisson passé. Remettez dans le réfrigérateur pendant une nuit entière.

☐ *Le jour même :* démoulez sur une planche à découper l'aiguillette prise en gelée. Découpez-la avec soin (un couteau électrique vous facilitera cette tâche). Disposez les tranches sur le plat de présentation garni de feuilles de laitue et de cornichons.

MON AVIS

Cette recette, malgré les apparences, est très facile à préparer. Si vous aimez cuisiner, la succession d'opérations diverses sur un temps assez long n'est pas pour rebuter. D'autant qu'elles n'exigent que peu de travail à chaque fois. Vous n'avez rien à faire, ni à surveiller pendant les 12 heures de marinage et la prise en gelée.
Alors, si le cœur vous en dit, faites ce joli plat froid pour temps chaud !

Une précaution indispensable : avant d'utiliser le pied et les os de veau, plongez-lez dans une casserole d'eau froide. Portez-lez à ébullition 10 minutes, puis rincez-les sous l'eau du robinet pour en ôter l'écume qui s'est formée. Vous les ajouterez ensuite dans la cocotte où mijote la viande. L'écume étant éliminée, votre gelée finale sera plus belle.

Ananas en gondole

Très facile
Raisonnable
Prép. : 30 mn

Pour 4, il faut :
1 ananas et son plumet
100 g de sucre en poudre
1 verre à liqueur
de kirsch ou rhum
¼ litre de glace vanille
Quelques fraises,
framboises
ou cerises confites

Menu soigné maigre

Pissaladière (p. 231)
Brochettes
de St-Jacques au bacon (p. 40)
Champignons farcis (p. 55)
Fromages
*Ananas en gondole**

Beaujolais Villages (frais)
Sancerre ou Pouilly Fumé
Boursin – Monsieur
Pont-l'Évêque

☐ Couchez l'ananas sur la planche à découper. Avec un grand couteau à lame large (ou un couteau électrique), partagez-le en deux moitiés égales, de haut en bas, plumet compris.

☐ Puis détachez la chair en glissant la lame d'un petit couteau pointu tout le long de l'écorce. Sortez-la de l'écorce. Otez l'arête centrale qui est dure, en la coupant de part et d'autre (vous obtenez un long bâtonnet).

☐ Coupez la chair en dés. Laissez macérer avec sucre et alcool dans le réfrigérateur, jusqu'au moment du dessert, en compagnie des 2 écorces vides.

☐ Juste avant de servir, garnissez les écorces avec des cuillerées de glace et dés d'ananas. Parsemez de fraises ou de framboises – ou, à défaut, de cerises confites – pour ajouter une note colorée.

Choix de l'ananas : un ananas à point est généralement de couleur jaune orangé. Mais il en est qui sont nuancés de vert et cependant très bons. Vous reconnaîtrez sa fraîcheur à la touffe de feuilles vertes et drues (plumet) qui le surmonte. C'est un détail important pour la recette ci-dessus.
Soupesez-le et tâtez-le : il doit être lourd et un peu souple.
Un ananas taché de brun peut être trop mûr. Même s'il sent très bon, il risque d'être difficile à digérer.

MON AVIS
Ce dessert sera plus avantageux (pour 6 personnes avec les mêmes quantités de glace et d'ananas) si vous y ajoutez 2 ou 3 bananes en rondelles. Dans ce cas, parfumez plutôt avec du rhum.

Andouillettes braisées au four

Très facile
Économique
Prép. et cuisson : 50 mn
Thermostat : 4/5

Pour 4, il faut :
4 andouillettes
2 échalotes
3 verres de vouvray sec
Sel, poivre

Menu

Salade d'endives et betterave rouge

*Andouillettes braisées au four**

Purée

Pain perdu/confiture *(p. 212)*

☐ Hachez finement les échalotes. Mettez-les dans un plat à feu, ainsi que le vin, sur feu doux jusqu'à ébullition.

☐ Retirez le plat du feu. Placez-y les andouillettes. Salez légèrement. Poivrez bien. Glissez le tout à mi-hauteur du four moyennement chaud (th. 4/5) jusqu'à ce que le jus soit presque complètement absorbé (45 minutes environ). Les andouillettes doivent être alors dorées. Couvrez-les d'une feuille d'aluminium si elles colorent trop rapidement.

☐ Présentez les andouillettes tièdes, dans le plat de cuisson. Accompagnez-les de pommes de terre sautées, cuites à la vapeur, en purée, ou même avec des quartiers de pommes-fruits non sucrés sautés à la poêle avec un peu de beurre.

MON AVIS
Pour que les andouillettes n'éclatent pas en cuisant, piquez-les sans pitié un peu partout, avec une fine aiguille, avant de les mettre au four ou à la poêle.

Artichauts

Par personne :
1 (ou 2 petits)
Choix :
lourds, aux feuilles vertes jusqu'à la pointe, sans taches, la tige grosse, fraîchement tranchée
Cuisson : 45 mn

☐ *Préparation :* coupez la tige au ras de la tête. Plongez-les 5 minutes dans beaucoup d'eau vinaigrée, tête en bas, pour déloger les pucerons. Lavez ensuite sous l'eau courante en écartant les feuilles.

☐ *Cuisson simple :* dans l'eau bouillante. Couvrez et laissez-les bouillir de 40 à 45 minutes. Égouttez-les aussitôt cuits, la pointe des feuilles en bas pour que l'eau s'écoule.

☐ *Présentation :*
– crus : à la croque au sel ou à la vinaigrette (artichauts nouveaux) ;
– cuits :
• froids : à la vinaigrette simple ou avec fines herbes, jaune d'œuf dur haché ; ou avec crème fraîche assaisonnée ; garnis de crevettes, de concombre à la crème ;
• chauds : braisés à la cocotte (1 heure environ) ; garnis d'œuf haché, ou de lamelles de champignons sautées.

Fonds d'artichauts :
– frais ou en boîte : garnis de macédoine, petits pois, haricots verts, champignons, pointes d'asperges, en salade et à la grecque ;
– chauds : sauces béarnaise, Mornay, tomate ;
– sautés : seuls ou mélangés avec d'autres légumes (petits pois, pommes de terre et champignons) ; ou coupés en lamelles pour fourrer une omelette.

Petits conseils : *détachez une feuille pour vous assurer que la cuisson est à point.*

Ne conservez pas les artichauts cuits plus d'une journée : très indigeste.

Asperges

Par personne :
400 à 500 g
Choix :
fermes, brillantes, fraîchement coupées, à têtes rosées, grosses et courtes, elles laissent moins de déchets
Cuisson : 15 à 20 mn à partir de l'ébullition

□ *Préparation :* pelez avec un couteau économe, à partir de la tête. Cassez la tige près de la base (elle se brise à l'endroit où elle cesse d'être tendre). Lavez et liez en bottillons de 5 ou 6. Elles peuvent être conservées épluchées, dans un bac en plastique hermétique, au réfrigérateur jusqu'au lendemain.

□ *Cuisson simple :* dans de l'eau salée en ébullition. Laissez bouillir doucement de 15 à 20 minutes. Égouttez aussitôt. Tenez au chaud à l'entrée du four ou au-dessus d'une casserole d'eau en ébullition.

□ *Présentation :*
– tièdes ou froides : à la vinaigrette, avec ou sans fines herbes ; mayonnaise ; crème fraîche assaisonnée de citron ou vinaigre ;
– chaudes : avec sauces hollandaise ; mousseline ; béchamel ; beurre fondu ;

– **pointes d'asperges** (en boîte) :
• réchauffées, pour garnir : tartelettes ; fonds d'artichauts ; œufs brouillés ; omelette ;
• froides, sur canapés avec mayonnaise.

Petits conseils : *dès que la fourchette pénètre facilement à la base des asperges, égouttez-les.*

Mieux vaut les cuire à la dernière minute car elles sont moins bonnes après un séjour dans le réfrigérateur.

Aspics de fruits au Riesling

Facile
Raisonnable
Prép. et cuisson :
1 h 30, la veille
+ au réfrigérateur :
jusqu'au lendemain

Pour 4 à 6, il faut :
2 bols de beaux fruits variés, pelés et dénoyautés (cerises, fraises, framboises, raisins, mirabelles, dés d'ananas, pêches, cerneaux de noix)
6 feuilles de gélatine
250 g de crème Chantilly (facultatif)

Sirop léger :
125 g de sucre
1 cuil. à soupe de jus de citron
1 bouteille de vin de Riesling

1 moule très profond (à charlotte) de 16/18 cm ∅

Menu soigné

Gazpacho (p. 135)
Épaule d'agneau farcie aux herbes
Pommes de terre en robe d'argent (p. 239)
Fromages
*Aspics de fruits au Riesling**

Rosé de Béarn ou de Provence
Chèvre frais – Carré de l'Est Roquefort

☐ *Sirop léger :* sur feu doux, mélangez sucre, jus de citron et vin. Retirez du feu dès l'ébullition.

☐ Plongez, l'une après l'autre, les feuilles de gélatine dans un bol d'eau froide pour les ramollir. Épongez-les à plat et, sans les laisser se recroqueviller, délayez-les avec le sirop très chaud, en tournant sans arrêt avec une cuiller en bois.

☐ Versez, dans le moule, 1 cm de ce mélange chaud. Laissez prendre 30 minutes dans le réfrigérateur. Mettez-y également le reste de gelée.

☐ Au bout de ce temps, disposez dans le moule sur la gelée durcie une couche de fruits. Recouvrez avec un peu de gelée froide mais encore liquide. Remettez 10 minutes au réfrigérateur pour solidifier.

☐ Étalez une seconde couche de fruits dans le moule. Recouvrez avec un peu de gelée liquide. Replacez 10 minutes au réfrigérateur pour laisser « prendre », et ainsi de suite jusqu'à ce que le moule soit plein. Couvrez et remettez dans le réfrigérateur.

☐ Pour démouler, plongez le fond du moule dans de l'eau chaude pendant quelques secondes. Glissez la lame d'un couteau pour décoller l'aspic. Retournez le plat de service dessus. Culbutez le tout. Soulevez lentement le moule : l'aspic glissera lentement vers le bas. Remettez dans le réfrigérateur jusqu'au dessert. Présentez tel quel ou avec de la crème chantilly.

Aspics de légumes

Très facile
Économique
Prép. : 10 mn
+ au réfrigérateur : 1 h

Pour 4 à 6, il faut :
½ boîte de macédoine de légumes extra
1 sachet de gelée ou 1 boîte
1 citron
Sel, poivre
Laitue ou cresson

4 à 6 ramequins (porcelaine ou verre)

Menu soigné

*Aspics de légumes**
Osso-buco (p. 208)
Spaghetti
Fromages
Tarte au citron (p. 322)

Valpolicella ou Beaujolais Villages
Vacherin – Tomme de Savoie Chabichou

☐ Égouttez la macédoine avec soin. Pressez-la légèrement dans du papier absorbant.

☐ Préparez la gelée selon le mode d'emploi. Ajoutez-y, en plus, 1 cuil. à soupe de jus de citron, sel, poivre. Versez-en ½ cm au fond des ramequins. Faites-la voyager sur les parois. Mettez 5 minutes dans le réfrigérateur.

☐ La couche de gelée étant durcie dans les ramequins, emplissez-les de macédoine. Versez le reste de gelée liquide dessus. Laissez prendre dans le réfrigérateur.

☐ Présentez les aspics démoulés sur des feuilles de laitue entières ou tranchées en fines lanières, ou encore sur un lit de feuilles de cresson, légèrement assaisonné. Vous pouvez démouler les aspics d'avance, mais remettez-les au réfrigérateur jusqu'au moment de servir, sinon la gelée ramollirait.

Pour démouler plus facilement des aspics ou des œufs en gelée, il suffit de tremper le fond du moule dans de l'eau très chaude 3 ou 4 secondes seulement et de les retourner aussitôt sur le plat. Ne les laissez pas plus longtemps car la gelée, fondant très vite, s'effondrerait au démoulage.

MON AVIS
Pour un plat plus riche, mélangez à la macédoine des crevettes décortiquées ou du crabe. Relevez bien avec quelques gouttes de tabasco ou pincées de cayenne.

Avocats « diabolic »

Facile
Raisonnable
Prép. : 25 mn

Pour 4, il faut :
¼ de poivron rouge (doux)
2 avocats
1 citron
2 belles tomates
1 oignon
1 cuil. à café de câpres
1 cuil. à soupe
de fromage blanc
Sel, poivre
Quelques gouttes
de tabasco
3 cuil. à soupe d'huile

Menu

*Avocats « diabolic »**
Côtes de veau à la poêle
Haricots verts persillés
Fromage
Quatre-quarts/confiture

□ Coupez très finement le morceau de poivron. Laissez macérer avec du sel.

□ Pendant ce temps, partagez les avocats en deux. Videz-les soigneusement sans abîmer la peau. Mettez de côté ces « coques » vides.

□ Coupez la chair des avocats en petits dés. Citronnez-les aussitôt. Pelez les tomates. Pressez-les légèrement pour les épépiner et épongez-les.

□ Hachez l'oignon. Épongez le poivron. Dans un bol, mélangez délicatement ceux-ci avec tomates, câpres, fromage blanc, avocats, sel, poivre, tabasco, huile et 1 cuil. à soupe de jus de citron. Laissez reposer 15 minutes au frais, ainsi que les coques d'avocat vides citronnées. Au moment de servir, vous répartirez dans celles-ci la salade « diabolic ».

L'avocat se présente sous des formes et des couleurs variées, allant du tout à fait lisse à très rugueux, du vert clair au vert sombre.
Une fois coupée, sa chair s'oxyde et noircit rapidement. Pour l'éviter, aspergez-la de citron aussitôt coupée.
Un avocat est bon s'il est dégusté à point, souple sous la pression du doigt, telle une poire mûre. Il a une meilleure saveur à la température de la pièce. Un avocat encore dur peut mûrir chez vous. Dans ce cas, enveloppez-le de papier et laissez-le dans votre cuisine plus ou moins chaude où il continuera à mûrir sans se dessécher. Si l'avocat est mûr à point, il peut quand même être gardé quelques jours à condition d'être enveloppé dans du papier d'aluminium et mis au frais, mais jamais dans le réfrigérateur – trop froid – où il noircirait.

MON AVIS
Quelques crevettes décortiquées peuvent être ajoutées à l'ensemble.

Bananes flambées

Très facile
Économique
Prép. et cuisson : 10 mn

Pour 4, il faut :
4 bananes pas trop mûres
½ citron
30 g de beurre
4 cuil. à soupe de sucre
1 sachet de sucre vanillé
2 verres à liqueur de rhum

Menu soigné

Salade russe *(p. 292)*
Poule à l'ivoire
Riz
Fromages
*Bananes flambées**

Riesling
Côtes-de-Beaune
Vacherin – Saint-Marcellin
Bondon de Neufchâtel

☐ Pelez et coupez les bananes en deux dans le sens de la longueur. Arrosez-les de citron.

☐ Faites doucement fondre le beurre dans une poêle. Mettez-y les bananes à cuire à feu doux, 3 à 4 minutes de chaque côté.

☐ Déposez-les dans un plat bien chaud (en métal, si possible). Saupoudrez-les avec la moitié du sucre. Versez le rhum dans une petite casserole avec le reste de sucre. Portez à ébullition. Enflammez sur le feu et versez, flambant, sur les bananes. Apportez aussitôt à table.

MON AVIS
Si des petits enfants partagent votre repas, transformez légèrement ce dessert en remplaçant le rhum par le jus de 2 oranges sucré et porté à ébullition. Vous le verserez sur les bananes comme indiqué dans la recette. Ça ne flambera pas mais ce sera délicieux quand même !

Beignets de langoustines *(gambas et grosses crevettes)*

Facile
Cher
Prép. et cuisson : 20 mn
Friture moyennement chaude : 165°
ou très chaude : 175°

Pour 4, il faut :
20 langoustines décortiquées (gambas ou grosses crevettes) surgelées ou fraîches

Pâte à frire légère :
2 blancs d'œufs
2 pincées de sel
Quelques gouttes de citron
1 cuil. à soupe bombée + 1 cuil. rase de Maïzena

Huile pour la friture

Menu réception

*Beignets de langoustines**
Mayonnaise au poivre vert (p. 301)
Filet de bœuf rôti
Jardinière de légumes
Fromages
Sorbet arrosé de liqueur de cassis

Côtes-du-Rhône (blanc ou rosé)
Médoc
Laguiole – Camembert
Chabichou

□ *Pâte à frire légère* (au moment de l'utiliser) : battez les blancs d'œufs en neige ferme avec 2 pincées de sel et citron. Ajoutez-y la Maïzena en pluie tout en mélangeant délicatement avec une cuiller en bois.

□ Trempez les langoustines même encore surgelées dans la pâte à frire. Plongez-les dans l'huile moyennement chaude pour leur laisser le temps de dégeler tout en cuisant. (Mais si les langoustines sont dégelées, jetez-les dans l'huile très chaude.)

MON AVIS
Une excellente chose est de laisser macérer les petits crustacés avec jus de citron, aromates (basilic frais, par exemple), sel, poivre et un peu d'huile pendant 1 heure environ. Leur goût sera encore plus fin.

Beignets aux pommes

Très facile
Économique
Prép. et cuisson : 30 mn
+ repos de la pâte : 1 h
Friture moyennement chaude : 165°

Pour 4, il faut :
3 ou 4 pommes
Sucre en poudre

Pâte à beignets :
5 cuil. à soupe bombées de farine
1 œuf entier + 2 blancs
1 cuil. à soupe d'huile
¼ cuil. à café de sel
¾ verre environ de lait, eau ou bière

Menu

Fonds d'artichauts garnis de concombre vinaigrette

Escalopes de dinde

Pâtes au fromage

*Beignets aux pommes**

☐ *Pâte à beignets :* mettez tous les éléments de la pâte dans le bol du mixer. Fouettez électriquement pour obtenir un mélange lisse, bien plus épais qu'une pâte à crêpes. Si possible, laissez reposer 1 heure dans le réfrigérateur.

☐ Pelez les pommes. Coupez-les en quartiers ou en rondelles d'1 cm d'épaisseur.

☐ *Cuisson :* mettez la friture à chauffer. Quand elle est moyennement chaude (165°), plongez-y les morceaux de pommes enrobés de pâte. N'y mettez que 5 ou 6 beignets à la fois pour qu'ils ne refroidissent pas trop la friture. Lorsqu'ils remontent à la surface, bien dorés, égouttez-les. Saupoudrez-les de sucre et servez-les très chauds.

MON AVIS
Pour obtenir une pâte plus légère et plus croustillante, vous pouvez battre les blancs d'œufs en neige avant de les incorporer à la pâte – mais au moment seulement de l'utiliser, car les blancs en neige retombent vite.

D'autres fruits, tels que poires, abricots et bananes, se préparent également en beignets.

Biscuit à la confiture

Très facile
Économique
Prép. : 15 mn
(pas de cuisson)

Pour 6 à 8, il faut :
1 génoise achetée toute préparée, de 22 cm ∅
½ verre de sirop de fruit concentré
1 pot de confiture d'abricots
Quelques cerises confites et morceaux d'angélique

Glaçage royal :
4 ou 5 cuil. à soupe de sucre glace
1 blanc d'œuf
1 cuil. à soupe de jus de citron

Menu soigné «enfants»

Tomates bruxelloises *(p. 332)*
Croquettes milanaise *(p. 98)*
Pommes chips
Fontainebleau
*Biscuit à la confiture**

☐ Déposez la génoise sur une planche. Tranchez-la horizontalement à l'aide d'un long couteau-scie (à pain) dans un mouvement de va-et-vient pour obtenir 3 rondelles nettement découpées. Aspergez-les du sirop de fruit de votre choix.

☐ Avec une spatule, tartinez de confiture 2 rondelles de génoise, sur une seule face. La croûte de la tranche supérieure restera non enduite. Reformez le gâteau.

☐ *Glaçage royal :* avec une cuiller en bois, travaillez le sucre glace, le blanc d'œuf non battu et le jus de citron pour obtenir un mélange blanchâtre, crémeux et coulant.

☐ Versez sans attendre le glaçage sur le gâteau bien net et sans miettes. Étalez à la spatule en une couche régulière s'écoulant en gouttelettes sur le pourtour. Laissez sécher à l'air. Décorez avec quelques fruits confits.

MON AVIS
Si vous souhaitez que le glaçage royal sèche plus rapidement, vous pouvez placer le gâteau enrobé à l'entrée du four tiède.

Blanquette à l'ancienne

Facile
Raisonnable
Prép. et cuisson : 1 h 45
en autocuiseur : 25 mn

Pour 4, il faut :
1 kg d'épaule de veau (en gros cubes)
40 g de beurre
1 carotte
1 oignon
2 cuil. à soupe de farine
Bouquet garni
2 clous de girofle
Sel, poivre
200 g de petits champignons

Liaison :
1 jaune d'œuf
1 ou 2 cuil. à soupe de crème fraîche

Menu soigné

Céleri rémoulade
*Blanquette à l'ancienne**
Riz pilaf
Roquefort
Poires au vin rouge (p. 110)

Tavel ou Chusclan

☐ Dans une cocotte, faites revenir la viande avec le beurre sans laisser prendre couleur, en compagnie de la carotte et de l'oignon coupés. Saupoudrez de farine. Mélangez pour laisser cuire légèrement.

☐ Ajoutez 2 bols d'eau chaude, bouquet garni, girofle, sel, poivre. Couvrez et laissez cuire à feu doux 1 heure 15 environ (en autocuiseur : 25 minutes – 1 bol d'eau suffit).

☐ Otez le pied sableux des champignons. Lavez-les rapidement sans laisser séjourner dans l'eau. Ajoutez-les dans la cocotte ¼ d'heure avant la fin de la cuisson.

☐ *Liaison :* retirez la viande cuite de la cocotte et tenez-la – bien égouttée – au chaud dans le plat de service. Laissez la sauce, à découvert, sur le feu vif pour la laisser réduire un peu. Otez-en bouquet garni et carotte.
Dans une grande terrine, délayez jaune d'œuf et crème. Puis, petit à petit, incorporez-y toute la sauce très chaude. Versez sur la viande. Servez aussitôt.

Les abattis de dinde sont proposés à bon compte, toute l'année, dans les grandes surfaces. Comme ils sont très charnus, vous pouvez, sans hésiter, les utiliser à la place de veau pour préparer une blanquette à l'ancienne de façon plus économique.

MON AVIS
Pour faire attendre la blanquette « liée », une seule solution : le bain-marie. La sauce étant liée au jaune d'œuf ne supporterait pas d'être remise sur le feu, même très doux. Elle tournerait aussi tristement qu'une mayonnaise !

Bœuf

Le choix des morceaux

1 Tête
2 Collet
3 Carré des côtes
4 Filet et faux filet
5 Rumsteak
6 Culotte
7 Gîte à la noix
8 Tranche
9 Bavettes d'aloyau-hampe
10 Plates côtes
11 Macreuse
12 Épaule ou paleron
13 et 15 Poitrine
14 et 17 Gîte
16 Flanchet
18 Jarret

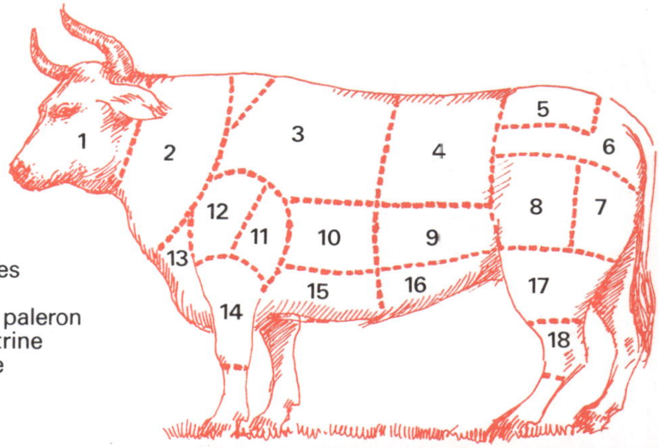

Destination	Morceaux	Caractéristiques	Temps de cuisson
Steaks et rôtis	Filet	extrêmement tendre... et cher. Pas de déchets.	Steaks : 2 à 4 mn de chaque côté Rôtis : 12 à 15 mn par livre à four chaud (th. 7-8) * Côtes : selon épaisseur, 10 à 15 mn par livre à four chaud (th. 8-9)
	Faux-filet, Rumsteck	très tendre. Beaucoup de goût. Peu de déchets.	
	Entrecôte	très « goûteux ». Le morceau des amateurs. Des déchets.	
	Tranche	tendre et peu de déchets.	
Steaks seulement	Bavette, hampe, onglet, araignée	viande longue et juteuse. Très savoureuse. Tendre quand elle est « rassise ».	
Rôtis seulement	Côte de bœuf (1 kg 5 minim.)	très savoureuse si bien persillée.	
Pot-au-feu, Bourguignon, Carbonade *, Goulash, Bœuf mode, Daube	Dessus de côte	gras sur une face.	2 h à 2 h 30. 50 mn en autocuiseur * Daube, bœuf mode : 4 h à 5 h (1 h 30 à 2 h en autocuiseur)
	Griffe	morceau mince entrelardé. Beaucoup de goût.	
	Macreuse	gras ou gélatineux selon l'emplacement.	
	Jumeau	gélatineux.	
	1er ou 2e talon	plus ou moins maigre.	
	Plates-côtes	avec os, moelleux si un peu gras, mais très « goûteux ».	
Pot-au-feu seulement (et braisés, exceptionnellement)	Bavette	grassouillette et sans os.	3 h 30 (1 h 20 en autocuiseur)
	Poitrine, tendron, flanchet	morceaux avec os, assez gras.	
	Gîte-gîte	gélatineux et moelleux, os.	
	Queue	très moelleuse et savoureuse. Beaucoup d'os.	

Bœuf bourguignon

Facile
Raisonnable
Prép. et cuisson : 2 h 30
en autocuiseur : 50 mn

Pour 4, il faut :
1 kg de bœuf à bourguignon, en gros dés (gîte, aiguillette, macreuse, jumeau)
1 cuil. à soupe d'huile
50 g de beurre
1 carotte
2 oignons
1 cuil. à soupe pleine de farine
¾ litre de vin rouge corsé
Sel, poivre
1 verre d'eau
1 cuil. à soupe de tomate concentrée
2 gousses d'ail
Bouquet garni
1 kg de pommes de terre
Persil haché

Menu

Choux blanc et rouge râpés
*Bœuf bourguignon**
Pommes vapeur
Fromage
Pommes au four

☐ Faites d'abord roussir la viande de toute part, sur feu vif, dans une cocotte contenant 1 cuil. d'huile chaude. Égouttez. Puis ajoutez-y le beurre, carotte et oignons en rondelles. Saupoudrez de farine. Mélangez sur feu vif ; la farine doit dorer légèrement.

☐ Recouvrez la viande de vin rouge. Portez à ébullition. Ajoutez sel, poivre, eau, tomate concentrée, ail, bouquet garni. Couvrez et laissez cuire doucement 2 heures environ (en autocuiseur : 50 minutes). Si la sauce est trop liquide en fin de cuisson, laissez-la bouillir très fort, sans la viande, quelques minutes, sans couvrir.

☐ 30 minutes avant la fin de la cuisson, mettez les pommes de terre pelées à cuire, à l'eau ou à la vapeur (en autocuiseur, les pommes de terre, introduites 15 minutes avant la fin, cuiront dans le panier perforé suspendu au-dessus de la viande). Présentez la viande dans un plat creux, arrosée de sauce et saupoudrée de persil. Servez les pommes de terre à part.

MON AVIS
La viande peut être mise à mariner une nuit avec le vin rouge et les aromates traditionnels (bouquet garni, oignon, girofle, etc., et 1 cuil. d'huile). Le lendemain, avant de faire dorer la viande, vous l'épongerez avec soin, sinon elle éclabousserait. Puis vous y ajouterez les aromates retirés de la marinade. Au bout d'¼ d'heure de mijotage, vous y joindrez le reste de la marinade pour « mouiller » la viande.

Bourguignon raffiné : y sont ajoutés en fin de cuisson :
– des petits oignons, cuits à part, avec lardons,
– des champignons de Paris, préalablement sautés au beurre,
– et, pour couronner le tout, un petit verre de cognac, 15 minutes avant la fin !

Bœuf en daube

Très facile
Raisonnable
Prép. et cuisson : 4 à 5 h
en autocuiseur : 1 h 30 à 2 h
+ marinage : la veille

Pour 8, il faut :
2 kg de bœuf
(culotte ou gîte)
1 couenne de porc
Un peu de farine
300 g de jambon cru
1 petit piment fort
Bouquet garni
Sel, poivre

Marinade :
1 bouteille de vin rouge
2 cuil. à soupe d'huile
Thym, laurier, poivre
2 oignons
2 clous de girofle
2 gousses d'ail

Menu

Salade composée (p. 290)
*Bœuf en daube**
Gros macaronis
Fromage
Compote de pruneaux

□ *La veille :* découpez la viande en gros cubes (5 cm environ). Laissez mariner dans le vin rouge avec huile, thym, laurier, poivre, oignons, clous de girofle, gousses d'ail, jusqu'au lendemain.

□ *Cuisson :* étalez la couenne dans le fond de la cocotte (ou de l'autocuiseur). Égouttez soigneusement les cubes de viande. Roulez-les dans la farine. Déposez dans la cocotte avec le jambon cru coupé en dés. Versez dessus la marinade, ses aromates, le petit piment et le bouquet garni. Salez, poivrez. Couvrez et laissez cuire très doucement de 4 à 5 heures, sur le feu ou dans le four (en autocuiseur : 1 heure 30 à 2 heures). La daube est très bonne réchauffée.

MON AVIS
Une cuisson lente, en cocotte, se fait encore mieux dans le four et sans risque d'attacher au fond. Glissez la cocotte couverte dans le four doux, au besoin protégez les poignées en les entortillant de papier d'aluminium.

Un deuxième conseil, préparez la daube pour 2 repas. Vous ne dépenserez pas plus de temps, ni plus de gaz. De plus, elle est encore meilleure quand elle est réchauffée. Elle se congèle aussi très bien.

Pour éviter le désagrément de croquer le **petit piment** perdu dans la sauce, attachez-le au bout d'un long fil ou enfermez-le dans une mousseline afin de le repêcher facilement avant de présenter le plat à table.

Bœuf à l'orientale (salade)

Très facile
Économique
Prép. et cuisson : 30 mn
+ macération : 1 h

Pour 4 à 6, il faut :
400 g de bœuf bouilli
125 g de riz
Sel
2 poivrons
1 gros oignon
Persil haché

Vinaigrette :
7 cuil. à soupe d'huile
2 cuil. à soupe de vinaigre
2 pincées de safran
Sel, poivre

Décor :
50 g d'olives noires
1 petit melon

Menu froid

Pissaladière *(p. 231)*

*Salade de bœuf à l'orientale**

Fromage

Fruits

□ *Cuisson du riz :* faites-le bouillir, de 15 à 17 minutes, dans de l'eau salée. Aussitôt cuit, passez-le sous l'eau froide.

□ Préparez la vinaigrette au safran dans un grand saladier. Ajoutez-y ensuite les éléments de la salade : viande coupée en dés, poivrons épépinés et tranchés en lanières, rondelles d'oignon, riz et persil haché. Mélangez et laissez macérer au frais, si possible, 1 heure ou 2.

□ Façonnez cette salade en dôme. Décorez le dessus avec des olives noires et des tranches de melon appuyées contre le « dôme ».

MON AVIS
C'est un très bon plat de vacances, à condition, bien sûr, de ne pas cuire le bœuf soi-même. Mais la plupart des bouchers vendent du bœuf bouilli froid, tout indiqué pour ce genre de recette.

Bortsch

Très facile
Raisonnable
Prép. et cuisson : 3 h 30
en autocuiseur : 45 mn + 10 mn

Pour 6, il faut :
1 kg de bœuf (gîte)
1 os à moelle
3 l d'eau
Sel, poivre
4 ou 5 carottes
4 ou 5 navets
1 cœur de chou blanc
2 oignons
2 clous de girofle
2 échalotes
2 gousses d'ail
500 g de pommes de terre
1 betterave rouge cuite
Vinaigre
100 g de crème fraîche
Fines herbes hachées

Menu

*Bortsch**
Fricadelles (p. 128)
Salade verte
Fromage

☐ Dans une grande marmite ou autocuiseur, mettez la viande, l'os à moelle, 3 litres d'eau froide, sel, poivre. Portez à ébullition.

☐ Pendant ce temps, épluchez et coupez en gros morceaux : carottes, navets, chou. Joignez-les au contenu de la marmite avec oignons piqués de clous de girofle, échalotes et ail. Laissez cuire 2 heures environ (en autocuiseur : 45 minutes). Ajoutez alors les pommes de terre pelées et coupées en quatre. Faites cuire encore 30 minutes (en autocuiseur : 10 minutes).

☐ Retirez la viande et les légumes du bouillon. A leur place, faites réchauffer la betterave coupée en dés, pendant 5 minutes. Ajoutez 1 ou 2 cuil. à soupe de vinaigre pour donner au bortsch une saveur aigrelette.

☐ Remettez dans le bouillon la viande coupée en dés et les légumes. Faites réchauffer 5 minutes. Présentez le bortsch dans une grande soupière avec, à part, de la crème fraîche délayée avec un peu de vinaigre et les fines herbes hachées.

MON AVIS
Si vous pouvez vous procurer de l'aneth frais, dont la saveur rappelle celle du fenouil, vous en parsèmerez le bortsch en l'apportant à table.

Bouillabaisse d'œufs

Facile
Économique
Prép. et cuisson : 45 mn

Pour 4, il faut :
2 blancs de poireaux
1 oignon
2 cuil. à soupe d'huile
2 tomates
4 pommes de terre à chair ferme
4 gousses d'ail
1 branche de fenouil
Bouquet garni
Zeste d'orange
1 g de safran
Sel, poivre
4 tranches de pain rassis ou 4 biscottes
4 œufs
Persil haché

Menu

*Bouillabaisse d'œufs**
Croquettes milanaise (p. 98)
Salade
Fromage
Compote

□ Lavez les blancs de poireaux et hachez-les ainsi que l'oignon. Faites-les revenir doucement, sans colorer, dans une cocotte, avec 2 cuil. d'huile (huile d'olive, de préférence).

□ Pendant ce temps, coupez en tranches les tomates et les pommes de terre pelées. Ajoutez-les dans la cocotte avec 2 gousses d'ail, fenouil, bouquet garni, petit zeste d'orange, safran, sel, poivre et 1 ½ litre d'eau. Laissez bouillir 30 minutes.

□ Frottez d'ail les tranches de pain. Placez-les au fond de la soupière ou des bols.

□ Le bouillon de légumes étant cuit, tamisez-le sans écraser les légumes. Reversez-le dans la cocotte. Disposez les légumes dans un plat creux (sans le bouquet garni). Tenez-les au chaud.

□ Reportez le bouillon à petite ébullition. Faites-y pocher les œufs pendant 3 minutes. Puis retirez-les délicatement avec une écumoire.

□ Versez le bouillon dans la soupière garnie de pain (ou dans les bols). Présentez à part les œufs pochés et les légumes légèrement persillés.

Cette « **bouillabaisse** » ne comporte aucun poisson mais, comme le plat traditionnel, elle bout à gros bouillons et se parfume d'ail et de safran. On la désigne aussi sous le nom de « bouillabaisse borgne ».

MON AVIS
A défaut de tomates fraîches, utilisez 2 cuil. à soupe de concentré.

Brioches farcies d'effilochés de volaille

Très facile
Economique
Prép. et cuisson : 25 mn
Thermostat : 5/6

Pour 4 ou 6 brioches à tête, il faut :
2 tasses de chair de volaille cuite
30 g de beurre

Sauce :
30 g de beurre
1 cuil. à soupe bombée de farine
⅓ l de lait
Sel, poivre
1 cuil. à café de curry
1 cuil. à soupe de crème fraîche
1 jaune d'œuf

Menu

*Brioches farcies d'effilochés de volaille**
Gratin dauphinois *(p. 142)*
Salade verte
Banane flambée *(p. 25)*

□ Otez le chapeau des brioches. Creusez celles-ci sans trouer la croûte. Enduisez l'extérieur de beurre. Mettez à réchauffer à four moyen (th. 5/6) quelques minutes.

□ *Sauce:* pendant ce temps, délayez sur feu doux le beurre et la farine. Incorporez-y le lait froid, sel, poivre, curry, crème. Mélangez jusqu'à ébullition.

□ Effilochez la chair de la volaille cuite dans la sauce bouillante. Incorporez-y le jaune d'œuf en tournant sans arrêt. Versez cette préparation dans les brioches chaudes. Présentez-les aussitôt recouvertes de leur chapeau.

MON AVIS
Cette recette soignée permet d'utiliser un **reste** peu important **de volaille** rôtie ou bouillie. Elle mérite même que, pour la faire, vous cuisiez spécialement 2 blancs de volaille dans un bouillon aromatisé. (On vend des « blancs » au détail dans les grandes surfaces.) Dans ce cas, utilisez le bouillon plutôt que du lait pour faire la sauce.

Brochettes de bœuf Zingara

Très facile
Cher
Prép. et cuisson : 20 mn
+ marinade : 1 h

Pour 4, il faut :
700 à 800 g de filet de bœuf
1 citron
Laurier
Sel, poivre
½ botte de cresson
100 g de beurre

Marinade :
2 cuil. à café de paprika
Thym
Huile

4 brochettes

Menu soigné

Salade arabe (p. 275)
*Brochettes de bœuf Zingara**
Pommes de terre
en robe d'argent (p. 239)
Fromages
Fraises Melba (p. 221)

Côtes-de-Provence, blanc ou rosé
Cornas ou Laudun rouge
Fromage du Curé – Feuille de Dreux
Sainte-Maure

□ Coupez la viande en cubes assez réguliers de 2 à 3 cm. Saupoudrez-les de paprika et de thym effeuillé. Arrosez d'un peu d'huile. Laissez mariner, couvert ou enveloppé d'aluminium, 1 heure environ. Pelez très légèrement un citron pour n'en détacher que la fine peau jaune (zeste). Coupez-la en morceaux d'½ cm.

□ Sur chaque brochette, piquez en les alternant des morceaux de : laurier, viande, zeste de citron, etc. Terminez avec du laurier. Salez et poivrez. Faites griller très près du grilloir ou sur le gril de contact très chaud, pendant 4 ou 5 minutes. Retournez les brochettes plusieurs fois. Présentez-les sur les assiettes avec un petit bouquet de cresson non assaisonné et une saucière de beurre fondu.

MON AVIS
Pour vous avancer, embrochez la viande à l'avance et mettez les brochettes, enveloppées d'aluminium, dans le réfrigérateur où elles pourront attendre le moment de la cuisson.

Brochettes de poisson pané

Très facile
Économique
Prép. et cuisson : 15 mn

Pour 4, il faut :
8 bâtonnets de poisson pané, surgelé
Poivre
Thym
8 fines tranches de lard de poitrine fumé (sous cellophane)
1 citron
Ketchup (facultatif)

4 brochettes

Menu maigre

Crevettes/beurre
*Brochettes de poisson pané**
Pommes frites
Salade
Crème pâtissière au chocolat

□ Coupez chaque bâtonnet en deux morceaux. Saupoudrez de poivre et de thym. Enroulez d'une tranche de lard. Embrochez deux morceaux par brochette. Laissez cuire sous le grilloir 4 ou 5 minutes de chaque côté ou en haut du four moyen.

□ Servez avec quartiers de citron et Ketchup.

MON AVIS
Laissez dégeler le poisson juste ce qu'il faut pour pouvoir le transpercer avec la brochette.

Brochettes de porc grillées à l'ananas

Facile
Raisonnable
Prép. et cuisson : 1 h

Pour 4, il faut :
3 tranches d'ananas (frais ou en boîte)
1 rognon de porc
400 g d'échine de porc
200 g de lard de poitrine
4 chipolatas
4 feuilles de laurier
Huile
Sel, poivre
Muscade
Paprika

4 brochettes

Menu

Concombre à la crème

*Brochettes de porc grillées à l'ananas**

Riz nature/beurre fondu

Fontainebleau

□ Coupez les tranches d'ananas en gros dés ainsi que les différentes viandes. Partagez chaque chipolata en quatre morceaux.

□ Embrochez tous ces éléments en les alternant. Intercalez un morceau de laurier de temps en temps. Enduisez les brochettes d'huile. Faites-les cuire sur le gril ou sous le grilloir, assez doux, 20 minutes environ. Retournez-les plusieurs fois. En fin de cuisson, assaisonnez avec sel, poivre, muscade râpée et paprika.

MON AVIS
Choisissez du riz long (il reste plus ferme que le riz rond) pour le cuire à grande eau salée pendant 17 minutes environ et égouttez-le aussitôt cuit. Incorporez-y du beurre mou à l'aide d'une fourchette pour ne pas briser les grains.
Si vous ne le servez pas aussitôt, tenez-le au chaud dans le four tiède. Placez une feuille d'aluminium dessus pour qu'il ne sèche pas en surface.

Brochettes de Saint-Jacques au bacon

Très facile
Cher
Prép. et cuisson : 30 mn
+ marinage : 1 h

Pour 4, il faut :
16 coquilles St-Jacques (décoquillées par le poissonnier)
12 fines tranches de lard de poitrine (sous cellophane)
2 gros oignons
Feuilles de laurier
1 citron
150 g de beurre

Marinade au citron :
2 cuil. à soupe d'huile
Jus d'1 ou 2 citrons
Zeste de citron
Thym séché
Feuille de laurier
Poivre

4 brochettes

Menu réception maigre

Quiche au Roquefort (p. 261)
*Brochettes de St-Jacques au bacon**
Timbales de riz
Salade
Ananas en gondole (p. 18)

Côtes-du-Rhône blanc ou rosé

□ Lavez très soigneusement la chair des coquilles (noix blanche et corail). Faites-les mariner 1 heure dans une marinade au citron.

□ Enveloppez une coquille sur deux avec une fine barde de lard. Transpercez à l'endroit où les extrémités de la bande se superposent pour maintenir coquille et corail à l'intérieur. Enfilez alternativement sur la brochette : coquilles enveloppées de lard et coquilles nues. Intercalez des morceaux d'oignon et de laurier selon votre goût.

□ Placez les brochettes sous le grilloir chaud – pas trop près – pendant une dizaine de minutes. Retournez-les plusieurs fois. Profitez-en pour les badigeonner de marinade.
Servez avec des quartiers de citron et une saucière de beurre fondu.

Les coquilles Saint-Jacques sont parfois vendues sans la coquille, surtout en fin de marché. Elles peuvent être avantageuses mais, avant de les acheter, flairez-les pour vous assurer qu'elles ne dégagent aucune odeur suspecte.

MON AVIS
Pour faire les timbales de riz, beurrez l'intérieur des moules choisis – tasses, ramequins ou verre à moutarde –, tassez le riz cuit dedans. Retournez-en un dans chaque assiette avant d'y déposer les brochettes et quartiers de citron.

Cabillaud flamande au four

Très facile
Raisonnable
Prép. et cuisson : 30 mn
Thermostat : 7/8

Pour 4, il faut :
4 tranches de cabillaud
50 g de beurre
Persil
1 échalote
½ verre de vin blanc sec
½ citron
Muscade
Sel, poivre
Chapelure

Menu maigre

Velouté de champignons
*Cabillaud flamande au four**
Chou-fleur au gratin [1]
Fruits

□ Beurrez un plat à four assez grand pour y placer les tranches de poisson à plat.

□ Hachez le persil et l'échalote (réservez un peu de persil pour la fin). Saupoudrez le fond du plat avec ce hachis. Déposez les tranches de cabillaud dessus. Ajoutez vin blanc, jus de citron, un peu de muscade râpée, sel, poivre. Parsemez de noisettes de beurre. Faites cuire à four très chaud (th. 7/8) pendant 15 minutes environ. Arrosez en cours de cuisson.

□ Déposez les tranches dans les assiettes chaudes. Au jus de cuisson resté dans le plat, mélangez la chapelure, le reste de persil haché et un peu de beurre. Versez sur le poisson et servez.

1. Le **chou-fleur** du menu, baigné de sauce Béchamel au gruyère, prendra la suite du cabillaud dans le four, où il aura le temps de gratiner pendant la dégustation du poisson.

MON AVIS
C'est du vin blanc sec qu'il faut utiliser pour la cuisson du poisson car le vin blanc doux et sucré donne, à la cuisson, une sauce grisâtre.

Cake express

Facile
Raisonnable
Prép. et cuisson : 1 h
Thermostat : 6/7

Pour 8, il faut :
120 g de beurre
120 g de sucre en poudre
1 sachet de sucre vanillé
4 œufs
250 g de farine
1 pincée de sel
½ paquet de levure chimique
½ verre de lait
100 g de raisins secs
1 citron
Sucre glace (facultatif)

1 moule à cake

Menu

Salade de tomates
Œufs au bacon
Épinards
Fromage frais à l'ail
*Cake express**

☐ Beurrez et farinez légèrement le moule. Dans un mixer ou dans une terrine, travaillez le beurre mou et les sucres jusqu'à ce que le mélange blanchisse et mousse. Incorporez-y les jaunes d'œufs.

☐ Ajoutez la farine tamisée avec le sel et la levure, puis le lait, les raisins secs et le zeste de citron râpé.

☐ Battez les blancs d'œufs en neige très ferme. Mélangez-les avec précaution à la préparation précédente. Versez dans le moule.

☐ Mettez dans le four chaud (th. 6/7) pendant 45 minutes. Démoulez au sortir du four, sur une grille. Saupoudrez ou non le cake refroidi avec du sucre glace.

MON AVIS
Soigneusement enveloppé d'une feuille d'aluminium et mis dans le réfrigérateur, le cake se conservera moelleux pendant plusieurs jours.

Calmars à la niçoise

Facile
Raisonnable
Prép. et cuisson : 1 h 30

Pour 4, il faut :
1,500 kg de calmars (blancs de seiche ou encornets)
2 cuil. à soupe d'huile
1 oignon
1 carotte
4 tomates
Tomate concentrée
Bouquet garni
2 gousses d'ail
2 clous de girofle
Sel, poivre
Cayenne
2 verres de vin blanc sec
2 verres d'eau
Persil haché

Menu soigné maigre

Ravier de tomates au basilic
*Calmars à la niçoise**
Riz nature
Fromages
Fraises à la crème

Cassis ou Bandol rosé
Fromage du Curé
Brillat-Savarin
Chèvre frais

□ Ouvrez les calmars de haut en bas avec des ciseaux. Retirez-en les poches d'encre, les boyaux et les cartilages. Lavez à grande eau. Retirez la fine pellicule qui les recouvre. Coupez-les en lanières. Épongez-les.

□ Dans une cocotte, faites chauffer 2 cuil. d'huile. Mettez-y les morceaux de calmars, d'oignon et de carotte. Mélangez sur feu vif.

□ Au bout de quelques minutes, ajoutez-y tomates coupées et légèrement pressées, 1 cuil. à café de tomate concentrée, bouquet garni, gousses d'ail hachées, clous de girofle, sel, poivre, 1 pincée de cayenne, vin blanc et eau. Couvrez. Laissez cuire doucement de 45 minutes à 1 heure.

□ Présentez le plat, sans le bouquet garni, parsemé de persil.

MON AVIS
Les calmars peuvent être préparés la veille et réchauffés.
Vous les présenterez avec des pommes de terre cuites à l'eau, ou avec du riz nature qui s'accordera parfaitement avec l'excellente sauce des calmars.

Calottes aux pommes

Facile
Raisonnable
Prép. et cuisson : 1 h
Thermostat : 6/7

Pour 4 ou 8, il faut :
2 kg de pommes Golden
150 g de sucre
Quelques tranches de pain brioché (200 g)
125 g de beurre
3 œufs

Décor (facultatif) :
4 fraises, framboises ou cerises confites
8 feuilles (de menthe)

4 bols de 12 cm ∅ (Pyrex, grès ou porcelaine à feu)

Menu soigné

Salade russe (p. 292)
Rognons d'agneau vert-pré (p. 267)
Cresson/pommes chips
Fromages
*Calottes aux pommes**

Beaujolais Villages (Fleurie, Chiroubles, etc.)
Chabichou – Cantal – Brie

☐ *Compote de pommes :* pelez les pommes. Coupez-les en morceaux. Faites-les cuire doucement en casserole couverte, 30 minutes environ, sans mélanger (ou en autocuiseur : 15 minutes). Passez en purée. Remettez dans la casserole avec le sucre. Mélangez sans arrêt sur le feu avec une cuiller en bois et suffisamment longtemps pour faire évaporer le jus et obtenir une compote très compacte.

☐ Ôtez la croûte des tranches de pain à l'aide d'un grand couteau (si elles ne sont pas assez fines, coupez-les en deux dans l'épaisseur).

☐ Faites fondre le beurre. Passez les tranches dans le beurre fondu, d'un seul côté. Appliquez-les du côté beurré contre la paroi intérieure des bols, en pressant pour faire adhérer, sans laisser de vides.

☐ Avant le repas, battez les œufs en omelette. Incorporez-les à la compote chaude (réchauffez-la au besoin). Versez dans les bols garnis de pain. Recouvrez-les d'une tranche de pain passée dans le beurre.

☐ Mettez à four chaud (th. 6/7) jusqu'à ce que le dessus soit très doré (15 minutes environ). Démoulez au sortir du four. Présentez tiède, surmonté joliment d'un petit fruit et de deux feuilles.

MON AVIS

Ce joli dessert peut se préparer en grande partie d'avance. Si la compote et l'habillage des petits bols sont faits la veille (mais oui !), les deux dernières opérations – mélange des œufs à la compote et cuisson au four des « calottes » – sont exécutées avant le repas, ce dessert étant servi tiède. Pratique, non ?

Les calottes étant de bonne taille, il suffit de les couper en deux, pour contenter deux convives. Mais vous pouvez utiliser des bols ou des ramequins plus petits pour les préparer.

La compote est meilleure quand elle est cuite en autocuiseur. De plus, elle est si finement écrasée qu'il est inutile de la passer au presse-purée ou au mixer.

En variante : *Des raisins secs, préalablement macérés dans du rhum, peuvent être incorporés à la compote de pommes terminée.*
Si vous préférez, ajoutez-y des zestes confits, finement coupés, d'orange ou de citron, ou même des cerneaux de noix grossièrement hachés.
Ou encore, aromatisez la compote avec de la vanille, de la cannelle ou de la poudre de gingembre.

Canard normande à l'estragon

Facile
Cher
Prép. et cuisson : 1 h

Pour 4, il faut :
1 canard (vidé et bridé)
Branches d'estragon
Sel, poivre
50 g de beurre
2 verres à liqueur de calvados
1 verre de vin blanc sec
4 pommes-fruits
200 g de crème fraîche

Menu soigné

Mousse de champignons (p. 184)
*Canard normande à l'estragon**
Pommes-fruits sautées
Salade
Fromages
Parfait glacé (p. 216)

Anjou moelleux ou Beaujolais Villages
Mimolette – Camembert Morbier

□ Détachez et coupez les feuilles d'estragon pour en obtenir une bonne cuil. à soupe. Glissez les tiges nues dans le canard, sel et poivre. Faites-le dorer de toute part, dans une cocotte avec 25 g de beurre. Puis égouttez toute la graisse de cuisson.

□ Remettez sur le feu. Arrosez de calvados. Dès qu'il bout, faites flamber. Mettez à feu moyen de ¾ d'heure à 1 heure. Pendant la cuisson, retournez deux ou trois fois et ajoutez, si nécessaire, 2 ou 3 cuil. d'eau.

□ Quand le canard est cuit, déposez-le dans un plat tenu au chaud. Dans le jus de cuisson resté dans la cocotte, versez 1 verre de vin. Laissez bouillir pour qu'il s'évapore de moitié.

□ Pelez les pommes. Coupez-les en tranches épaisses. Faites-les dorer vivement à la poêle avec 25 g de beurre.

□ Incorporez la crème fraîche et l'estragon au jus de cuisson du canard. Faites bouillir quelques instants et versez dans une saucière. Présentez-la avec le canard entouré des pommes-fruits sautées.

MON AVIS
Si vous jugez la garniture du canard un peu courte, mettez à cuire à l'eau salée des pommes de terre de petit calibre, préalablement pelées, à mi-cuisson du canard afin de les servir en même temps que lui.

Les races de canards sont nombreuses. Parmi les trois principales :
– le *nantais,* un peu gras,
– le *rouennais,* très charnu, rappelle un peu le canard sauvage (le colvert, son ancêtre) par son plumage et son goût. C'est avec le canard rouennais qu'est généralement préparé le canard au sang,
– le *canard de Barbarie,* le plus gros de tous, exception faite pour les jeunes canettes petites et peu grasses.

Caneton aux pêches

Facile
Cher
Prép. et cuisson : 1 h 15

Pour 4, il faut :
1 caneton de 1,500 kg
1 cuil. à soupe d'huile
40 g de beurre
1 oignon
1 carotte
Un peu de farine
1 verre de vin blanc sec
1 tablette de bouillon de poulet
Sel, poivre
Bouquet garni
1 cuil. à soupe de cognac
1 boîte de pêches au sirop

Menu réception

Cocktail de langouste (p. 66)
*Caneton aux pêches**
Riz nature
Salade de saison
Fromages
Poires aux amandes [1]
Petits fours secs

Champagne brut
Chèvre frais – Reblochon
Poivre d'âne

☐ Dans une cocotte contenant 1 cuil. d'huile et 20 g de beurre, mettez à dorer le caneton de toute part. Retirez-le ensuite de la cocotte. Égouttez la graisse de cuisson.

☐ Remettez 20 g de beurre dans la cocotte. Faites-y rissoler l'oignon et la carotte en petits dés. Saupoudrez d'une cuil. à café de farine. Mélangez pour laisser dorer. Ajouter 1 verre de vin blanc, autant d'eau, 1 tablette de bouillon. Remuez jusqu'à ébullition.

☐ Remettez le caneton dans la cocotte, sel, poivre, bouquet garni. Couvrez. Laissez mijoter 50 minutes environ.

☐ Déposez le caneton cuit sur un plat de service. Tenez au chaud.

☐ Passez la sauce. Dégraissez l'excès de graisse qui surnage, à l'aide d'une cuiller à soupe. Remettez la sauce sur le feu avec le cognac. Ajoutez-y les pêches bien égouttées. Laissez-les réchauffer doucement 2 ou 3 minutes dans la cocotte ouverte. Enfin, égouttez-les et disposez-les tout autour du caneton. Faites bouillir la sauce quelques instants sur feu vif avant d'en arroser le caneton. Servez.

MON AVIS
Le champagne peut être remplacé par un champagne nature, non pétillant.

1. **Poires aux amandes :** des demi-poires au sirop (fraîches ou en boîte) sont égouttées, déposées dans des coupelles ou des coupes à champagne et arrosées de sirop, de liqueur de cassis ou d'alcool de poire. Terminez par une pluie d'amandes effilées et présentez – en toute simplicité – un dessert raffiné.

Caneton à l'orange

Facile
Cher
Prép. et cuisson : 2 h

Pour 4, il faut :
1 canard de 1,400 kg
50 g de beurre
Sel, poivre
3 oranges
1 verre à liqueur de curaçao
½ citron

Fond de sauce :
Abattis du canard (cou, ailerons, gésier)
1 petit oignon
25 g de beurre
2 verres de vin blanc sec
1 petite carotte
Bouquet garni
Sel, poivre

Menu réception

Terrine de foies de volaille (p. 325)
*Caneton à l'orange**
Timbales de riz
Salade de mâche et noisettes
Fromages
Pêches Melba (p. 221)

Champagne Crémant
Santenay ou Savigny
Banon – Vacherin – Chaource

☐ *Fond de sauce :* à l'avance, et même la veille, faites roussir les abattis du canard et l'oignon haché avec le beurre. Puis ajoutez-y 2 verres de vin blanc, 2 verres d'eau, carotte en rondelles, bouquet garni, sel, poivre. Laissez bouillir très doucement, sans couvrir, une petite heure. Il prendra du goût et de la consistance en s'évaporant.

☐ 1 heure 30 avant le repas, faites revenir le canard sur toutes ses faces dans une cocotte avec 20 g de beurre, sur feu assez vif. Salez, poivrez. Puis égouttez toute la graisse du rissolage. Remettez le caneton dans la cocotte avec un peu de beurre.

☐ Versez le fond de sauce passé dessus. Laissez cuire doucement 50 minutes à couvert.

☐ Épluchez une orange de façon à obtenir une peau très mince avec le moins possible de blanc. Hachez ce zeste très finement. Mettez-le dans une petite casserole d'eau froide. Portez à ébullition. Égouttez. Faites macérer avec le curaçao. Pelez et coupez 2 autres oranges en rondelles minces.

☐ 5 minutes avant la fin de la cuisson du canard, ajoutez dans la cocotte les tranches d'oranges, le jus de citron, le zeste haché et le curaçao de macération.

☐ Présentez le canard découpé sur un grand plat chaud. Faites bouillir la sauce restée dans la cocotte quelques instants à feu vif. Versez-la sur le canard. Décorez le plat avec les rondelles d'oranges.

Un bon canard devrait être mangé « caneton », c'est-à-dire vers quatre mois. Il ne dépasse pas 1,400 kg une fois plumé et vidé. Son corps, assez étroit, laisse présager qu'il n'est pas gras. Son ventre bombé signifie qu'il est très frais. Sa peau est toujours granuleuse et d'un blanc tirant sur le jaune. Veillez à ce qu'il soit bien plumé, qu'il ne reste pas de petits fanons noirs plantés dans sa peau. Son bec peut être déjà dur mais sans excès. Il doit fléchir un peu sous le doigt, tout comme son bréchet (l'os de la poitrine). Les écailles des pattes sont brillantes.

MON AVIS

1. Vous pouvez cuire ensemble 2 ou 3 canetons pour un certain nombre de convives. Mais sachez qu'un caneton est suffisant pour quatre, mais guère plus, et qu'il n'est pas souhaitable de choisir de plus gros canards pour cette préparation à l'orange.

2. L'aile du canard est le morceau de choix... à moins qu'on ne lui préfère la cuisse !

Carottes

Par personne : *250 g*
Choix :
propres, lisses, roses, aux fanes fraîches
Cuisson : de 45 mn à 1 h
en autocuiseur : 15 à 20 mn

☐ *Cuisson simple :* braisées dans une casserole avec 50 g de beurre, une cuil. à café de sucre, sel et assez d'eau pour les couvrir juste. Posez le couvercle et faites cuire sur feu très doux jusqu'à évaporation presque complète du liquide (45 minutes environ). Persil haché, avant de servir.

☐ *Présentation :*
– crues : à la croque-au-sel ; râpées ; avec citron ou vinaigrette en salade ; mélangées avec olives vertes et noires, fines herbes, œufs durs ;
– cuites : braisées (seules ou avec viande) ; en potage ; purée ; soufflé ; à la sauce blanche ; Béchamel ; à la crème ; en jardinière.

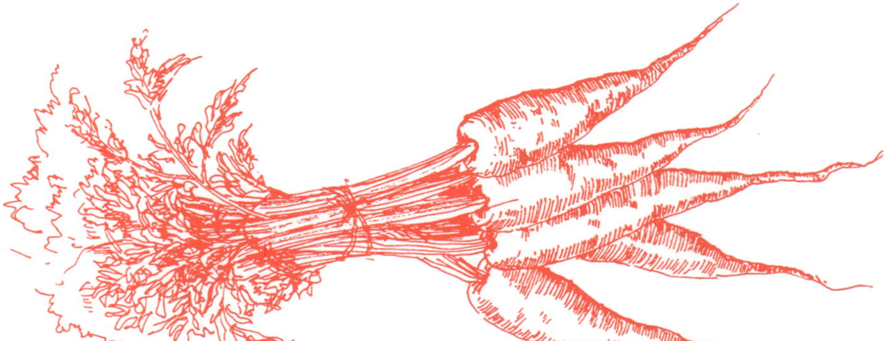

Petits conseils : *nettoyez et coupez les carottes au moment de les cuire seulement, sinon rangez-les dans le réfrigérateur, hermétiquement enfermées.*

Les carottes crues peuvent être râpées et assaisonnées un peu à l'avance, puis mises dans le réfrigérateur jusqu'au repas.

Carré d'agneau persillade

Facile
Cher
Prép. et cuisson : 25 mn
Thermostat : 8/9

Pour 4, il faut :
1 carré d'agneau (fendu à la base de chaque côte)
1 cuil. à soupe d'huile
Sel, poivre
1 gousse d'ail
Persil
Chapelure
25 g de beurre

Menu soigné

Quiche au fromage (p. 257)
*Carré d'agneau persillade**
Jardinière de légumes
Laitue fines herbes
Pommes en charlotte aux raisins secs (p. 237)

Mâcon blanc – Graves rouge
Camembert – Cendré
Tomme de Savoie

☐ Badigeonnez le carré d'huile. Faites-le d'abord dorer, de toute part, à la poêle, sur feu vif. Jetez la graisse fondue.

☐ Déposez le carré dans un grand plat à feu. Mettez à four très chaud (th. 8/9) 15 minutes seulement. A mi-cuisson, salez, poivrez et retournez.

☐ Pendant ce temps, hachez ail et persil. Mélangez ce hachis avec la chapelure, sel et poivre. Étalez sur le côté gras de la viande cuite. Tapotez avec une spatule pour faire adhérer. Parsemez de noisettes de beurre. Remettez quelques minutes dans le four chaud pour dorer.

Cette préparation convient également pour l'**épaule d'agneau,** toujours un peu grasse.
Vous avez intérêt à choisir l'épaule non désossée, plutôt que roulée, car même si le découpage est rendu plus difficile par l'os, celui-ci communique saveur et moelleux à la viande pendant la cuisson – ce qui n'est pas négligeable pour les gourmets !

MON AVIS
Le carré peut être cuit une bonne demi-heure à l'avance, puis enfermé dans une double feuille d'aluminium où il restera chaud pendant que la quiche cuira dans le four à sa place. Pendant la dégustation de celle-ci, le carré enduit de persillade retournera dans le four chaud 5 minutes. Cela suffira pour le réchauffer et le gratiner.

Cassoulet traditionnel

Facile
Cher
Prép. et cuisson :
3 h 30 à 4 h
en autocuiseur : 50 mn
Thermostat : 2/3

Pour 6, il faut :
750 g de haricots blancs (coco) de l'année
250 g de lard de poitrine frais
250 g de couennes
2 carottes
4 oignons
2 clous de girofle
3 gousses d'ail
Bouquet garni
Sel, poivre
500 g d'épaule ou de collier de mouton
400 g d'échine de porc
50 g de beurre ou de graisse d'oie
1 saucisson à l'ail
2 échalotes
2 ou 3 tomates
1 cuil. à soupe de concentré de tomate
1 quartier de confit d'oie
Chapelure

Menu soigné

Panaché de crudités [1]
*Cassoulet**
Fromages
Poires au chocolat *(p. 233)*

Madiran ou Cahors
Banon – Pont-l'Évêque
Roquefort

☐ Mettez les haricots dans un grand faitout. Recouvrez-les d'eau froide non salée. Portez à ébullition. Laissez bouillir 15 minutes (en autocuiseur : 5 minutes). Égouttez.

☐ Remettez les haricots dans le même récipient avec lard et couennes en morceaux, carottes fendues en deux, 1 oignon piqué de clous de girofle, 1 gousse d'ail, bouquet garni. Recouvrez largement d'eau froide. Couvrez et laissez mijoter jusqu'à ce que les haricots soient juste cuits (environ 1 heure – en autocuiseur : 25 minutes). Salez et poivrez à mi-cuisson.

☐ Pendant ce temps, faites dorer mouton et échine de porc dans une cocotte, avec 30 g de beurre ou de graisse d'oie. Ajoutez le saucisson, 3 oignons et 2 échalotes hachés, 2 gousses d'ail. Mélangez. Mettez enfin les tomates pelées et épépinées, tomate concentrée, sel, poivre.
Mouillez juste à hauteur de la viande avec du jus de cuisson des haricots. Couvrez. Laissez mijoter 1 heure (en autocuiseur : 20 minutes).

☐ Retirez ensuite toutes les viandes et coupez-les en tranches (la peau du saucisson enlevée). Dans un plat à gratin, en terre de préférence, disposez une partie des couennes puis, par couches successives : haricots, viandes, confit d'oie en morceaux, etc., en terminant par une couche de lard, couenne et saucisson.

1. **Panaché de crudités :** carottes, céleri et navet râpés, rondelles de concombre, tomates, lamelles de champignons de Paris, tronçons de céleri-branche, le tout accommodé de vinaigrette généreusement additionnée de fines herbes.
Et décoré d'olives.

Poivrez un peu entre chaque couche. Arrosez avec un peu de jus de cuisson des haricots. Saupoudrez de chapelure et de noisettes de beurre ou de graisse d'oie.
Mettez à four très doux (th. 2/3) une bonne heure.

MON AVIS
Le cassoulet est un plat qui soulève des discussions passionnées, les uns le préférant de Castelnaudary, les autres de Toulouse ou d'ailleurs... et chacun ayant de bonnes raisons pour cela !

De toute façon, un cassoulet bien fait est délicieux, d'où qu'il vienne et quelles que soient les nuances qui le différencient.

Je vous donne ici la recette simple d'un bon cassoulet de base, autrement dit celle d'« une succulente estouffade de porc et de mouton aux haricots blancs », ainsi qu'un célèbre dictionnaire de cuisine décrit le cassoulet.

Cassoulet « sans façon »

Très facile
Raisonnable
Prép. et cuisson : 3 h
en autocuiseur : 50 mn

Pour 6, il faut :
750 g de haricots blancs
500 g d'épaule de mouton
500 g de collier de mouton
200 g de lard de poitrine (non fumé)
50 g de beurre
4 oignons
2 gousses d'ail
2 ou 3 tomates
250 g de couennes
Bouquet garni
Sel, poivre
1 saucisson à l'ail
Chapelure (facultatif)

Menu

*Cassoulet « sans façon »**

Salade verte

Coupe de pêches au sirop et glace vanille

☐ Mettez les haricots dans un grand faitout. Recouvrez-les d'eau froide non salée. Portez à ébullition pendant 15 minutes (en autocuiseur : 5 minutes). Égouttez. Remettez-les dans le même récipient. Couvrez d'eau bouillante et laissez cuire 45 minutes (en autocuiseur : 15 minutes). Salez à mi-cuisson seulement.

☐ Dans une cocotte, faites dorer la viande en morceaux avec 50 g de beurre, sur feu vif. Hachez les oignons et l'ail. Ajoutez-les à la viande, ainsi que les tomates épluchées et légèrement pressées, les couennes coupées en dés, bouquet garni, sel, poivre.

☐ Égouttez bien les haricots. Ajoutez-les dans la cocotte ainsi que le saucisson à l'ail. Laissez mijoter ensemble 1 heure 15 environ (en autocuiseur : 30 minutes).

Les haricots : il y en a près de 400 variétés dans le monde, dit-on. Parmi les plus connues :
- Cocos : jaunes et blancs ;
- Lingots de Vendée : blancs ;
- Chevriers (flageolets verts) : verts ;
- Princesses : verts ;
- Rognons de coq : rouges ;
- Rosé de Marans : roses tachetés.

MON AVIS
Pour une présentation plus soignée, versez le tout dans un plat à gratin. Saupoudrez de chapelure. Faites gratiner quelques minutes sous le grilloir avant de servir.

Champignons farcis aux herbes

Très facile
Raisonnable
Prép. et cuisson : 1 h
Thermostat : 5/6

Pour 4, il faut :
16 gros champignons, bien fermés
2 biscottes (ou 50 g de mie de pain rassis)
½ tasse à thé de lait
2 ou 3 gousses d'ail
Persil et ciboulette
Sel, poivre
70 g de beurre

Menu soigné

*Champignons farcis aux herbes**
Selle d'agneau rôtie
Pommes noisettes
Salade verte aux chevrotins grillés [1]
Flan aux pruneaux *(p. 124)*

Coteaux du Tricastin ou Côtes-de-Provence

□ Coupez la partie sableuse des champignons. Lavez-les rapidement. Détachez-en les têtes. Mettez à tremper pain ou biscottes avec le lait chaud.

□ Hachez ensemble, à la moulinette ou au mixer : queues des champignons, ail, persil et ciboulette. Ajoutez-y le pain (ou biscottes) légèrement pressé, sel, poivre. Mixez pendant quelques instants.

□ Tassez ce hachis dans les têtes de champignons. Déposez-les, côte à côte, dans un plat à four beurré. Mettez une noisette de beurre sur chacune et faites cuire à four moyen (th. 5/6) de 30 à 40 minutes.

1. **Salade verte aux chevrotins grillés :** pour 4 convives, choisissez 2 ou 4 chevrotins plutôt durs. Enduisez-les d'huile et mettez-les sous le grilloir, 3 ou 4 minutes sur chaque face. Retirez-les avant qu'ils soient trop affaissés. Présentez-les chauds, entiers ou légèrement écrasés, sur une salade verte – pissenlit, frisée ou scarole – déjà assaisonnée et mélangée.

MON AVIS
Ce hachis aromatique convient également pour farcir courgettes, aubergines, fonds d'artichauts, tomates et même des poissons ou des filets de poisson roulés en paupiettes.

Charlotte de pâtes

Facile
Bon marché
Prép. et cuisson : 30 mn
Thermostat : 5/6

Pour 4, il faut :
250 g de nouilles alsaciennes
40 g de beurre
1 l de lait
50 g de jambon
2 œufs
(ou 1 œuf entier + 1 blanc)
50 g de gruyère râpé
Muscade
Sel, poivre

Menu

Potage aux légumes
*Charlotte de pâtes**
Salade verte
Pommes au four [1]

☐ Faites bouillir le lait salé et poivré. Jetez-y les pâtes. Faites-les cuire le temps indiqué sur le paquet.

☐ Coupez le jambon finement. Battez les œufs en omelette. Ajoutez-y 30 g de beurre juste fondu, une pincée de muscade râpée, jambon, gruyère. Salez modérément, poivrez. Hors du feu, incorporez le tout aux pâtes non égouttées.

☐ Beurrez un moule à soufflé ou à charlotte. Versez-y la préparation aux pâtes encore très chaude. Faites cuire à four moyen (th. 5/6) de 10 à 15 minutes. Servez la charlotte démoulée, telle quelle ou avec une sauce tomate toute préparée.

1. Les **pommes** seront mises à cuire 30 minutes avant le repas dans le four chaud. La charlotte de pâtes leur succédera dans le four pour être prête à temps, en deuxième plat du menu.

MON AVIS
Il ne faut pas égoutter les pâtes cuites même si elles baignent encore dans le lait dont la quantité est bien calculée.

Chou à la bourgeoise

Très facile
Économique
Prép. et cuisson : 1 h 20
en autocuiseur : 25 mn

Pour 4, il faut :
1 gros chou pommé
de 1 kg à 1,500 kg
1 oignon
1 carotte
70 g de beurre
1 gousse d'ail
Sel, poivre
8 chipolatas
2 cuil. à soupe de vinaigre

Menu

Quiche au fromage blanc (p. 260)
*Chou à la bourgeoise**
Chipolatas sautées
Salade d'oranges, ananas et bananes

☐ Enlevez les mauvaises feuilles. Coupez le chou en tranches en supprimant les côtes épaisses. Lavez-le soigneusement. Ébouillantez-le pendant 10 minutes dans beaucoup d'eau. Égouttez-le et rincez-le à l'eau froide. Égouttez à fond à nouveau.

☐ Dans une cocotte, faites revenir légèrement l'oignon et la carotte en rondelles, avec 50 g de beurre.

☐ Jetez-y le chou soigneusement égoutté, l'ail haché, sel, poivre. Couvrez et laissez mijoter à feu doux 1 heure environ (en autocuiseur : 25 minutes).

☐ 5 minutes avant de servir, faites revenir les chipolatas à la poêle avec une noix de beurre. Mettez le chou cuit dans un plat. Disposez les chipolatas dessus.

☐ Égouttez le gras resté dans la poêle, sans l'essuyer. Versez dedans 2 cuil. à soupe de vinaigre et 20 g de beurre. Délayez sur le feu avec une cuiller en bois. Arrosez-en aussitôt le chou et servez.

MON AVIS
Le chou est encore meilleur quand il est réchauffé. Alors, ne vous privez pas de le faire cuire à l'avance ou d'en préparer pour deux repas.

Chou rouge à la flamande

Très facile
Économique
Prép. et cuisson : 1 h 50
en autocuiseur : 35 mn

Pour 4, il faut :
1 chou rouge de 1 kg
2 oignons
100 g de lard
de poitrine fumé
25 g de beurre
1 verre de vin rouge
1 poignée de raisins secs
Sel, poivre

Menu

Salade suisse *(p. 295)*
Rôti de porc
*Chou rouge à la flamande**
Yaourt

☐ Lavez les feuilles externes du chou. Avec un grand couteau, tranchez-le en lanières fines sur la planche à découper, comme pour une salade de chou.

☐ Coupez les oignons en rondelles et le lard en dés. Faites dorer le tout dans une grande cocotte avec 25 g de beurre.

☐ Ajoutez-y le chou tranché, vin rouge, raisins secs préalablement lavés, sel, poivre. Couvrez et laissez mijoter 1 heure 30 (en autocuiseur : 35 minutes). Ce plat gagne encore à être doucement réchauffé.

MON AVIS
Vous pouvez couper le chou très rapidement avec une râpe électrique. Mais si vous êtes équipée de façon moins moderne, tranchez le cœur en quatre, puis retirez les parties blanches (trognon). Posez les quartiers de chou sur la planche et, à l'aide d'un grand couteau, faites des tranches minces.

Choux de Bruxelles

Par personne : *250 g*
Choix : *assez petits, aux feuilles serrées et bien vertes*
Cuisson : 10 mn + 15 mn à partir de l'ébullition (dans deux eaux)

☐ *Préparation :* coupez la base du trognon et les petites feuilles externes, si elles sont fanées. Lavez-les abondamment dans de l'eau vinaigrée.

☐ *Cuisson simple :* 10 minutes, une première fois, dans de l'eau bouillante + 15 minutes dans une deuxième eau salée. Égouttez et rafraîchissez-les aussitôt sous l'eau froide.

☐ *Présentation :*
– sautés à la poêle : avec beurre, sel, poivre, pointe d'ail haché et persil. Sur feu moyen, 10 minutes ;
– gratinés : avec sauce Mornay (Béchamel au gruyère), à four chaud ou sous le grilloir ;
– braisés : dans une cocotte avec jus de viande ou de poulet ; ou encore, avec beurre, lardons, persil haché, sel, poivre. 30 minutes à couvert.

Petit conseil : *ne négligez pas de faire subir aux choux une courte précuisson à l'eau. C'est grâce à cette opération qu'ils seront plus faciles à digérer.*

Choucroute à l'alsacienne

Facile
Raisonnable
Prép. et cuisson : 2 h 30
à prévoir la veille

Pour 6, il faut :
2 kg de choucroute crue
400 g de lard fumé
300 g de couennes de lard
1 pied de veau, fendu par le boucher
12 saucisses de Francfort ou de Strasbourg
1 saucisson à l'ail
1 carotte
1 oignon
3 clous de girofle
100 g de beurre ou de saindoux
Bouquet garni
20 baies de genièvre
10 grains de poivre
Sel
1 bouteille de vin blanc sec
500 g de pommes de terre
6 tranches de jambon de Paris

Menu soigné

*Choucroute à l'alsacienne**
Fromages
Tarte chaude flambée (p. 321)

Riesling ou Pinot d'Alsace
Munster au Cumin
Géromé – Chaource

☐ *La veille :* mettez la choucroute dans une grande bassine. Recouvrez largement d'eau fraîche. Changez-la trois ou quatre fois. Puis pressez-la fortement. Étalez sur un torchon et démêlez-la, elle ne doit pas rester enchevêtrée.

☐ *Le jour même :* dans une casserole d'eau froide, portez lentement le lard à ébullition. Égouttez-le aussitôt. Garnissez le fond d'une cocotte avec les couennes de lard. Mettez dessus la moitié de la choucroute, lard, pied de veau, saucisses, saucisson, carotte fendue en 2, oignon piqué de clous de girofle, 50 g de beurre (ou saindoux), bouquet garni, genièvre, poivre, sel, le reste de choucroute. Ajoutez le reste de beurre (ou saindoux), le vin blanc allongé d'eau pour arriver jusqu'à hauteur de la choucroute. Couvrez hermétiquement et faites cuire à feu doux 2 heures.

☐ Au bout de 30 minutes de cuisson, retirez le saucisson et les saucisses. Au bout d'1 heure, ôtez le lard. Vérifiez l'assaisonnement.

☐ Pelez alors les pommes de terre et ajoutez-les dans la choucroute ainsi que saucisses, saucisson et lard.

☐ Servez la choucroute dans un grand plat chaud. Disposez autour et dessus : le lard coupé, le jambon, saucisses et saucisson en rondelles.

Si vous disposez de **choucroute très fraîche,** il suffit de la faire tremper 3 à 4 heures seulement, dans beaucoup d'eau. Mettez les viandes (lard, saucisses, saucisson) dès le début de la cuisson pour qu'elles puissent communiquer leur parfum à la choucroute. Mais leur temps de cuisson étant moins long, n'oubliez pas de retirer cette garniture au moment indiqué.

Civelles en salade

Très facile
Économique
Prép. et cuisson : 30 mn
+ 1 heure au frais

Pour 4, il faut :
600 g de civelles

Court-bouillon :
1 l d'eau
1 oignon
2 clous de girofle
Sel, poivre
Thym, laurier, persil
½ carotte en rondelles
1 petit piment (facultatif)

Sauce vinaigrette aux aromates :
6 cuil. à soupe d'huile
2 cuil. à soupe de vinaigre
Sel, poivre
1 échalote
½ gousse d'ail
Persil

Menu maigre

*Civelles en salade**
Coques aux coquillettes (p. 73)
Frisée aux croûtons aillés
Fromage blanc/confiture

☐ *Court-bouillon :* faites bouillir tous les éléments du court-bouillon, 15 minutes sans couvrir.

☐ Lavez les civelles dans beaucoup d'eau. Plongez-les dans le court-bouillon en ébullition pendant 2 minutes. Égouttez aussitôt. Laissez refroidir.

☐ *Sauce :* hachez ensemble l'échalote, l'ail et beaucoup de persil. Ajoutez à la vinaigrette.

☐ Dans un saladier – mélangez les civelles avec la sauce. Laissez macérer, si possible, 1 heure au frais.

MON AVIS
Les civelles peuvent être également frites. Il suffit alors de les passer dans du lait puis dans la farine (après les avoir lavées) et de les plonger dans un bain de friture bien chaud, 2 minutes, pas plus (friteuse ou poêle bien garnie d'huile).

Civet de lièvre au vin de Cahors

Facile
Cher
Prép. et marinage : 2 ou 3 jours à l'avance
Cuisson : 2 h 30

Pour 6, il faut :
1 lièvre
2 cuil. à soupe d'huile
100 g de beurre
1 cuil. à soupe de farine
1 verre à liqueur de cognac
Tomate concentrée
Sel, poivre
250 g de lard de poitrine maigre, frais
12 petits oignons
400 g de champignons

Marinade :
1 bouteille de vin de Cahors
1 cuil. à soupe d'huile
3 cuil. à soupe de vinaigre
1 carotte
2 échalotes
1 oignon
1 gousse d'ail
Bouquet garni
Estragon
6 grains de poivre
2 clous de girofle

Liaison :
100 g de crème fraîche (facultatif)
1 verre à liqueur de cognac

Menu réception

Salade M.C.B. [1]
*Civet de lièvre au vin de Cahors**
Pâtes fraîches
Munster au cumin
Sorbet aux poires

Vin rouge de Cahors
Gaillac pétillant (dessert)

☐ *Marinade :* videz le lièvre. Recueillez le sang dans une tasse. Gardez-le liquide avec quelques gouttes de vinaigre. Retirez le fiel du foie. Mettez les morceaux de lièvre dans une terrine avec le foie et la marinade. Laissez au frais 2 ou 3 jours.

☐ *Cuisson :* faites roussir les morceaux de lièvre bien égouttés dans l'huile très chaude (pas le foie). Jetez ensuite le gras du rissolage. Remettez 50 g de beurre dans la cocotte, puis les légumes de la marinade. Saupoudrez de farine. Mélangez. Arrosez de cognac. Faites flamber sur le feu. Ajoutez 1 cuil. à soupe de tomate concentrée, sel, poivre, et juste assez de marinade pour couvrir le lièvre. Laissez mijoter sur feu doux 2 heures environ.

☐ Coupez le lard maigre en morceaux. Mettez-les à l'eau froide. Portez à ébullition. Égouttez. Faites-les dorer avec 20 g de beurre en compagnie des petits oignons. Couvrez à mi-cuisson.

☐ Tenez les morceaux de lièvre au chaud. Passez la sauce. Remettez-la sur le feu avec oignons et lardons. Laissez bouillir quelques minutes.

☐ Pendant ce temps, faites sauter rapidement les champignons à la poêle avec 30 g de beurre. Joignez-les à la sauce.

☐ *Liaison :* passez foie et sang à la moulinette ou au mixer. Ajoutez-y cognac, crème fraîche et une louche

1. **Salade M.C.B. :** mélange de mâche, céleri (râpé) et betterave rouge.

de sauce chaude. Versez ceci dans la totalité de la sauce en mélangeant sans arrêt sur feu très doux sans laisser bouillir, sinon le sang coagulerait. Versez sur le lièvre et servez aussitôt.

MON AVIS

Si vous préparez du **lièvre surgelé,** laissez-le dégeler complètement dans la marinade puis faites-le cuire comme du gibier frais, à une petite différence près : saisissez-le très fort dans de l'huile brûlante pour resserrer les fibres de la viande qui souffre toujours un peu de la surgélation. Une fois la viande dorée, vous modérerez le feu et continuerez comme il est dit dans la recette habituelle.

Pour lier la sauce d'un civet fait avec du surgelé, il faudra vous procurer du **sang de porc** chez le charcutier en le commandant à l'avance.

Clafoutis aux fruits de la saison

Très facile
Économique
Prép. et cuisson : 1 h
Thermostat : 6/7

Pour 4, il faut :
2 cuil. à soupe bombées de farine
4 cuil. à soupe de sucre
2 pincées de sel
3 œufs
25 g de beurre + 10 g pour le moule
2 verres de lait tiède
500 g de fruits (cerises, pommes, poires, abricots, prunes)

1 plat à gratin moyen

Menu

Velouté de cresson (sachet)
Œufs à la coque
Chou-fleur au gratin
Salade
*Clafoutis aux fruits**

□ Mélangez au batteur électrique : farine, sucre, sel, œufs, beurre fondu et lait tiède, pour obtenir une pâte lisse et liquide.

□ Beurrez le plat de cuisson. Disposez les fruits dedans, dénoyautés ou non. Versez la pâte dessus.

□ Glissez à mi-hauteur du four chaud (th. 6/7) pendant 45 minutes environ.

□ Servez tiède ou froid, dans le plat de cuisson. Vous pouvez le parsemer de sucre en poudre avant de le présenter.

Organisation : le chou-fleur peut être cuit plusieurs heures d'avance, disposé dans le plat à gratin et recouvert de Béchamel au gruyère préparée en même temps. Au moment du repas, 15 minutes à four chaud suffiront pour le gratinage.

MON AVIS
Si vous préparez le clafoutis avec des fruits très juteux, tels que prunes et abricots, diminuez légèrement la quantité de lait pour obtenir une pâte un peu moins fluide.

Cocktail de crevettes

Facile
Raisonnable
Prép. : 20 mn

Pour 4, il faut :
250 g de crevettes décortiquées (surgelées)
1 cuil. à café de cognac
1 cuil. à soupe de crème fraîche
Ciboulette ou estragon
3 feuilles de laitue
2 pincées de cayenne

Mayonnaise :
1 jaune d'œuf
½ cuil. à café de moutarde
1 petit bol d'huile de tournesol
Sel, poivre
(ou 1 tube/pot de mayonnaise préparée)

4 crevettes non décortiquées (facultatif)

4 verres à pied ou 4 coupelles

Menu soigné

*Cocktail de crevettes**
Escalopes chasseur (p. 112)
Shaghetti au parmesan
Salade de saison
Tutti frutti (p. 134)

Côtes-du-Rhône blanc
Beaujolais Villages

□ Aspergez les crevettes de cognac. Laissez macérer 15 minutes si possible.

□ Préparez la mayonnaise ou utilisez un tube. Mélangez-la avec : crème fraîche, ciboulette ou estragon haché et cayenne. Incorporez-y délicatement les crevettes.

□ Lavez et séchez les feuilles de salade avec du papier absorbant. Roulez les feuilles sur elles-mêmes et tranchez-les en fines lanières.

□ Superposez dans des verres : laitue, crevettes assaisonnées, laitue. Posez une crevette non décortiquée sur le bord du verre et une cuiller de mayonnaise au centre. Mettez au frais jusqu'au moment de servir.

MON AVIS
Le mélange crevettes/mayonnaise peut être préparé d'avance et mis au frais. C'est pratique et encore meilleur !

Cocktail de langouste

Facile
Raisonnable
Prép. et cuisson :
la veille : 1 h
+ 5 h pour dégeler

Pour 4 à 6, il faut :
2 queues de langoustes crues surgelées, de 200 à 250 g

Court-bouillon :
½ bouteille de vin blanc sec
2 verres d'eau
½ carotte en rondelles
1 oignon en rondelles
Bouquet garni
10 grains de poivre
Sel
1 petite branche de céleri

Mayonnaise rose :
¼ l d'huile
1 jaune d'œuf
2 cuil. à café de moutarde forte
Sel, poivre
1 cuil. à café de vinaigre de xérès
1 cuil. à soupe de cognac
1 cuil. à soupe de ketchup
Quelques gouttes de tabasco ou cayenne

Décor :
Feuilles de laitue
2 petites tomates fermes
4 ou 6 crevettes bouquets (facultatif)

4 ou 6 verres à pied

Les langoustes doivent être dégelées lentement et cuites aussitôt. Mais, une fois cuites, elles peuvent être conservées sans risque dans leur court-bouillon de cuisson pendant quelques heures et même jusqu'au lendemain dans le réfrigérateur.

Menu réception

*Cocktail de langouste**
Cailles à la feuille de vigne (p. 222)
Riz nature
Fromages
Sorbet au cassis avec liqueur de cassis

Bordeaux blanc moelleux
Fleurie
Saint-nectaire
Brie – Roquefort

□ *La veille :* laissez dégeler les langoustes pendant 5 ou 6 heures à température ambiante. Pendant ce temps, faites bouillir doucement tous les éléments du court-bouillon pendant 30 minutes, couvert à demi. Laissez refroidir.

□ *Cuisson :* plongez les queues de langoustes dans le court-bouillon. Laissez bouillir à plein feu 8 minutes. Laissez refroidir complètement dans le court-bouillon.

□ *Mayonnaise rose :* préparez une mayonnaise fortement épicée avec les proportions indiquées.

□ Découpez avec des ciseaux les cartilages relativement mous de la face interne. Dégagez ensuite la chair de langouste. Tranchez-y 8 ou 12 médaillons, puis coupez le reste en petits dés. Mélangez ces derniers avec de la mayonnaise. Gardez les médaillons à part.

□ *Présentation :* roulez les feuilles de laitue sur elles-mêmes et tranchez-les finement sur une planche à découper. Déposez un peu de ces fins rubans au fond de chaque verre. Couvrez de mayonnaise et de langouste. Recouvrez avec le reste de laitue et une fine rondelle de tomate. Terminez par deux médaillons de langouste surmontés d'une couche de mayonnaise. Vous pouvez décorer chaque verre d'une grosse crevette accrochée sur le rebord.

Colin froid parisienne

Facile
Cher
Prép. et cuisson : 45 mn + 1 h

Pour 6, il faut :
1 colin de 1,5 kg environ

Court-bouillon :
2 l d'eau
¼ de verre de vinaigre
2 oignons
1 clou de girofle
1 échalote
Bouquet garni
Sel

Salade russe :
1 grande boîte de macédoine de légumes
1 grande boîte de pointes d'asperges
1 bol de mayonnaise
1 boîte d'anchois
1 citron

A défaut d'une grille de poissonnière, très pratique pour cuire un gros poisson mais bien encombrante pour un emploi occasionnel, utilisez un grand torchon ou un linge blanc. Et plongez le poisson dans le court-bouillon, complètement enveloppé dans le torchon ; vous pouvez même le ligoter aux deux bouts. Après cuisson, vous saisirez le linge par les extrémités et soulèverez le tout sans accident.

Menu réception

*Colin froid parisienne**
Filet de bœuf rôti
Cœurs de céleris braisés
Salade
Fromages
Tarte au citron meringuée (p. 322)

Menetou-Salon
Saint-Julian
Brie de Meaux – Laguiole – Chabichou

□ *Court-bouillon :* faites bouillir eau, vinaigre, oignons, sel, échalote, clou de girofle, bouquet garni, 15 minutes. Laissez refroidir. Plongez le poisson dedans. Faites chauffer le court-bouillon lentement. Retirez du feu juste avant l'ébullition. Laissez refroidir dans le court-bouillon.

□ Versez la macédoine et les pointes d'asperges dans une passoire pour qu'elles aient le temps d'égoutter parfaitement. Puis, mélangez-les, séparément, avec une partie de la mayonnaise.

□ Égouttez le poisson. Enlevez la peau en la grattant légèrement. Disposez le poisson sur un grand plat long.

□ *Décor :* déposez un peu de macédoine et de pointes d'asperges de chaque côté du colin. Décorez celui-ci avec des filets d'anchois disposés en croisillons, de fines rondelles de citron, de la mayonnaise. Servez le reste de macédoine et de pointes d'asperges dans un saladier.

MON AVIS
Si vous utilisez un gros poisson surgelé, laissez-le toujours dégeler complètement avant de le cuire. Cette opération doit se faire lentement, de préférence dans le réfrigérateur, pendant plusieurs heures. Faites-le cuire ensuite comme indiqué dans la recette.

Congre en cocotte

Très facile
Raisonnable
Prép. et cuisson : 1 h

Pour 4, il faut :
1 morceau de congre de 1 kg (milieu)
125 g de petits oignons
Un peu de farine
50 g de beurre
⅓ de bouteille de vin blanc sec
1 gousse d'ail
Bouquet garni
Sel, poivre

Menu maigre

Julienne de fenouil vinaigrette [1]
*Congre en cocotte**
Pommes à l'anglaise persillées
Fromage
Semoule au chocolat

□ Épluchez les oignons. Jetez-les dans de l'eau en ébullition, pendant 2 minutes. Égouttez.

□ Farinez légèrement le morceau de congre. Faites-le dorer dans une cocotte avec 30 g de beurre. Ajoutez les oignons en le retournant. Quand ils sont dorés à leur tour, ajoutez : vin blanc, ail, bouquet garni, sel, poivre. Couvrez. Laissez mijoter, sur feu doux, 40 minutes.

□ Déposez congre et oignons dans un plat creux. Ôtez le bouquet garni. Incorporez à la sauce restée sur le feu, 1 cuil. à café rase de farine malaxée avec 1 noix de beurre. Laissez bouillir 2 minutes. Versez sur le poisson et servez.

MON AVIS
Le congre est un bon poisson avantageux. Mais il contient beaucoup d'arêtes, surtout vers la queue. Aussi, choisissez toujours le milieu du poisson pour préparer cette recette. En revanche, utilisez la queue du congre pour la soupe de poissons à laquelle elle donne de la saveur (mais ne la mangez pas).

1. **Julienne de fenouil :** il s'agit d'un bulbe de fenouil dont la partie tendre est finement tranchée, puis mise à macérer, une petite heure, à cru, dans la vinaigrette.

Consommé aux cheveux d'ange

Très facile
Économique
Prép. et cuisson : 15 mn

Pour 4, il faut :
1 l ¼ de bouillon de bœuf (tablette)
1 petite boîte de quenelles de volaille
100 g de crème fraîche
1 reste de poulet froid (facultatif)
4 cuil. à soupe de vermicelle très fin
1 verre à liqueur de madère
2 feuilles de laitue

Menu

*Consommé aux cheveux d'ange**

Croquettes de viande sauce tomate

Épinards braisés

Fromage

Fruits

☐ Portez le bouillon de bœuf à ébullition.

☐ Ajoutez-y : quenelles de volaille coupées en rondelles, crème et, facultativement, de tout petits dés de poulet.

☐ Lorsque le liquide est remonté à ébullition, versez-y le vermicelle. Laissez bouillir 2 minutes, en remuant. Arrosez de madère et versez dans la soupière ou les bols.

☐ Roulez les feuilles de laitue, serrées sur elles-mêmes. Tranchez en fines lanières. Déposez sur le potage et présentez à table.

Les **cheveux d'ange** sont de longs vermicelles d'une extrême finesse. Leur cuisson est donc très rapide. A défaut de la variété « cheveux d'ange », du vermicelle fin ou du vermicelle chinois conviennent bien.

Coq au vin de Cahors

Facile
Raisonnable
Prép. et cuisson : 2 h 30
en autocuiseur : 45 mn
+ marinage : 12 h

Pour 6 ou 8, il faut :
1 coq ferme de 3 kg, en morceaux
1 ou 2 foies de volaille
1 cuil. à soupe d'huile
40 g de beurre
100 g de couenne de porc
1 petit verre de cognac
Concentré de tomates
125 g de lard de poitrine
250 g de petits champignons
1 cuil. à soupe de farine
Persil haché
Sel, poivre

Marinade :
1 bouteille de vin rouge de Cahors
2 cuil. à soupe d'huile
1 oignon
2 échalotes
1 petite carotte
3 gousses d'ail
Bouquet garni
1 clou de girofle
5 grains de poivre

Garniture facultative :
4 tranches de pain de mie
50 g de beurre

Menu soigné

Coussinets au roquefort [1] (p. 85)
*Coq au vin de Cahors**
Pommes vapeur
Salade
Fromages
Poires au chocolat (p. 233)

Cahors
Gratte-paille – Bleu d'Auvergne
Comté

☐ *Marinade :* la veille, recouvrez les morceaux de coq avec la marinade, dans un saladier pas trop grand.

☐ Le jour de la cuisson, égouttez séparément la viande et les aromates. Conservez la marinade.

☐ Dans une grande cocotte, faites dorer de toute part, avec 1 cuil. d'huile et 40 g de beurre, les morceaux de coq (sauf les foies, réservés pour la fin). Puis ajoutez la couenne en morceaux et les aromates épongés. Saupoudrez de farine. Mélangez. Arrosez de cognac. Portez à ébullition. Faites flamber sur le feu. Mouillez avec la marinade passée, 1 verre d'eau, 1 cuil. à soupe de concentré de tomate. Salez, poivrez. Couvrez. Laissez mijoter, à feu doux, de 1 heure 30 à 2 heures (en autocuiseur : 35 à 45 minutes).

☐ Coupez le lard en dés. Faites cuire doucement dans une petite casserole avec une noix de beurre, pendant 10 minutes. Égouttez-les. A leur place, faites sauter rapidement les champignons. Joignez le tout au coq au vin, 15 minutes avant la fin de la cuisson.

☐ *Garniture :* coupez chaque tranche de pain en 4 triangles. Faites-les dorer doucement à la poêle, de part et d'autre, avec 50 g de beurre.

☐ Déposez dans un plat creux les morceaux de coq, champignons et lardons. Si la sauce est trop liquide, laissez-la bouillir à découvert pour qu'elle épaississe en s'évaporant.

1. Les **coussinets au roquefort** peuvent être préparés et disposés dans le plat à gratin plusieurs heures à l'avance. Ils seront glissés dans le four chaud 10 ou 15 minutes avant le début du repas.

□ Réduisez les foies crus en purée, dans le mixer. Incorporez-les à la sauce bouillante. Versez-la aussitôt sur le plat. Parsemez de persil, entourez de croûtons dorés et servez.

MON AVIS

Choisissez votre coq suffisamment ferme pour qu'il puisse supporter une cuisson prolongée sans se déchiqueter. C'est une « espèce » qui se fait rare, ce qui explique son prix relativement élevé.

Le coq au vin supporte très bien le réchauffage et même la surgélation. Mais ce n'est qu'au moment du repas que vous lierez la sauce bouillante avec les foies crus passés à la moulinette. Ne plus reporter sur le feu ensuite, sous peine de voir « tourner » le chef d'œuvre.

Coq au Riesling

Facile
Cher
Prép. et cuisson : 2 h 30
en autocuiseur : 25 à 35 mn

Pour 6 ou 8, il faut :
1 coq (ou 1 très gros poulet) en morceaux
50 g de beurre
1 cuil. à soupe d'huile
3 échalotes hachées
2 cuil. à soupe rases de farine
1 bouteille de Riesling
Bouquet garni avec brin de céleri
Sel, poivre
250 g de champignons
1 quartier de citron
200 g de crème fraîche

Menu réception

Fonds d'artichauts aux pointes d'asperges
*Coq au Riesling**
Pommes dauphine
Fromages
Fraises Romanoff [1] *(p. 127)*

Riesling ou Pinot noir d'Alsace
Chèvre frais
Comté – Bleu de Bresse

☐ Dans une grande cocotte, faites revenir les morceaux de volaille avec un peu de beurre et d'huile, sans les laisser colorer.

☐ Ajoutez-y les échalotes hachées. Saupoudrez de farine. Mélangez sur le feu. Arrosez de Riesling avec, au besoin, un peu d'eau pour arriver à hauteur des morceaux. Ajoutez bouquet garni, sel, poivre. Couvrez. Laissez mijoter de 1 heure à 1 heure 30 (en autocuiseur : 25 à 35 minutes). En fin de cuisson, la fourchette doit pénétrer facilement dans la cuisse.

☐ Coupez le pied sableux des champignons. Lavez-les. Mettez-les aussitôt dans une petite casserole avec un peu d'eau froide, noix de beurre, jus de citron, sel, poivre. Laissez bouillir 5 minutes.

☐ Ôtez les morceaux de volaille de la cocotte. Tenez-les au chaud. Laissez bouillir la sauce restée dans la cocotte, sans couvrir pour qu'elle diminue d'un tiers environ. Ôtez le bouquet garni. Ajoutez champignons égouttés et crème fraîche. Faites bouillir encore 1 minute. Versez sur la volaille.

1. Les **fraises Romanoff** ne demandent pas de préparation bien particulière. Elles sont tout simplement macérées avec du curaçao un peu à l'avance et garnies, en dernière minute, de crème Chantilly.

MON AVIS
Pour gagner du temps, n'hésitez pas à utiliser, comme légumes d'accompagnement, des pommes dauphine surgelées de bonne marque, prêtes à frire ou à réchauffer dans le four.

Coques aux coquillettes

Facile
Économique
Prép. et cuisson : 45 mn

Pour 4, il faut :
3 l de coques
1 échalote
Bouquet garni
250 g de coquillettes
Sel
50 g de gruyère râpé

Sauce :
30 g de beurre
30 g de farine
½ l liquide :
jus de cuisson des coquillages + eau
1 boîte de sauce tomate
Sel, poivre
Cayenne (facultatif)

Menu

Potage au cresson
*Coques aux coquillettes**
Salade d'agrumes et bananes

☐ Lavez très soigneusement les coques dans plusieurs eaux. Dans une grande casserole, mettez-les sur feu vif, avec échalote hachée et bouquet garni. Retirez-les du feu aussitôt ouvertes et ôtez-les de leurs coquilles. Passez le jus de cuisson à travers un tamis métallique garni de papier absorbant pour éliminer le sable (c'est indispensable). Tenez au chaud.

☐ Faites cuire les coquillettes dans beaucoup d'eau salée en ébullition, le temps indiqué sur le paquet.

☐ Pendant ce temps, préparez la sauce : délayez, sur feu doux, le beurre et la farine jusqu'à ce que le mélange mousse légèrement. Ajoutez-y ½ litre de liquide (jus de cuisson des coques allongé d'eau, si nécessaire), sauce tomate, sel, poivre, pincée de cayenne (facultatif). Mélangez jusqu'à épaississement. Mettez les coques décoquillées dedans. Laissez mijoter ensemble pendant 2 ou 3 minutes.

☐ Égouttez bien les coquillettes. Mélangez-les aussitôt avec les coques et la sauce très chaudes. Saupoudrez de gruyère râpé et servez.

MON AVIS
Il est toujours préférable, si l'on peut, de laisser tremper les coques pendant un moment dans de l'eau froide **très salée** avant de les cuire. Ce qui a pour effet de les faire ouvrir au bout de quelques minutes et de rejeter dans l'eau le sable qu'elles contiennent.

Coquillages (préparation et cuisson)

Sont compris sous la dénomination de coquillages tous les mollusques comestibles univalves (escargot) ou bivalves (moule). Ils sont d'origine marine, exception faite pour l'escargot. Leurs noms peuvent varier d'une province à l'autre.

★ Crus ✱ Cuits		Préparation	Cuisson
BIGORNEAUX **Vigneaux** **Brelins** **BUCCINS** **Escargots de mer** **Bulots**	✱	Laver à grande eau.	Dans eau froide avec bouquet garni, ail, gros sel, pas mal de poivre. 10 à 15 mn, à petit frémissement. Laisser tiédir dans l'eau de cuisson.
COQUES **Bucardes** **Rigadeaux** **Henons**	★ ✱	Laver. Tremper 1 h dans de l'eau froide très salée.	Ouvrir sur feu vif dans une cocotte ouverte.
COQUILLES ST-JACQUES **Pèlerines** **Peignes**	✱	Ouvrir, ébarder, laver avec soin. Surgelés : laisser dégeler à l'eau froide ou tiède.	Court-bouillon froid à hauteur, puis sur feu doux jusqu'à frémissement. A la poêle ou en brochettes.
ESCARGOTS	✱	Laver et faire dégorger 2 h à l'eau vinaigrée et salée. Faire bouillir doucement 5 mn.	Mettre dans un court-bouillon froid très aromatisé. Cuisson 3 h. Laisser refroidir dedans.
HUÎTRES	★ ✱	Ouvrir.	Faire pocher (porter juste à ébullition) dans leur propre jus. Ou griller dans leur coquille.
MOULES	★ ✱	Gratter et laver.	Ouvrir sur feu vif (marinière). Farcir et faire gratiner.
OURSINS **Châtaignes de mer** **Hérissons** **Ours** **Œufs**	✱	Ouvrir en deux avec des ciseaux. Se mangent à la petite cuiller.	Dans œufs battus cuits en omelette.
PALOURDES **Clovisses** **PÉTONCLES** **Olivettes** **Venettes** **Vaneaux** **PRAIRES** **Rigadelles** **Coques rayées** **VERNIS**	★ ✱	Brosser une par une sous le robinet. Laver ensuite à grande eau.	Ouvrir sur feu vif. Farcir et faire gratiner.

Coquilles Saint-Jacques nantaise

Facile
Raisonnable
Prép. et cuisson : 45 mn

Pour 4, il faut :
8 coquilles Saint-Jacques (fraîches ou surgelées)
1 échalote ou
1 gousse d'ail
100 g de champignons
70 g de beurre
Sel, poivre
1 verre ½ de muscadet
100 g de pain rassis émietté
Fines herbes hachées : persil, cerfeuil, ciboulette

4 écailles creuses de Saint-Jacques

Menu soigné

*Coquilles Saint-Jacques nantaise**
Filet de bœuf rôti
Beignets de céleri-rave [1]
Salade verte
Fromages
Pommes en charlotte (p. 237)

Muscadet-sur-lie
Saint-Émilion
Fromage du curé nantais
Camembert – Saint-Marcellin

☐ Faites ouvrir les coquilles en demandant d'y laisser les barbes. Nettoyez-les bien ainsi que les 4 écailles creuses (les Saint-Jacques surgelées devront dégeler à l'eau froide ou juste tiède).

☐ Nettoyez et hachez ensemble échalote ou ail et champignons. Hachez également les barbes.

☐ Dans une poêle, faites revenir, sur feu très doux, le hachis de champignons, d'aromates et de barbes avec 30 g de beurre. Salez et poivrez. Mouillez de muscadet. Au bout de 20 minutes, ajoutez-y les noix blanches (pas le corail) coupées en dés. Laissez cuire très doucement 5 minutes supplémentaires dans le court-bouillon à peine frissonnant.

☐ Incorporez suffisamment de pain rassis au contenu de la poêle pour absorber le jus. Ce mélange ne doit pas être trop épais. Ajoutez-y les fines herbes.

☐ Répartissez-le dans les coquilles vides. Déposez un corail cru sur chacune. Parsemez de pain émietté et de noisettes de beurre. Mettez à gratiner.

MON AVIS
Si vous utilisez des Saint-Jacques surgelées – moins savoureuses que les fraîches mais si pratiques hors saison et lorsqu'on est pressé –, je vous conseille d'y ajouter, avant de les faire gratiner, un peu de gruyère râpé pour en renforcer le goût et donner un gratin plus doré.

1. **Beignets de céleri-rave :** le céleri, coupé en tranches, est préalablement cuit de 20 à 30 minutes à l'eau salée (un moment à l'avance). Puis, enrobé de pâte à frire, il est mis à grande friture très chaude, à la dernière minute.

Coquilles Saint-Jacques en pâte

Facile
Raisonnable
Prép. et cuisson : 45 mn
Thermostat : 7/8

Pour 4, il faut :
12 ou 16 Saint-Jacques (décoquillées par le poissonnier)
Un peu de farine
75 g de beurre
1 cuil. à soupe d'huile
1 échalote
Persil
Sel, poivre

Pâte :
150 g de farine
75 g de beurre ou de margarine
½ cuil. à café de sel
1 œuf

8 écailles de Saint-Jacques (nettoyées et séchées)

Organisation : les croûtes peuvent être préparées la veille et réchauffées dans le four, au moment du repas, pendant la cuisson des Saint-Jacques.
Le gratin de légumes, cuit en cocotte un peu à l'avance, succédera aux croûtes, dans le four, pour gratiner.

Menu soigné

Assiette de bigorneaux/crevettes/praires
*Coquilles Saint-Jacques en pâte**
Gratin de légumes (p. 144)
Fromages
Riz aux poires meringuées (p. 265)

Gros Plant
Sancerre blanc ou rosé
Saint-Nectaire – Vacherin
Banon

☐ *Pâte* : mélangez tous les éléments dans votre robot ou, sinon, disposez la farine en couronne. Au centre, malaxez le beurre ramolli avec le sel. Incorporez l'œuf entier pour obtenir une crème. Puis pétrissez rapidement avec la farine.

☐ Beurrez les 4 écailles les plus profondes. Garnissez-les de pâte finement étalée. Pressez avec les doigts pour faire adhérer. Découpez la pâte tout autour. Pressez à nouveau. Couvrez d'une seconde écaille. Mettez à four bien chaud (th. 7/8) 10 minutes. A mi-cuisson, retirez l'écaille du dessus pour laisser dorer la pâte.

☐ Pendant ce temps, lavez les noix et le corail des Saint-Jacques. Épongez-les. Coupez-les dans l'épaisseur en 2 ou 3 rondelles. Farinez légèrement. Faites sauter 3 ou 4 minutes à la poêle, sur feu moyen, avec 25 g de beurre et 1 cuil. d'huile. Ajoutez le hachis d'échalote, persil, sel et poivre, puis, à la fin, le reste du beurre.

☐ Démoulez les croûtes sur le plat de service ou dans les assiettes. Garnissez-les avec les coquilles sautées et leur sauce. Servez aussitôt.

MON AVIS
N'oubliez pas les petites épingles à tête plantées dans un bouchon, pour extraire les bigorneaux de leurs coquilles. (10 minutes de cuisson au court-bouillon.)

Coquilles Saint-Jacques provençale

Facile
Cher
Prép. et cuisson : 30 mn

Pour 4, il faut :
12 ou 16 coquilles (décoquillées)
1 gousse d'ail
Persil
Farine
30 g de beurre
1 cuil. à soupe d'huile
Sel, poivre
½ citron

Menu soigné

Soufflé au fromage (p. 309)
*Coquilles Saint-Jacques provençale**
Riz nature
Salade
Marquise au chocolat (p. 173)

Sancerre blanc ou rouge (frais)

□ Hachez ail et persil.

□ Nettoyez et lavez les chairs des Saint-Jacques dans plusieurs eaux. Épongez-les bien.

□ Passez-les dans la farine. Secouez pour ôter l'excès. Mettez-les à dorer dans une poêle contenant le beurre et l'huile moyennement chauds. Retournez-les pour laisser dorer l'autre côté, sur feu moyen. Enfin, saupoudrez de persil et d'ail hachés, sel, poivre. Couvrez et laissez cuire à feu doux 5 minutes supplémentaires. Arrosez de citron juste avant de servir.

MON AVIS
Il n'est pas indispensable de fariner les Saint-Jacques si vous les avez très soigneusement séchées. La farine évite toutefois bien des projections de graisse brûlante.

L'ail haché peut être remplacé par de l'échalote, au goût moins violent.

Côte de bœuf au Chablis

Très facile
Cher
Prép. et cuisson : 40 mn
Thermostat : 7/8, puis 6/7

Pour 4, il faut :
1 côte de bœuf de
1,800 kg à 2 kg
Un peu d'huile
Sel, poivre

Sauce au vin :
2 ou 3 échalotes hachées
100 g de beurre
2 verres de vin de Chablis
Sel, poivre
1 cuil. à café rase
de farine

Menu soigné

Petits flans Helvetia (p. 224)
*Côte de bœuf au Chablis**
Pommes dauphine
Salade
Tarte chaude flambée (p. 321)

Côtes-de-Beaune Villages

☐ Huilez légèrement la côte de bœuf. Déposez-la directement dans le plat de cuisson ou sur une grille posée au-dessus de celui-ci. Glissez-la à mi-hauteur du four bien chaud (th. 7/8) de 18 à 20 minutes par kilo, soit environ 30 minutes au total. A mi-cuisson, retournez-la et abaissez la température du four (th. 6/7). Salez et poivrez-la à la fin.

☐ Déposez la viande cuite dans le plat de présentation. Faites attendre dans le four éteint mais chaud.

☐ *Sauce au vin :* faites cuire doucement le hachis d'échalotes avec 15 g de beurre, sans laisser colorer. Ajoutez-y ensuite le vin, sel et poivre. Laissez bouillir doucement, sans couvrir, pour faire diminuer de moitié. Ajoutez alors au jus de la viande resté dans le plat de cuisson. Délayez sur le feu.

☐ Malaxez la farine avec 1 cuil. à café de beurre. Incorporez, par petits morceaux, dans la sauce restée sur le feu, à l'aide d'un fouet à sauce. Puis, hors du feu, incorporez le reste du beurre de la même façon, pour obtenir une sauce onctueuse. Versez dans une saucière tiède [1] et présentez-la en même temps que la côte de bœuf découpée en tranches.

MON AVIS
Pour vous assurer que la côte de bœuf est cuite à point, tâtez-la avec le doigt : elle doit être brune, légèrement « croûteuse » et un peu résistante. Il est indispensable de la laisser reposer au moins 10 minutes avant de la découper. Elle se tiendra suffisamment chaude dans le four que vous venez d'éteindre.

1. **La sauce :** vous pouvez tenir la sauce au chaud dans un bain-marie juste tiède, mais ne la faites réchauffer à aucun prix car elle tournerait.

Côte de bœuf rôtie

Très facile
Raisonnable
Prép. et cuisson : 45 mn (9 à 10 mn par livre)
Thermostat : 7/8

Pour 4 ou 5, il faut :
1 côte de bœuf de 1,5 kg environ
Un peu d'huile
Thym, laurier
100 g de beurre
Sel, poivre

Menu soigné

Asperges sauce crème-estragon [1]
*Côte de bœuf rôtie**
Pommes sautées
Salade
Fromages
Fraises Romanoff (p. 127)

Morgon
Brillat-Savarin
Camembert – Saint-Marcellin

□ Huilez la viande de part et d'autre. Parsemez-la de thym effeuillé et de laurier brisé. Enveloppez-la d'aluminium et laissez-la reposer un moment.

□ Allumez le four à thermostat 7/8, une dizaine de minutes à l'avance.

□ Déposez la côte de bœuf sur la grille du four. Glissez-la dans celui-ci, très chaud. Placez dessous un grand plat ou la lèchefrite. Laissez cuire de 9 à 10 minutes par livre (soit 30 minutes environ). Retournez à mi-cuisson.

□ Un peu avant la fin de la cuisson, coupez les ficelles qui maintiennent la viande pour qu'elle puisse gonfler un peu. Salez et poivrez.

1. **Sauce crème-estragon :** de la simple crème fraîche assez fluide additionnée de sel, poivre, quelques gouttes de vinaigre et, surtout, d'estragon finement coupé. A moins que vous ne lui préfériez la ciboulette.

Côtelettes de chevreuil au genièvre

Facile
Raisonnable
Prép. et cuisson : 1 h 30

Pour 4, il faut :
8 côtelettes de chevreuil
25 g de beurre
50 g de crème fraîche

Sauce :
1 cuil. à soupe d'huile
1 petit oignon
1 petite carotte
1 gousse d'ail
25 g de beurre
10 baies de genièvre
1 cuil. à café de tomate concentrée
1 cuil. à soupe rase de farine
2 petits verres de genièvre
½ verre de vinaigre
2 verres de vin rouge
Sel
4 grains de poivre
Bouquet garni

Menu soigné

Légumes à la grecque (p. 166)
*Côtelettes de chevreuil au genièvre**
Marrons braisés
Chicorée de Trévise aux pommes-fruits
Fromages
Pets-de-nonnes

Côte-de-Nuits
Beaufort – Époisses – Bleu

□ *Sauce :* retirez des côtelettes les os et déchets. Faites revenir ceux-ci dans une casserole, à feu très vif, avec 1 cuil. d'huile. Égouttez le gras. Ajoutez hachis d'oignon et de carotte, ail et 25 g de beurre en réduisant le feu. Lorsqu'ils sont bien dorés, mettez genièvre écrasé, tomate concentrée. Saupoudrez de farine. Mélangez. Arrosez avec la moitié de genièvre. Flambez. Ajoutez vinaigre, vin rouge, sel, poivre, bouquet garni. Faites bouillir fortement 1 ou 2 minutes, puis couvrez. Laissez mijoter doucement 1 heure. Tamisez la sauce très réduite.

□ *Au moment du repas :* faites sauter vivement les côtelettes à la poêle avec un peu de beurre, de 1 à 2 minutes sur chaque face (elles doivent rester saignantes). Tenez-les au chaud dans le plat de service. Versez le reste de genièvre dans la poêle sur le feu, puis la sauce. Laissez bouillir 1 minute. Hors du feu, incorporez-y la crème. Servez cette sauce sur la viande ou dans une saucière chaude.

MON AVIS
Pour gagner du temps, faites la sauce entièrement d'avance. C'est intéressant, puisque sa préparation demande, à elle seule, plus d'une heure de surveillance.

Avant de passer à table, un quart d'heure suffira pour le réchauffage de la sauce et la cuisson des côtelettes.

Côtes d'agneau Champvallon

Très facile
Raisonnable
Prép. et cuisson : 1 h
en autocuiseur : 20 mn

Pour 4, il faut :
4 côtes d'agneau découvertes
2 gros oignons
1 kg de pommes de terre
Sel, poivre
3 cuil. à soupe d'huile
25 g de beurre
2 gousses d'ail
Bouquet garni
½ l d'eau

Menu

*Côtes d'agneau Champvallon**
Pommes cocotte
Cresson [1]
Gâteau meunière *(p. 133)*

□ Épluchez oignons et pommes de terre. Coupez-les en rondelles pas trop minces, dans votre robot.

□ Salez et poivrez les côtes. Faites-les dorer dans une grande poêle, sur les deux faces, avec 1 cuil. d'huile. Retirez-les et jetez la graisse fondue. A la place, faites sauter à feu vif pommes de terre et oignons avec 2 cuil. d'huile et le beurre pour les blondir légèrement.

□ Puis, mettez la moitié des légumes dans une large cocotte (ou dans l'autocuiseur). Dessus, rangez viande, ail, bouquet garni. Couvrez avec le reste des pommes de terre et des oignons. Versez de l'eau bouillante pour couvrir à peine. Fermez la cocotte. Laissez cuire à feu doux 45 minutes environ (en autocuiseur : 20 minutes).

1. **Cresson :** n'ayez aucune appréhension à l'égard du cresson vendu en bottes sur les marchés ou chez les commerçants. Il est cultivé dans des cressonnières, spécialement aménagées, dans des conditions d'hygiène strictes et très surveillées.

MON AVIS
La cuisson sera plus régulière dans le four : glissez la cocotte dans le four doux (th. 4/5). Si les poignées de la cocotte risquent de brûler, protégez-les avec une feuille d'aluminium.

Côtes de porc en saupiquet

Très facile
Économique
Prép. et cuisson : 45 mn

Pour 4, il faut :
4 côtes de porc
25 g de beurre
2 oignons hachés
½ verre de vinaigre de vin
½ verre d'eau
Sel, poivre
Bouquet garni
3 ou 4 cornichons
1 cuil. à soupe de moutarde forte

Menu

Céleri-rave
*Côtes de porc en saupiquet**
Pommes à l'anglaise
Fromage
Fruits

☐ Faites dorer les côtes à la poêle avec le beurre, 3 ou 4 minutes de chaque côté. Puis retirez-les en laissant la graisse de cuisson dans la poêle.

☐ Jetez-y les oignons hachés. Laissez-les blondir légèrement dans la poêle. Versez alors le vinaigre dessus. Laissez bouillir 1 minute pour atténuer l'acidité du vinaigre. Ajoutez enfin ½ verre d'eau, sel, poivre et bouquet garni.

☐ Replacez les côtes de porc dans la poêle. Laissez mijoter avec la sauce pendant 30 minutes environ. Couvrez à demi.

☐ Au bout de ce temps, coupez les cornichons en rondelles dans la poêle, à côté de la viande. Tartinez celle-ci avec la moitié de la moutarde. Retournez-les dans la poêle toujours sur feu doux. Enduisez le deuxième côté avec le reste de moutarde. Retournez encore une fois pour que la moutarde se délaie bien dans la sauce. Servez aussitôt.

MON AVIS
Il est important de laisser bouillir le vinaigre quelques instants pour que s'élimine une partie de son acidité. Ce n'est qu'ensuite que vous y ajouterez un peu d'eau pour allonger le jus de cuisson.

Côtes de veau à l'avocat (ou escalopes)

Facile
Cher
Prép. et cuisson : 30 mn

Pour 4, il faut :
4 côtes de veau
(ou escalopes)
2 avocats un peu fermes
40 g de beurre
Sel, poivre
1 verre à apéritif
de banyuls
100 g de crème fraîche
épaisse

Menu soigné

Tomates bruxelloise (p. 332)
*Côtes de veau à l'avocat**
Épinards braisés
Fromages
Gâteau caramélisé
à l'ananas (p. 132)

Beaujolais Villages
Brie de Melun – Tomme de Savoie
Chevreton de Mâcon

☐ Coupez les avocats en deux. Otez le noyau. Creusez-les soigneusement à l'aide d'une cuiller à pommes noisettes pour obtenir des billes bien rondes (avec une cuiller à café, le résultat sera moins joli). Faites chauffer ces « billes » d'avocat à la poêle, avec un peu de beurre fondu. Ne les mélangez pas à la fourchette, mais secouez la poêle. Puis tenez-les au chaud entre deux assiettes posées sur une casserole d'eau bouillante.

☐ Dans la poêle restée sur le feu, remettez 30 g de beurre. Faites-y dorer les côtes de veau à feu vif, des deux côtés. Salez, poivrez. Puis laissez cuire sur feu moyen pendant 10 minutes et retirez-les.

☐ A la place, versez le banyuls dans la poêle. Délayez sur le feu pendant 1 ou 2 minutes. Incorporez la crème fraîche. Laissez bouillir quelques instants.

☐ Replacez les côtes de veau dans la poêle. Retournez-les dans la sauce pour les enduire des deux côtés. Disposez-les aussitôt sur le plat de présentation.

☐ Faites glisser les « billes » d'avocat dans la sauce restée dans la poêle. Secouez et versez le tout autour des côtes de veau.

MON AVIS
Les escalopes, plus sèches que les côtes, seront coupées en petits carrés pour qu'à la fin de la cuisson elles se trouvent mieux enrobées de sauce.

Couronne de poisson

Facile
Économique
Prép. et cuisson : de 30 mn à 1 h
Thermostat : 6/7

Pour 4, il faut :
300 g de poisson cuit (reste)
750 g de pommes de terre (ou purée préparée)
1 jaune d'œuf
50 g de beurre
Sel, poivre
125 g de champignons (ou 1 petite boîte)
1 quartier de citron

Béchamel :
30 g de beurre
1 cuil. à soupe bombée de farine
1 bol de lait (ou lait + jus des champignons)
Sel, poivre
Pincée de muscade
1 cuil. à soupe de crème fraîche (facultatif)

Menu maigre

Carottes râpées/Œufs durs
*Couronne de poisson**
Cantal
Compote de pruneaux au thé

□ Épluchez, et enlevez les arêtes du poisson s'il y a lieu. Préparez une purée de pommes de terre très sèche. Incorporez-y le jaune d'œuf battu, 1 noix de beurre, sel, poivre. Disposez cette purée en couronne dans un plat à four. Parsemez-la de noisettes de beurre et faires dorer à four chaud (th. 6/7) 15 minutes.

□ Pendant ce temps, ôtez le pied sableux des champignons. Lavez-les. Coupez-les en quatre s'ils sont gros. Faites cuire 5 minutes dans une casserole couverte avec une noix de beurre, jus de citron, 1 cuil. à soupe d'eau, sel, poivre.

□ *Garniture de Béchamel :* mélangez, sur feu doux, beurre fondu et farine. Ajoutez le liquide froid, sel, poivre, muscade, en tournant jusqu'à ébullition. Laissez mijoter 1 minute avec les champignons et le poisson. Retirez du feu. Incorporez-y la crème fraîche.

□ Versez cette garniture au centre de la couronne de pommes de terre et servez.

Meringues : un blanc d'œuf battu en neige ferme, avec une pincée de sel et 60 g de sucre (3 cuil. à soupe) ajoutés graduellement quand la mousse se forme, vous donnera 6 ou 8 petites meringues, après cuisson à four très doux. C'est une bonne façon d'utiliser un reste.

MON AVIS
Vous gagnerez facilement une demi-heure en utilisant purée en sachet et champignons en boîte. C'est appréciable et même indispensable parfois. Dans ce cas, prévoyez du lait en plus pour la purée et supprimez le citron des champignons.

Coussinets au roquefort

Facile
Raisonnable
Prép. et cuisson : 45 mn
+ repos de la pâte

Pour 8 crêpes, il faut :

Pâte à crêpes :
150 g de farine
2 ou 3 œufs
2 verres d'eau
1 cuil. à soupe d'huile
½ cuil. à café de sel

Béchamel au roquefort :
1 cuil. à soupe bombée de farine
30 g de beurre
¼ l lait
Poivre
75 g de roquefort
2 cuil. à soupe de crème fraîche

1 poêle de 18 à 20 cm ∅
1 tampon imbibé d'huile

Menu maigre

Consommé aux cheveux d'ange (p. 69)

*Coussinets au roquefort**

Salade de scarole/pommes de terre

Far aux pruneaux (p. 116)

☐ *Crêpes :* dans le bol mixer, fouettez ensemble tous les éléments de la pâte, sans précaution particulière, pour obtenir une pâte liquide. Laisser reposer au frais, 1 heure si possible. Cuisez les crêpes à feu vif, dans la poêle très chaude, graissée entre chaque cuisson avec un tampon huilé.

☐ *Béchamel au roquefort :* mélangez au fouet, sur feu doux, le beurre fondu et la farine. Quand le mélange bouillonne, ajoutez-y d'un seul coup le lait froid, poivre (pas de sel). Fouettez jusqu'à ébullition. Laissez mijoter quelques minutes. Hors du feu, incorporez-y le roquefort écrasé ou râpé et la crème.

☐ Déposez 1 cuil. à soupe de ce mélange sur chaque crêpe. Roulez et pliez les extrémités. Dans un plat à gratin beurré, déposez, côte à côte, les « coussinets » obtenus, côté replié dessus. S'il reste un peu de sauce, étalez-la à la surface. Parsemez de gruyère râpé et de noisettes de beurre. Faites gratiner 5 minutes.

MON AVIS
Le nombre des crêpes dépend de l'épaisseur de la pâte et du diamètre de la poêle. Si vous êtes amateur de crêpes, n'hésitez pas à acheter une petite poêle spéciale pour les cuire, soit en tôle noire épaisse, soit en aluminium revêtu d'anti-adhésif.

Couscous

Très facile
Raisonnable
Prép. et cuisson : 2 h

Pour 8 à 10, il faut :
1 kg de semoule à couscous (moyenne)
2 kg de mouton (collier et épaule coupés)
1 poule très ferme
8 à 10 merguez
½ tasse d'huile
125 g de beurre

Bouillon :
3 l d'eau
4 gros oignons (doux)
½ g de safran
Sel, poivre
½ tasse d'huile
1 petite boîte de tomate concentrée
1 cuil. à café d'harrissa
3 gousses d'ail
Bouquet garni
4 ou 5 carottes
3 navets
3 aubergines
3 courgettes
3 tomates
1 ou 2 cuil. à café de ras-el-hanout
1 ou 2 cuil. à café de cumin arabe
1 poignée de coriandre fraîche, hachée (ou 12 graines séchées)

Sauce-bouillon :
½ boîte de pois
200 g de raisins secs
1 boîte de pois chiches
1 boîte de piments doux (poivrons)
Un peu d'harissa
Bouillon

1 couscoussier
1 très grand plat creux

Les épices à couscous se trouvent facilement dans les grandes surfaces, soit en flacons, soit en boîtes (harissa).

Menu réception exotique

Salade arabe (p. 275)
*Couscous**
Pamplemousses caramélisés au miel (p. 214)

Côtes-de-Provence, rosé ou rouge ou thé vert à la menthe fraîche

☐ *Bouillon :* dans la marmite du couscoussier, mettez à bouillir doucement 3 litres d'eau avec oignons, safran, sel, poivre, huile, tomate concentrée, 1 cuil. à café d'harissa, ail, bouquet garni. Couvrez.

☐ Dans une grande bassine, mettez la semoule à couscous. Humectez-la avec de l'eau salée, en plusieurs fois, jusqu'à ce qu'elle soit saturée (environ ⅔ de litre d'eau). Aspergez-la d'une demi-tasse d'huile. Avec une fourchette, égrenez-la. Laissez-la gonfler 30 minutes.

☐ Lorsque le bouillon a cuit ½ heure, ajoutez-y carottes, navets, mouton et poule.

☐ Dans la passoire du couscoussier, versez ¼ de la semoule. Posez-la au-dessus du bouillon. Couvrez d'un torchon (pas avec un couvercle). Quand la vapeur passe au travers (au bout de 15 minutes environ), ajoutez un autre quart de semoule. Attendez que la vapeur passe, puis ajoutez le reste de semoule. Elle est cuite quand la vapeur passe à nouveau. Remuez-la de temps en temps délicatement avec une fourchette. Comptez environ 45 minutes pour cuire toute la semoule. Au bout de ce temps, versez la semoule sur un grand torchon. Aspergez-la abondamment d'eau froide salée. Aérez-la avec la fourchette.

☐ Au bouillon resté sur le feu, ajoutez : aubergines, courgettes et tomates coupées, ras-el-hanout, cumin, coriandre. Remettez la semoule au-dessus du bouillon, dans la passoire. Laissez-la cuire ½ heure, couverte d'un torchon.

☐ *Sauce au bouillon :* dans une casserole, mettez 3 ou 4 louches de bouillon, petits pois égouttés, raisins secs lavés, pois chiches rincés et égouttés, piments doux et harissa selon votre goût, pour pimenter. Placez sur feu doux. Laissez frémir sans bouillir jusqu'au moment de servir.

☐ Faites griller les merguez. Versez-la semoule cuite dans un très grand plat creux. Incorporez-y 125 g de beurre en morceaux. Façonnez-la en dôme. Disposez viandes, merguez et légumes autour. A part, présentez la sauce au bouillon et l'harissa dont chaque convive se servira à son gré.

MON AVIS

A défaut de couscoussier, vous pouvez vous débrouiller avec un autocuiseur de grande taille, utilisé comme une marmite ordinaire.

S'il vous reste de la graine de couscous cuite, sachez qu'elle se réchauffe très bien avec un peu de beurre, sur feu doux. Servez-la avec quelques merguez sautées ou avec un poulet rôti, saupoudré – très légèrement – de ras-el-hanout ou de curry. Et vous obtiendrez, sans mal, un deuxième plat légèrement oriental.

Crème au café

Très facile
Économique
Prép. et cuisson : 15 mn
+ refroidissement

Pour 4, il faut :
1 cuil. à soupe rase de café soluble
½ l lait
2 pincées de sel
2 jaunes d'œufs très frais
4 ou 5 cuil. à soupe de sucre
1 cuil. à soupe bombée de Maïzena

1 coupe ou 4 ramequins

Menu

Beefsteaks hachés
Pommes frites
Salade
*Crème au café**

☐ Délayez le café soluble avec le lait bouillant légèrement salé.

☐ Mettez les jaunes d'œufs dans une terrine avec le sucre et la Maïzena. Battez au fouet électrique jusqu'à ce que le mélange mousse légèrement. Incorporez-y, peu à peu, le lait aromatisé bouillant.

☐ Reversez le tout dans la casserole. Reportez-la sur feu doux, sans cesser de mélanger jusqu'à ce que la crème prenne légèrement consistance et enrobe la cuiller. Retirez du feu juste avant l'ébullition.

☐ Versez aussitôt la crème dans une coupe ou 4 ramequins. Laissez tiédir, puis mettez dans le réfrigérateur pour laisser prendre consistance.

MON AVIS
Cette crème au café est la version simplifiée de la crème anglaise qui, elle, est préparée avec une bonne quantité de jaunes d'œufs et sans Maïzena. Mais c'est grâce à la Maïzena que « notre » crème au café simplette ne tourne jamais, même travaillée d'une main inexperte.

Crêpes au cantal et fines herbes

Très facile
Économique
Prép. et cuisson : 45 mn
+ repos de la pâte

Pour 8 crêpes, il faut :

Pâte :
150 g de farine
¼ de cuil. à café de sel
2 œufs
Environ 2 verres de lait ou d'eau
25 g de beurre (ou un peu d'huile)
+ 75 g de cantal
1 cuil. à soupe de fines herbes hachées (persil, ciboulette, estragon ou cerfeuil)

1 poêle de 18 à 20 cm ∅
1 tampon imbibé d'huile.

Menu

*Crêpes au cantal et fines herbes**

Hachis fin de bœuf aux aubergines (p. 149)

Salade de laitue/tomates/concombre

Sorbet

☐ *Pâte à crêpes :* dans une terrine, mettez la farine et le sel. Délayez peu à peu avec les œufs entiers et le liquide pour obtenir une pâte lisse. Si vous utilisez un batteur électrique, tous les ingrédients peuvent être mis à la fois et battus ensemble rapidement. Couvrez la terrine et laissez reposer au réfrigérateur, 1 heure si possible.

☐ Coupez le cantal en très petits dés. Ajoutez-le dans la pâte à crêpes ainsi que les fines herbes hachées et une noix de beurre juste fondu.

☐ Faites cuire comme des crêpes ordinaires dans une poêle très chaude ; frottée entre chaque cuisson d'un tampon imbibé d'huile.

MON AVIS
La pâte à crêpes qui a reposé avant cuisson risque beaucoup moins d'attacher au fond de la poêle. Vous pouvez même la préparer la veille et la garder dans le réfrigérateur.

Crêpes farcies de poulet

Très facile
Économique
Prép. et cuisson : 45 mn
+ repos de la pâte

Pour 6 à 8 crêpes, il faut :

Pâte à crêpes :
1 grand verre de farine
1 œuf
¼ de cuil. à café de sel
1 grand verre d'eau
25 g de beurre fondu

Sauce Mornay :
30 g de beurre
1 cuil. à soupe bombée de farine
¼ l de lait
Sel, poivre
50 g de gruyère râpé
1 cuil. à soupe de crème fraîche
Un reste de blanc de poulet

1 poêle de 18 à 20 cm ∅
1 tampon imbibé d'huile

Menu

Potage
*Crêpes farcies de poulet**
Salade
Œufs au lait en ramequins *(p. 197)*

□ *Crêpes :* délayez au fouet électrique tous les éléments de la pâte, pour obtenir une pâte lisse et fluide. Mais si vous utilisez une cuiller en bois, incorporez l'eau peu à peu aux autres éléments. Si possible, laissez reposer 30 minutes au frais. Cuisez les crêpes à feu vif, dans la poêle très chaude, graissée entre chaque cuisson avec un tampon huilé.

□ *Sauce :* mélangez, sur feu doux, beurre et farine. Ajoutez le lait. Remuez au fouet jusqu'à ébullition. Salez, poivrez. Hors du feu, incorporez les ¾ du gruyère râpé, reste de volaille haché ou coupé menu et crème fraîche.

□ Déposez 1 cuil. de cette préparation sur chaque crêpe. Roulez ou repliez en quatre. Disposez sur un plat à feu beurré. Parsemez avec le reste de gruyère et quelques noisettes de beurre. Faites gratiner.

MON AVIS
Un reste de volaille est vite et bien employé pour farcir des crêpes. De plus cette préparation, pouvant être entièrement faite d'avance et mise à gratiner au moment du repas, devrait figurer parmi les recettes ultra-rapides de toute maîtresse de maison occupée.

Crêpes fines

Très facile
Économique
Prép. et cuisson : 30 mn
+ repos de la pâte : 30 mn

Pour 6 à 8 petites crêpes, il faut :

Pâte :
1 grand verre de farine ou 5 cuil. à soupe bombées
1 œuf
¼ cuil. à café de sel
1 grand verre d'eau
25 g de beurre fondu
1 cuil. à café de sucre

1 poêle de 18 à 20 cm ∅
1 tampon imbibé d'huile pour la cuisson

Menu

Assiette de bigorneaux et crevettes

Croquettes milanaise (p. 98)

Salade verte

*Crêpes fines**

☐ *Pâte à crêpes :* au fouet électrique ou au mixer, battez ensemble, sans précautions particulières, tous les éléments de la recette pour obtenir une pâte lisse et fluide. Mais si vous utilisez une cuiller en bois, incorporez l'eau peu à peu aux autres éléments. Si possible, laissez reposer 30 minutes au frais.

☐ *Cuisson :* faites chauffer la poêle fortement. Frottez-la d'un tampon huilé. Versez-y une petite louche de pâte. Laissez-la cuire sur feu vif tout en la penchant de côté et d'autre pour recouvrir le fond d'une pellicule de pâte. Au bout de quelques instants, retournez la crêpe et laissez-la cuire rapidement.

☐ Sucrez les crêpes, pliez-les en quatre ou roulez-les, au fur et à mesure. Tenez-les au chaud.

MON AVIS
Si vous ne sucrez pas votre pâte à crêpes, elle pourra servir indifféremment à la préparation d'un dessert ou d'une entrée : des crêpes Suzette ou des « pannequets » aux champignons, par exemple.

Crêpes de pommes de terre

Facile
Économique
Prép. et cuisson : 15 mn

Pour 4, il faut :
600 g de pommes de terre
2 œufs
Sel, poivre
1 cuil. à soupe rase de farine
Huile pour la cuisson

Menu soigné

Champignons à la crème
Pigeons rôtis
*Crêpes de pommes de terre**
Salade cresson
Fromages
Marquise au chocolat (p. 173)

Saumur-Champigny ou Côtes de Bourg
Laguiole – Brie de Meaux Cabecou

☐ Pelez les pommes de terre. Râpez-les au mixer ou au râpe-légumes. Rincez-les à grande eau froide pour ôter la fécule. Pressez-les dans un linge pour les assécher le plus possible.

☐ Mettez ce hachis de pommes de terre crues dans une terrine. Ajoutez 2 œufs entiers, sel, poivre, 1 cuil. à soupe rase de farine. Mélangez bien avec une fourchette.

☐ Faites chauffer un peu d'huile dans une grande poêle. Quand elle est très chaude, déposez 3 ou 4 cuil. de pommes de terre dedans. Aplatissez-les en petites crêpes minces. Faites dorer rapidement d'un côté. Retournez à l'aide d'une spatule. Laissez dorer de l'autre côté. Servez très chaud.

MON AVIS
Tenez-les au chaud dans le four doux ou entre deux assiettes sur une casserole d'eau bouillante.

Vous pouvez mélanger aux pommes de terre mixées crues de l'ail et des fines herbes ou du gruyère râpé. Dans ce dernier cas, aromatisez d'une ou deux pincées de muscade râpée.

Crêpes Suzette

Facile
Cher
Prép. et cuisson : 45 mn
+ repos de la pâte : 30 mn

Pour 6 à 8 crêpes, il faut :

Pâte à crêpes :
1 grand verre de farine
1 œuf
¼ cuil. à café de sel
1 grand verre d'eau
25 g de beurre fondu
1 cuil. à café de sucre

Garniture :
100 g de beurre mou
80 g de sucre
1 ou 2 verres à liqueur de cointreau
50 g de poudre d'amandes
Zeste râpé d'orange ou de clémentine

Pour flamber :
Cointreau ou rhum

1 poêle de 18 ou 20 cm ∅
1 tampon imbibé d'huile pour la cuisson

Menu soigné

Potage velouté d'avocat (p. 246)
Curry d'agneau à l'indienne (p. 100)
Riz
Salade verte aux chevrotins grillés (p. 55)
*Crêpes Suzette**

Côtes-de-Provence rosé
Anjou moelleux (crêpes)

☐ Préparez une pâte à crêpes fines (recette p. 91).

☐ Cuisez les crêpes à feu vif, dans la poêle très chaude. Graissez entre chaque cuisson. Tenez au chaud au-dessus d'une casserole d'eau en ébullition.

☐ *Garniture :* avec un batteur électrique, malaxez ensemble tous les éléments de la garniture pour obtenir un mélange légèrement mousseux. Tartinez-en chaque crêpe avant de les rouler ou de les replier sur un plat très chaud. Arrosez-les de cointreau ou de rhum bouillant et faites flamber devant les convives.

MON AVIS
Si vous préparez vos crêpes à l'avance – la veille ou même l'avant-veille – saupoudrez-les de sucre au fur et à mesure que vous les empilez, pour qu'elles ne collent pas ensemble. Enveloppez-les d'une feuille d'aluminium et gardez-les dans le réfrigérateur. Vous les décollerez ainsi facilement au moment de les farcir.

Croqueforts

Facile
Raisonnable
Prép. et cuisson : 30 mn

Pour 4, il faut :
80 g de roquefort
4 tranches de pain de mie
40 g de beurre
Quelques lamelles de cantal (facultatif)

Béchamel :
15 g de beurre
1 cuil. à soupe rase de farine
1 verre à moutarde de lait
Poivre
Très peu de sel
2 cuil. à soupe de crème fraîche

Menu maigre

Consommé au tapioca
*Croqueforts**
Salade
Semoule au chocolat

□ *Béchamel :* délayez sur feu doux le beurre et la farine. Quand le mélange mousse, ajoutez-y le lait froid d'un seul coup, poivre et très peu de sel. Mélangez jusqu'à ébullition. Incorporez ensuite la crème fraîche. Laissez cuire doucement 2 ou 3 minutes.

□ Râpez le roquefort ou écrasez-le à la fourchette. Ajoutez-le à la sauce. Retirez du feu.

□ Faites dorer légèrement les tranches de pain à la poêle avec le beurre. Tartinez-les avec le mélange au roquefort. Servez-les telles quelles. Ou parsemez-les de fines lamelles de cantal et faites gratiner légèrement sous le grilloir.

MON AVIS
Les croqueforts, une variante raffinée des populaires croque-monsieur. Je les recommande tout spécialement aux végétariens... et aux amateurs de roquefort.

Croque-monsieur

Très facile
Raisonnable
Prép. et cuisson : 15 mn

Pour 4, il faut :
8 tranches de pain de mie
100 g de gruyère
2 tranches minces de jambon de Paris
80 g de beurre

Menu

*Croque-monsieur**
Salade verte
Fromage
Clafoutis (p. 64)

☐ Coupez le gruyère en 8 lamelles. Couvrez chaque tranche de pain d'une lamelle de gruyère, d'une demi-tranche de jambon, d'une deuxième lamelle de gruyère, puis d'une autre tranche de pain. Pressez le tout ensemble pour former un sandwich.

☐ Dans une grande poêle, faites chauffer modérément 80 g de beurre. Mettez-y les « croque-monsieur ». Lorsqu'ils sont blonds d'un côté, retournez-les. Laissez blondir l'autre face, sur feu moyen. Servez aussitôt.

MON AVIS
Le plat le plus simple, le plus vite fait et le plus apprécié des jeunes appétits, c'est bien le croque-monsieur à la poêle. On peut cependant lui reprocher d'être un peu gras. Dans ce cas, il faut le cuire au four. Au préalable, beurrez bien les tranches de pain sur les deux faces. Formez les sandwiches comme indiqué dans la recette et cuisez en haut du four chaud, ou sous le grilloir. Quand ils sont dorés d'un côté, retournez-les.

Épongez-les légèrement avec du papier absorbant avant de les servir : ils seront ainsi très digestes.

Croque-mousseline

Facile
Raisonnable
Prép. : 15 mn

Pour 6, il faut :
6 brioches
75 g de roquefort
50 g de fromage blanc
2 cuil. à soupe de lait
Poivre
1 pincée de cayenne
100 g de crème fraîche

Menu maigre

*Croque-mousseline**

Œufs au plat

Salade

Pain de semoule aux fruits *(p. 211)*

□ Étêtez les brioches. Creusez l'intérieur pour ne laisser qu'une fine croûte.

□ Écrasez finement le roquefort. Mélangez-le avec le fromage blanc et 1 cuil. de lait pour obtenir un mélange lisse et assez consistant. Poivrez au cayenne si vous aimez.

□ Préparez un peu de crème fouettée : ajoutez 1 ou 2 cuil. de lait (ou d'eau) à la crème fraîche pour l'allonger. Battez-la en mousse avec un fouet (2 ou 3 minutes pas plus). Répartissez-la au fond des brioches. Déposez dessus la préparation au roquefort. Recouvrez les brioches de leur chapeau pour les présenter à table.

Solution express : de la crème fouettée toute préparée est vendue en bombe dans les rayons frais des grandes surfaces.

MON AVIS
Pour obtenir de la crème fouettée sans risque de la voir tourner, la crème fraîche doit être aussi liquide qu'une crème anglaise. N'hésitez pas à l'allonger d'eau ou de lait, comme conseillé dans la recette. Veillez aussi à ce qu'elle soit très froide.

Croquettes de merlan tunisienne

Très facile
Raisonnable
Prép. et cuisson : 45 mn

Pour 4, il faut :
4 pommes de terre
Sel, poivre
Persil
1 oignon moyen
75 g de beurre
1 cuil. à soupe d'huile
400 à 500 g de filets de merlan
2 œufs
Un peu de farine

Menu maigre

Salade de maïs (p. 285)

*Croquettes de merlan tunisienne**

Pommes chips

Fromage blanc à la crème

Fruit

□ Faites bouillir les pommes de terre avec leur peau dans de l'eau salée pendant 30 minutes (en autocuiseur : 12 minutes).

□ Dans le mixer, réduisez en purée la chair crue des merlans, les pommes de terre pelées, œufs, 1 cuil. à café de sel, poivre, persil et oignon. Avec la purée obtenue, formez des boulettes de la grosseur d'un œuf. Aplatissez-les. Passez-les dans la farine.

□ Dans une poêle, faites chauffer le reste de beurre et d'huile. Mettez-y, sans trop les serrer, les boulettes à dorer à feu moyen, 5 minutes sur chaque face.

MON AVIS
Si votre poêle est trop petite pour que les croquettes y dorent à l'aise, procédez en plusieurs fois. Mettez un peu moins de corps gras au début et rajoutez-en entre chaque cuisson.

Croquettes milanaise

Très facile
Économique
Prép. et cuisson : 30 mn

Pour 4, il faut :
200 g de viande blanche cuite (reste)
100 g de jambon
1 tasse de pâtes cuites (reste)
50 g de gruyère râpé
Sel, poivre
50 g de crème fraîche épaisse
50 g de beurre

Pour la panure :
1 œuf
Chapelure ou biscotte écrasée

Décor :
Bouquet de persil
½ citron

Menu

Potage

*Croquettes milanaise**

Salade verte

Pudding aux pêches et aux amandes (p. 253)

☐ Passez ensemble à la moulinette ou au mixer les restes de viande, jambon et pâtes cuites.

☐ Mélangez ce hachis avec le fromage râpé, très peu de sel, poivre et crème fraîche. Formez-en de petites croquettes plates, assez fermes. Passez-les dans l'œuf battu, puis dans la chapelure de façon qu'elles soient complètement enrobées.

☐ Faites chauffer 50 g de beurre dans une grande poêle. Déposez les croquettes dedans. Laissez-les dorer sur feu moyen, 3 ou 4 minutes de chaque côté. Présentez très chaud avec de petits bouquets de persil et tranches de citron.

MON AVIS
Utilisez le moment favorable pour préparer tranquillement ces croquettes, puisque vous pouvez les laisser sans inconvénient dans le réfrigérateur et les cuire à la dernière minute.

Crustacés (préparation et cuisson)

	Quantité	Préparation et cuisson
ARAIGNÉE DE MER **TOURTEAU** **ÉTRILLES**	500/600 g par personne	Vivants. Eau bouillante, bouquet garni, sel, poivre. Couvrez au début, 15/25 mn selon grosseur. Égouttez aussitôt cuits. Étrilles : 5 mn petite ébullition.
CREVETTES GRISES **CREVETTES ROSES** **BOUQUETS**	50/75 g par personne	Vivantes ou surgelées. Eau bouillante, très salée et poivrée (eau de mer si possible). Couvrez. Reportez juste à ébullition. Passez sous l'eau froide. Égouttez.
GAMBAS	250 g par personne	A la poêle, ou sur gril, 3 à 5 mn de chaque côté, selon grosseur. On peut flamber au cognac.
ÉCREVISSES	6/8 par personne	Vivantes. (Otez le boyau noir sous la queue. Lavez.) Court-bouillon bouillant, très relevé, 10 mn petite ébullition. Couvrez au début.
LANGOUSTINES	300/400 g par personne	Eau bouillante, bouquet garni, sel, poivre. 2/4 mn douce ébullition, selon grosseur. Couvrez au début. Égouttez. A la poêle, 10/15 mn, feu moyen.
HOMARD **LANGOUSTE**	Entrée : 2 kg pour 6/8	Vivants. Entiers. Eau bouillante, bouquet garni, sel, poivre. 20/30 mn ébullition, selon grosseur. Couvrez au début. Égouttez.
	Grillé : 700/800 g pour 2	Fendu en 2 (ôtez la poche à graviers). 20/25 mn sur gril ou dans four bien chaud. Arrosez souvent.

Pensez aux casse-noix individuels quand vous mettez des crustacés au menu. Prévoyez aussi des rince-doigts... surtout s'il s'agit de langoustines à l'Américaine ou à la crème !

Curry d'agneau à l'indienne

Facile
Raisonnable
Prép. et cuisson : 1 h 15
en autocuiseur : 20 mn

Pour 4, il faut :

1 kg d'épaule d'agneau désossée
Quelques os à part
3 tomates
2 oignons
3 gousses d'ail
2 cuil. à soupe d'huile
2 cuil. à café de gros sel

Épices :

4 clous de girofle
1 cuil. à soupe de curry
¼ de cuil. à café de cannelle
¼ de cuil. à café de cayenne
1 cuil. à café de poudre de curcuma
2 cuil. à café de coriandre en poudre

Garniture :

200 g de riz
3 pincées de safran
3 tomates
Sel

Menu exotique

Beignets de gambas (p. 26) [1]
*Curry d'agneau à l'indienne**
Riz nature
Sorbet aux fruits de la passion

Bourgogne aligoté
Côtes-du-Rhône rouge ou rosé
ou Thé

□ Coupez la viande en cubes. Pelez et pressez légèrement les tomates en les hachant grossièrement, ainsi que les oignons et l'ail.

□ Faites chauffer l'huile fortement dans une cocotte. Mettez-y à revenir os et viande. Lorsque tout est bien doré, égouttez le gras. Remettez sur le feu avec ½ verre d'eau chaude. Couvrez. Laissez bouillir 5 minutes sur feu vif.

□ Ajoutez ensuite : curry, cannelle, cayenne, curcuma et coriandre. Mélangez sur feu vif, pendant 5 minutes. Ajoutez enfin tomates, oignons, ail, clous de girofle, gros sel, 2 verres d'eau chaude. Couvrez. Laissez mijoter 45 minutes.

□ *Cuisson du riz :* dans une grande casserole, mettez à bouillir de l'eau légèrement salée. Lavez le riz. Jetez-le dans l'eau en ébullition. Laissez cuire de 15 à 17 minutes.

□ Égouttez le riz. Saupoudrez-le de 3 pincées de safran et mélangez légèrement à la fourchette : le safran ne doit pas être incorporé au riz de façon régulière, mais le colorer par-ci, par-là. Versez dans un plat creux. Disposez la viande et la sauce dessus. Servez avec des quartiers de tomates crues.

MON AVIS
Si vous avez des difficultés à vous procurer les diverses épices, contentez-vous d'un bon curry, dont vous forcerez un peu la dose, et de cayenne.

1. Ce sont des **gambas surgelés** et décortiqués qui sont, ici, préparés en beignets. Mais les langoustines – plus chères – conviennent également, de même que les grosses crevettes décortiquées, fraîches ou surgelées.

Curry de poulet

Facile
Raisonnable
Prép. et cuisson : 1 h 15
Cuisson du riz : 20 mn

Pour 4 ou 5, il faut :
1 poulet en 8 morceaux
2 carottes
1 gousse d'ail
1 pomme fruit
2 oignons
4 petites tiges de céleri
50 g de beurre
Sel, poivre
1 ou 2 cuil. à soupe de curry
1 cuil. à soupe rase de farine
3 tomates
100 g de crème fraîche
Pulpe de coco râpée (facultatif)
Chutney de mangue (facultatif)
2 bananes

Riz pilaff :
1 oignon haché
30 g de beurre
3 verres de riz
6 verres d'eau
Sel, poivre
Bouquet garni

Menu soigné

Salade composée (p. 290)
*Curry de poulet**
Riz pilaff
Fromages
Beignets d'ananas [1] (p. 27)

Tavel ou Rosé de Béarn
Gratte paille
Sainte-Maure – Bleu de Bresse

☐ Pelez les carottes, ail, pomme fruit et oignons. Effilez les branches de céleri. Hachez le tout en dés.

☐ Faites revenir les morceaux de poulet à la cocotte avec le beurre. Ajoutez-y les dés de légumes à mi-opération, sel, poivre.

☐ Saupoudrez de curry et de farine. Mélangez bien. Ajoutez un bol d'eau, tomates en quartiers pressées à la main. Mélangez sur feu vif pendant 1 ou 2 minutes. Couvrez la cocotte. Laissez cuire, à feu doux, 1 heure environ.

☐ *Riz pilaff :* pendant ce temps, faites dorer, dans une casserole, l'oignon avec le beurre. Mélangez-y le riz bien sec pour l'enrober de gras. Arrosez avec 6 verres d'eau. Salez, poivrez. Mettez le bouquet garni. Couvrez et laissez bouillir doucement 18 minutes environ.

☐ Retirez le poulet cuit de la cocotte. Laissez bouillir la sauce restée dedans en ôtant, à l'aide d'une cuiller, le maximum de graisse surnageant.

☐ Puis incorporez la crème fraîche à cette sauce dégraissée. Donnez-lui 1 minute d'ébullition.

☐ Disposez les morceaux de poulet dans un plat creux. Arrosez-les avec la sauce et ses aromates. Présentez à part, le riz pilaff et, si possible, de la pulpe de noix de coco râpée, du chutney et des rondelles de bananes pour atténuer les ardeurs du curry.

1. **Les beignets d'ananas** se préparent comme de simples beignets aux pommes. L'ananas frais a moins tendance à se défaire à la cuisson que l'ananas en boîte. Toutefois, ce dernier peut convenir à condition de le couper en morceaux pour en faire des beignets plus petits.

Daube béarnaise

Facile
Raisonnable
Prép. et cuisson :
4 à 5 h
en autocuiseur : 1 h 30

Pour 8, il faut :
2,500 kg de bœuf (culotte ou gîte)
1 couenne de porc
1 ou 2 cuil. à soupe de farine
1 tranche épaisse de jambon cru
Bouquet garni
1 petit piment fort
Sel, poivre

Marinade :
1 bouteille de vin rouge corsé
2 cuil. à soupe d'huile
Thym
Laurier
Poivre
2 oignons
2 clous de girofle
2 gousses d'ail

Menu soigné

Terrine de lièvre
*Daube béarnaise**
Pâtes fraîches
Salade d'endives-noix et pommes-fruits
Fromages
Tarte au citron *(p. 322)*

Madiran ou Médoc
Rollot – Chabichou Roquefort

□ *La veille :* découpez la viande en gros cubes de 5 cm environ. Faites mariner jusqu'au lendemain avec vin rouge, huile, thym, laurier, poivre, oignons, clous de girofle, gousses d'ail.

□ *Cuisson :* dans le fond de la cocotte, étalez la couenne préalablement ébouillantée. Égouttez soigneusement la viande, roulez-la dans la farine. Déposez-la dans la cocotte avec le jambon coupé en dés. Versez dessus la marinade et tous ses aromates, bouquet garni et petit piment. Salez, poivrez. Couvrez et laissez cuire très doucement 4 ou 5 heures (en autocuiseur : 1 heure 30).

Riz nature, pommes de terre à l'eau et macaronis sont les meilleurs faire-valoir de la daube.

MON AVIS
C'est à la cuisson régulière et douce que la daube doit son moelleux et son « fondu ». Si vous utilisez une cocotte ordinaire, en fonte, vous avez tout intérêt à la glisser dans le four doux, en protégeant au besoin ses poignées avec une feuille d'aluminium. La chaleur également répartie, dessus et dessous, donnera d'excellents résultats sans risque de faire attacher au fond.

La **daube** se réchauffe très bien sans perdre de sa saveur. Bien au contraire. Elle peut donc être préparée à l'avance, pour deux repas, ou être mise à congeler pour plus tard.

Dinde farcie forestière

Facile
Cher
Prép. et cuisson : 3 h
+ après cuisson : 30 mn de repos
Thermostat : 5/6

Pour 10 à 12, il faut :
1 dinde de 4 kg
50 g de beurre
2 cuil. à soupe de porto
Sel, poivre

Farce :
1 boîte de cèpes de 500 g
50 g de mie de pain
⅓ de verre de lait
⅓ de verre de porto
300 g de farce fine (porc et veau)
1 œuf entier
Sel, poivre

Menu réception

Consommé en tasses
*Dinde farcie forestière**
Pommes dauphine
Laitue aux perles d'avocat
Fromages
Bûche glacée

Médoc ou Côte-de-Nuits
Mimolette – Camembert
Fourme d'Ambert

□ *Farce* : rincez et égouttez les cèpes. Coupez les têtes en dés et hachez les pieds. Versez le lait tiède sur le pain dans une terrine. Ajoutez-y : cèpes, farce fine, porto, œuf, le foie de la dinde en petits morceaux, sel, poivre. Travaillez le tout. Introduisez dans la dinde par le croupion sans trop tasser. Refermer l'ouverture [1].

□ Déposez la dinde sur une cuisse dans un grand plat ou sur la plaque creuse du four. Enduisez-la de beurre. Salez, poivrez. Mettez à four moyen (th. 5/6) 1 heure sur chaque cuisse, puis 30 minutes sur le dos. Arrosez souvent. Quand la dinde est cuite, laissez-la reposer une demi-heure au moins dans le four chaud mais éteint.

□ Déposez-la ensuite sur un plat chaud. Versez son jus dans une casserole. Portez à ébullition. Dégraissez [2]. Laissez bouillir encore pour faire réduire. Ajoutez 2 cuil. de porto et versez dans la saucière. Présentez la dinde à table.

MON AVIS

1. Si vous ne recousez pas l'ouverture, vous pouvez la boucher tout simplement avec une feuille d'aluminium froissée.

2. Pour dégraisser le jus de cuisson de la dinde, portez-le à pleine ébullition dans une petite casserole : le bouillonnement repousse le gras contre la paroi en une couche plus épaisse, facile à recueillir avec une cuiller.

Bien choisir la **dinde** de Noël : La chair de la femelle est, dit-on, plus fine que celle du mâle. Cette réputation paraît surfaite. L'important, c'est de porter son choix sur une volaille assez jeune, pas trop grosse (autour de 4 kg net), donc tendre et moelleuse. Elle risquera peu de se dessécher à la cuisson.
Ses caractéristiques sont à peu près les mêmes que celles d'un bon poulet :
– bréchet flexible noyé dans la graisse,
– pattes noires et brillantes avec des ergots courts,
– chair élastique sous la pression du doigt,
– peau souple et transparente.
A éviter : les pattes rougeâtres et écailleuses, laissant présager une chair sèche.

Diplomate à la confiture

Très facile
Économique
Prép. : la veille : 15 mn
+ au réfrigérateur :
12 h

Pour 6, il faut :
500 g de biscuits à la cuiller
1 verre à porto de kirsch ou rhum
1 pot de gelée de groseilles ou marmelade d'abricots
50 g d'amandes effilées (facultatif)

1 moule profond (à soufflé) de 18 cm ∅ environ

Menu soigné

Concombre et champignons à la crème
Poulet sauté à l'estragon
Riz nature
Fromages
*Diplomate à la confiture**

Saumur-Champigny
Brie – Chèvre frais
Tomme de Savoie

□ Mettez une rondelle d'aluminium ou de papier sulfurisé au fond du moule profond. Garnissez l'intérieur avec les biscuits à la cuiller légèrement imbibés d'un mélange d'eau et de kirsch (ou de rhum) posés verticalement. Emplissez ensuite avec des couches de confiture et de biscuits cassés, imbibés d'alcool. Terminez par des biscuits. Tassez avec un poids et mettez au frais.

□ Démoulez le diplomate sur un plat. Vous pouvez le présenter tel quel, saupoudré d'amandes effilées, ou arrosé de confiture délayée avec un peu d'alcool (kirsh ou rhum) et avec une coupelle de confiture délayée, sur feu doux, avec kirsch ou rhum. Ou encore, présentez-le avec une crème anglaise très froide.

MON AVIS
Les biscuits à la cuiller peuvent être remplacés par des tranches de génoise imbibées d'alcool et disposées dans le moule comme indiqué dans la recette.

Dorade farcie aux champignons

Très facile
Cher
Prép. et cuisson : 1 h
Thermostat : 7/8

Pour 4, il faut :
1 dorade de 1,500 kg
à 2 kg (écaillée et vidée)
1 ½ verre de vin blanc sec
30 g de beurre
Sel, poivre

Farce :
1 tasse de lait environ
75 g de pain rassis
200 de champignons
de Paris
1 échalote
50 g de beurre
1 jaune d'œuf
Persil haché
Sel, poivre
1 citron

Menu soigné maigre

Coussinets au roquefort (p. 85)
*Dorade farcie aux champignons**
Pommes de terre persillées
Salade
Marquise au chocolat (p. 173)

Blanc de blancs de Provence

□ Lavez et essuyez la dorade avec du papier absorbant. Retirez bien la membrane noire qui tapisse l'intérieur du ventre car elle donnerait un goût amer à la farce.

□ *Farce :* versez le lait chaud sur le pain. Otez le pied sableux des champignons. Lavez-les rapidement. Coupez-les en lamelles. Hachez l'échalote. Faites-les sauter vivement ensemble avec un peu de beurre. Pressez légèrement le pain pour ôter l'excès de lait. Malaxez-le avec le jaune d'œuf, persil, sel, poivre et champignons.

□ Tassez cette farce dans la dorade. Recousez avec du gros fil blanc ou maintenez l'ouverture fermée avec un tampon d'aluminium ménager froissé.

□ Déposez dans un plat à gratin beurré. Ajoutez vin blanc, noisettes de beurre, sel et poivre. Glissez à mi-hauteur du four bien chaud (th. 7/8) pendant 30 à 40 minutes. Arrosez pendant la cuisson. Présentez avec des quartiers de citron.

1. **Organisation :** les **coussinets au roquefort** peuvent être préparés 1 heure à l'avance, disposés dans le plat à gratin – ou dans 4 plats à œuf – et tenus dans le réfrigérateur. Avant le repas, ils seront mis à gratiner dans le four chaud, au-dessus de la dorade en train de cuire.

MON AVIS
Faites cuire le poisson dans un plat suffisamment joli pour pouvoir le présenter dedans car il y a toujours un risque de briser le poisson quand on le transvase dans un autre plat.

Endives au gratin

Facile
Raisonnable
Prép. et cuisson : 1 h 15

Pour 4, il faut :
1 kg d'endives
40 g de beurre
1 oignon
½ citron
Sel, poivre

Sauce Mornay :
1 cuil. à soupe bombée de farine
40 g de beurre
½ l de lait
Muscade
Sel, poivre
50 g de gruyère râpé

Menu

Salade de champignons à la crème

Rôti de veau

*Endives au gratin**

Pommes bonne femme (p. 236)

☐ Otez les feuilles flétries des endives. Coupez-en la pointe. Avec un couteau pointu, creusez l'intérieur du pied qui souvent est amer. Lavez-les et essuyez-les aussitôt dans un linge ou du papier absorbant.

☐ Dans une cocotte, faites fondre 30 g de beurre. Mettez-y les endives et l'oignon coupé en rondelles. Aspergez de jus de citron pour qu'elles restent blanches. Salez, poivrez. Couvrez et laissez mijoter 1 heure. Retournez pendant la cuisson qui doit être très lente.

☐ *Sauce Mornay :* sur feux doux, mélangez la farine et le beurre fondu. Laissez bouillir un instant, puis versez le lait froid dessus d'un seul coup, sel, poivre et 2 ou 3 pincées de muscade râpée. Remuez au fouet à sauce, jusqu'à ébullition. Laissez cuire 5 minutes. A la fin et hors du feu, incorporez le gruyère râpé.

☐ Dans un plat à gratin, étalez quelques cuil. de sauce. Disposez les endives bien égouttées dessus. Recouvrez avec le reste de sauce. Parsemez de quelques noisettes de beurre et faites gratiner à four vif.

MON AVIS
Pour en faire un plat complet – ou presque – pour le soir, enroulez une fine tranche de jambon cuit autour de chaque endive. Recouvrez ensuite de sauce et mettez à gratiner. Les endives au jambon plaisent même aux enfants !

Entrecôte bordelaise aux échalotes

Facile
Cher
Prép. et cuisson : 30 mn

Pour 4, il faut :
2 entrecôtes de 400 g chacune
50 g de moelle de bœuf (sortie de l'os)
25 g de beurre
Sel, poivre
Persil haché

Sauce :
1 ou 2 échalotes
25 g de beurre
1 verre de bordeaux
1 cuil. à café rase de tomate concentrée
½ verre d'eau
Sel, poivre
1 cuil. à café de farine

Menu soigné

Pissenlits au lard
*Entrecôte bordelaise aux échalotes**
Pommes sautées
Pont-l'Évêque
Crème glacée

Médoc

☐ *Sauce :* faites blondir très légèrement les échalotes hachées avec une noix de beurre. Ajoutez ¼ du verre de vin. Laissez mijoter sur feu doux jusqu'à évaporation complète. Puis ajoutez le reste du vin, tomate concentrée, eau, sel et poivre. Malaxez la farine avec une noix de beurre. Incorporez par petits morceaux à la sauce. Laissez mijoter quelques minutes sur feu très doux.

☐ Coupez la moelle crue en rondelles épaisses avec un couteau trempé dans de l'eau bouillante. Placez-les dans une passoire métallique. Plongez-la dans de l'eau salé bouillant doucement. Au bout d'1 minute, retirez du feu. Attendez 2 minutes avant d'égoutter. Tenez au chaud.

☐ Faites cuire les entrecôtes, à la poêle, sur feu vif, 2 ou 3 minutes de chaque côté selon goût.

☐ Disposez les entrecôtes dans un plat chaud, les rondelles de moelle dessus. Versez la sauce dans la poêle vide. Faites bouillir tout en grattant le fond pour délayer les sucs. Versez sur les entrecôtes. Parsemez de persil haché et servez.

Un steak à point est suffisamment cuit lorsque, après avoir retourné la viande, le sang perle à la surface : l'intérieur est alors rosé et chaud.
Il est **bleu** lorsque, ayant été si rapidement saisi des deux côtés sur feu très vif, l'intérieur est resté presque cru et... bleu.

Entrecôte marchand de vin

Très facile
Cher
Prép. et cuisson : 30 mn

Pour 4, il faut :
2 entrecôtes assez épaisses, de 600 à 800 g chacune
2 ou 3 échalotes hachées
100 g de beurre ramolli
2 verres de vin blanc sec
Sel, poivre
1 cuil. à soupe d'huile
1 cuil. à café rase de farine

Menu soigné

Moules farcies (p. 182)
*Entrecôte marchand de vin**
Pommes frites
Salade
Camembert
Tarte chaude flambée (p. 321)

Muscadet – Bordeaux

☐ Faites cuire doucement le hachis d'échalotes dans une petite casserole, avec une noix de beurre, pendant quelques minutes. Ajoutez-y le vin, sel, poivre. Laissez bouillir doucement jusqu'à réduction de moitié.

☐ Faites chauffer fortement 1 cuil. d'huile dans une très grande poêle pour y saisir les entrecôtes, à feu vif, pendant 3 à 4 minutes de chaque côté selon l'épaisseur. Salez et poivrez.

☐ Disposez les entrecôtes dans le plat de présentation. Tenez-les au chaud, recouvertes d'une double épaisseur de feuille d'aluminium.

☐ Videz la poêle de sa graisse. Versez la sauce au vin dedans. Délayez sur le feu avec les sucs de viande collés au fond.

☐ D'autre part, malaxez la farine avec une même quantité de beurre. Incorporez, par petits morceaux, dans la sauce restée sur le feu, à l'aide d'un fouet à sauce. Retirez du feu et incorporez le reste de beurre de la même façon pour obtenir une sauce onctueuse. Salez et poivrez encore un peu. Présentez dans une saucière tiède en même temps que les entrecôtes.

Épinards

Par personne :
400 à 500 g
Choix : *frais,*
vert foncé, tendres,
pas montés en graines
Cuisson : 5 mn
à partir de l'ébullition
+ 30 mn de mijotage

☐ *Préparation :* s'ils sont jeunes, coupez les queues seulement. S'ils sont plus avancés, ôtez aussi les nervures des feuilles. Lavez abondamment.

☐ *Cuisson simple :* 5 minutes dans de l'eau salée en ébullition (dans deux eaux, successives sans couvrir). Égouttez en pressant fortement. Hachez grossièrement. Laissez mijoter avec sel, poivre et beurre, de 20 à 30 minutes.

– Les *épinards surgelés* peuvent se préparer de la même façon, ou à la vapeur dans le panier perforé d'un autocuiseur (5 minutes).
– En *boîte,* il suffit de les faire mijoter.

☐ *Présentation :*
– cuits : braisés au jus ; au gratin ; à la crème ; en soufflé ; en tarte ; en crêpes ; à la romaine ; en purée (mélangés avec pommes de terre écrasées).

Petits conseils : *inutile de mettre beaucoup d'eau pour cuire les épinards. Un couvercle plus petit que le récipient, posé à même les épinards, les empêchera de déborder.*

Pour ôter l'eau des épinards cuits, pressez-les avec la main. Il faut même les faire dessécher sur le feu en remuant sans arrêt avec une cuiller en bois avant d'y ajouter de la crème, une sauce ou une préparation à soufflé.

Entremets Félicie aux poires

Facile
Raisonnable
Prép. et cuisson : 1 h
+ refroidissement
Thermostat : 7/8

Pour 4 à 8, il faut :

Poires au vin rouge :
8 petites poires fermes
½ bouteille de bon vin rouge
200 g de sucre
1 sachet de sucre vanillé (ou 1 gousse)

Crème renversée :
½ l de lait
3 ou 4 œufs
6 cuil. à soupe de sucre
1 sachet de sucre vanillé
1 pincée de sel

Caramel :
Tout préparé, liquide

Décor :
Gelée de groseilles
6 pralines
Crème Chantilly (en bombe)

1 moule à soufflé

Menu soigné

Céleri-rave et chou rouge vinaigrette
Épaule d'agneau à la broche
Aubergines frites
Fromages
*Entremets Félicie aux poires**

Côtes-de-Provence rosé ou rouge
Coulommiers – Monsieur Fromage
Picodon

☐ Caramélisez l'intérieur du moule[1].

☐ *Crème renversée :* faites bouillir le lait avec pincée de sel, sucre et vanille. Retirez du feu. Incorporez un peu de lait bouillant aux œufs battus en omelette. Puis l'inverse, en fouettant sans arrêt. Versez dans le moule caramélisé, à travers un tamis métallique pour retenir le germe des œufs. Déposez le moule sur la plaque creuse du four emplie d'eau (bain-marie). Mettez à four chaud (th. 7/8) de 25 à 30 minutes. Laissez refroidir avant de démouler.

☐ *Poires au vin rouge :* épluchez les poires en les laissant entières. Faites chauffer le vin rouge avec sucre et vanille. Dès qu'il bout franchement, plongez les poires dedans. Faites-les cuire à petits bouillons jusqu'à ce qu'elles soient transparentes (15 à 25 minutes). Laissez-les refroidir dans le sirop.

☐ Démoulez la crème renversée sur un grand plat rond légèrement creux. Disposez les poires autour. Décorez avec Chantilly et pralines écrasées. Arrosez les poires de gelée de groseilles préalablement délayée avec un peu d'eau, sur feu doux. Servez très froid.

---

1. Si vous préparez le caramel vous-même, faites bouillir dans un moule 3 cuil. à soupe de sucre, 2 cuil. à soupe d'eau et quelques gouttes de citron. Quand le caramel commence à colorer, faites-le glisser à l'intérieur. Retirez-le du feu aussitôt qu'il est suffisamment doré.

Escalopes chasseur

Très facile
Raisonnable
Prép. et cuisson : 30 mn

Pour 4, il faut :
4 escalopes de veau
Un peu de farine
1 cuil. à soupe d'huile
25 g de beurre

Sauce chasseur :
150 g de champignons de Paris
1 échalote
Persil
25 g de beurre
1 verre de vin blanc sec
1 cuil. à café de tomate concentrée
Sel, poivre

Menu

Crevettes grises
*Escalopes chasseur**
Chou-fleur au gratin
Salade
Fromage blanc à la confiture

□ Otez le pied sableux des champignons. Lavez-les rapidement. Coupez-les en lamelles. Hachez l'échalote et le persil.

□ *Sauce chasseur :* dans une sauteuse, faites cuire, à feu vif, les champignons et l'échalote avec 25 g de beurre, pendant 4 ou 5 minutes. Ajoutez ensuite le vin blanc, tomate concentrée, sel, poivre et la moitié du persil haché. Laissez bouillir doucement, sans couvrir, pendant la cuisson des escalopes.

□ Farinez légèrement les escalopes. Déposez-les dans une large poêle contenant 1 cuil. d'huile et 25 g de beurre chauds. Laissez-les cuire sur feu moyen, 4 minutes de chaque côté. Puis disposez-les sur un plat chaud.

□ Transvasez la sauce chasseur dans la poêle remise sur le feu. Délayez-la avec les sucs de viande collés au fond, jusqu'à ébullition. Versez-la sur les escalopes. Parsemez de persil haché et servez.

Escalopes de volaille panées

Facile
Économique
Prép. et cuisson : 25 mn

Pour 4, il faut :
4 escalopes minces (poulet ou dinde)
Sel, poivre
2 cuil. à soupe de farine
1 œuf
4 à 5 cuil. à soupe de chapelure
2 ou 3 cuil. à soupe d'huile
30 g de beurre
1 citron

Menu

Crudités
*Escalopes de volaille panées**
Spaghetti sauce tomate-parmesan
Flan aux pruneaux (p. 124)

☐ Salez et poivrez les escalopes. Passez-les entièrement et successivement dans la farine, dans l'œuf battu salé et poivré, puis dans la chapelure. Tapotez avec le plat d'un couteau pour bien faire adhérer partout.

☐ Faites bien chauffer l'huile et le beurre dans une très grande poêle avant d'y déposer les escalopes. Laissez cuire, à feu moyen, 5 minutes sur chaque face.

☐ Présentez-les accompagnées chacune d'un quartier de citron pour les asperger.

MON AVIS
Si votre poêle n'est pas très grande, il vaut mieux faire cuire ces escalopes deux par deux, car trop serrées elles ne cuiraient pas régulièrement et la chapelure se détacherait.

Escargots dans leur coquille

Très facile
Raisonnable
Prép. et cuisson :
30 mn à l'avance
+ 15 mn au moment
Thermostat : 5/6

Pour 4, il faut :
4 douzaines d'escargots (en boîte)
4 douzaines de coquilles vides
1 verre de vin blanc sec

Farce :
1 gousse d'ail
1 échalote
Persil
250 g de beurre ramolli
1 cuil. à café de sel
Poivre
2 cuil. à soupe de vin blanc sec

4 plats à escargots (à alvéoles)

Menu soigné

*Escargots dans leur coquille**
Épaule d'agneau rôtie avec son os
Pommes nouvelles rissolées
Salade de cresson
Coupe de glace au chocolat/crème fouettée

Bourgogne aligoté
Gigondas
Camembert – Chèvre – Roquefort

□ *A l'avance :* égouttez soigneusement les escargots. Hachez très finement ail, échalote et persil. Malaxez le beurre avec ce hachis, sel, poivre, et 2 cuil. à soupe de vin blanc. Garnissez chaque coquille vide avec une noisette de farce, un escargot, et une deuxième noisette de farce, en tassant bien. Déposez-les au fur et à mesure dans les plats à alvéoles. Gardez dans le réfrigérateur.

□ Avant le repas, allumez le four. Versez 2 cuil. de vin blanc dans chaque plat. Mettez à four moyen (th. 5/6) jusqu'au moment où la farce se met à mousser et grésiller, 5 à 10 mn.

MON AVIS
Pour donner plus de consistance à la farce, vous pouvez y ajouter un tout petit peu de chapelure ou de mie de pain préalablement séchée et émiettée. De plus, le pain absorbe une partie de la bonne sauce qu'on risquerait de laisser perdre.

Estouffade de bœuf arlésienne

Très facile
Raisonnable
Prép. : 15 mn
Cuisson : 2 h + 1 h
en autocuiseur : 45 mn
+ 25 mn

Pour 4, il faut :
1,500 kg de bœuf à braiser
200 g de lard de poitrine demi-sel
1 cuil. à soupe d'huile
3 oignons
2 cuil. à soupe de farine
1 bouteille de vin blanc sec
1 verre d'eau
3 gousses d'ail
Bouquet garni
Un peu de sel, poivre
4 ou 5 tomates
100 g d'olives noires
Persil haché

Menu soigné

Avocat vinaigrette
*Estouffade de bœuf arlésienne**
Gros macaronis au gratin [1]
Gâteau meunière (p. 133)

Côtes-du-Rhône rouge ou rosé

☐ Rincez le lard à grande eau pour le dessaler. Épongez et coupez en lardons. Faites revenir dans une cocotte avec 1 cuil. d'huile, sur feu moyen. A l'aide d'une écumoire, retirez les lardons de la cocotte. Laissez la graisse de cuisson.

☐ Coupez la viande en gros cubes. Faites-les dorer dans la cocotte, sur feu vif, en compagnie des oignons coupés en quatre.

☐ Saupoudrez de farine. Mélangez sur le feu pour que la farine dore à son tour. Puis, ajoutez-y : vin, eau, ail, bouquet garni, poivre, très peu de sel à cause des olives rajoutées plus tard. Portez à ébullition. Couvrez et laissez mijoter doucement 2 heures (en autocuiseur : 45 minutes).

☐ Au bout de ce temps, ajoutez les tomates préalablement pelées, coupées et légèrement pressées, les lardons revenus et les olives. Remettez à feu très doux 1 heure supplémentaire (en autocuiseur : 25 minutes). Présentez l'estouffade parsemée de persil haché.

1. **Organisation : les macaronis,** cuits d'avance, disposés dans un plat à feu avec gruyère râpé et noisettes de beurre, gratineront dans le four – au moment du repas – en même temps que réchauffera l'estouffade.

MON AVIS
Accompagnez l'estouffade de pâtes ou de pommes de terre, qui s'accommoderont bien de sa sauce très savoureuse.

Estouffat catalan

Très facile
Économique
Prép. et cuisson : 2 h
en autocuiseur : 30 mn

Pour 4, il faut :
4 tranches épaisses de bœuf (rond)
4 carottes
2 oignons
800 g de pommes de terre, à chair ferme
2 cuil. à soupe d'huile
30 g de beurre
1 verre de vin blanc sec
Concentré de tomates
Bouquet garni
Sel, poivre

Menu

Potage aux légumes
*Estouffat catalan**
Salade de chicorée à l'ail
Fromage
Crêpes (p. 91)

□ Coupez en rondelles carottes et oignons. Pelez les pommes de terre. Détaillez-les en tranches d'1 cm d'épaisseur.

□ Faites rissoler, de part et d'autre, les tranches de bœuf, à la poêle, avec un peu d'huile très chaude. Puis mettez-les (sans la graisse de cuisson) dans la cocotte ou l'autocuiseur avec le beurre et les rondelles de carottes et d'oignons. Laissez dorer sur feu moyen, quelques minutes.

□ Ajoutez le vin blanc, 2 cuil. à soupe de concentré de tomates, bouquet garni, sel et poivre. Mélangez. Disposez les pommes de terre sur la viande. Salez et poivrez encore un peu. Couvrez. Laissez mijoter doucement 1 heure 30 environ (en autocuiseur : 30 minutes).

MON AVIS
Si vous pouvez mettre votre cocotte à mijoter dans le four doux, c'est mieux encore que sur le feu car la chaleur est plus régulièrement répartie dans un four. L'estouffat (ou l'estouffade) risquera donc moins d'attacher au fond pendant cette longue cuisson. Toutefois, il y a peu de risque avec l'autocuiseur bien utilisé, le jus de cuisson restant plus abondant jusqu'à la fin puisque l'évaporation est très faible.

L'estouffat est excellent réchauffé.

Bœuf : un même morceau de viande peut porter des noms différents selon la région. Ainsi, le « rond » utilisé dans cette recette peut être appelé, par votre boucher : « boule d'aloyau », « badart », « rose », « ouverture » ou « mollet ». Ne vous laissez pas impressionner par ces qualificatifs divers qui signifient exactement la même chose !

Far aux pruneaux

Très facile
Raisonnable
Prép. et cuisson : 1 h 30
Thermostat : 6/7
puis 5/6

Pour 4 à 6, il faut :
200 g de pruneaux dénoyautés
3 ou 4 cuil. à soupe de rhum
5 cuil. à soupe de farine
½ cuil. à café de sel
3 cuil. à soupe de sucre
3 œufs
½ l de lait chaud
30 g de beurre

1 plat à feu moyen (Pyrex, terre ou fonte)

Menu maigre

Potage aux légumes
Filets de poisson meunière
Chou-fleur au gratin
*Far aux pruneaux**

□ 1 heure à l'avance, mettez les pruneaux à macérer avec le rhum.

□ Dans un saladier (ou votre mixer), mettez farine, sel, sucre et œufs. Mixez sans arrêt tout en incorporant le lait moyennement chaud afin d'obtenir une pâte lisse et coulante.

□ Ajoutez-y les pruneaux et le rhum de macération.

□ Beurrez bien le plat. Versez la pâte dedans, sur 3 à 4 cm d'épaisseur.

□ Enfournez à mi-hauteur du four chaud (th. 6/7) pendant 1 heure en tout. A mi-cuisson, réduisez un peu la chaleur (th. 5/6). Servez le far, tiède ou froid, dans la plat de cuisson.

MON AVIS
Les petits enfants préfèrent probablement le far sans rhum. Alors, tenez-en compte. Et si vous voulez un « far » un peu plus économique encore, remplacez les pruneaux par des raisins secs (125 g environ).

Fenouils-bulbes

Par personne :
1 ou 2 bulbes
Choix : *sans taches, fraîchement coupés, pas trop gros.*
Cuisson : 30 mn environ

☐ *Préparation :* ôtez, au besoin, les feuilles externes, très filandreuses. Grattez et lavez les bulbes et coupez-les en deux dans l'épaisseur.

☐ *Cuisson simple :* dans de l'eau salée en ébullition. Laissez bouillir 15 minutes. Égouttez et pressez pour faire sortir l'eau. Remettez à mijoter 15 minutes avec jus de viande et fines herbes.

☐ *Présentation :*
– crus : finement coupés, à la vinaigrette ou à la crème et jus de citron (laissez macérer 1 heure) ;
– préalablement cuits à l'eau : braisés, à la crème, ou gratinés au four.

Petit conseil : *mariez le fenouil avec les viandes blanches, telles que rôti de veau, escalopes, tendron braisé, poulet sauté, ou avec les poissons : bar, mulet, dorade, etc.*

Filet de bœuf façon chevreuil

Facile
Cher
Prép. et cuisson : 1 h 15
+ marinage : 48 h
Thermostat : 8/9

Pour 4, il faut :
1 filet de bœuf de 1,200 kg (non bardé)
50 g de beurre
1 cuil. à soupe bombée de farine
½ litre de bouillon de bœuf (tablette)
Sel, poivre
150 g de crème fraîche
Cresson

Marinade crue :
½ bouteille de vin rouge
½ verre de vinaigre
2 cuil. à soupe d'huile
1 oignon
3 clous de girofle
2 échalotes
2 gousses d'ail
1 carotte
1 branchette de céleri
Bouquet garni
10 grains de poivre

On peut faire cuire la **marinade** pour en activer l'action et réduire, en conséquence, le temps de macération du gibier et de la viande de boucherie.
Marinade cuite : les proportions sont les mêmes que celles de la marinade crue.
Faites colorer légèrement carotte, oignon, échalotes coupés finement avec 1 cuil. à soupe d'huile. Ajoutez-y tous les autres aromates, le vin, le vinaigre et laissez cuire doucement pendant 30 minutes.
Laissez refroidir complètement avant de verser sur la viande.

Menu réception

Terrine de coquilles Saint-Jacques (p. 326)
*Filet de bœuf façon chevreuil**
Pommes dauphine
Fromages
Parfait glacé (p. 216)

Sancerre – Pomerol
Chaource – Livarot – Roquefort

□ *Marinade :* pendant 48 heures, gardez le filet de bœuf au frais, dans une terrine contenant le vin rouge et tous les éléments de la marinade. Retournez-le plusieurs fois.

□ *Sauce :* le jour de la cuisson, retirez tous les aromates de la marinade, avec une écumoire. Épongez-les avec du papier absorbant. Faites-les rissoler dans une grande casserole avec 25 g de beurre, sur feu vif. Saupoudrez-le ensuite de farine. Mélangez sur le feu pendant 1 minute. Versez dessus la marinade et ½ litre de bouillon. Fouettez jusqu'à ébullition. Puis laissez mijoter très doucement, sans couvrir, pendant ½ heure, pour réduire la sauce.

□ Essuyez la viande. Déposez-le dans un plat à feu beurré. Parsemez-la de noisettes de beurre. Mettez à four très chaud (th. 8/9) de 25 à 30 minutes pour obtenir un rôti saignant. Salez et poivrez à la fin.

□ Quand la sauce est suffisamment réduite, passez-la à travers un tamis métallique. Sur le feu, incorporez-y la crème, tout en laissant bouillir quelques instants, et versez-la dans une saucière.

□ Découpez le filet en tranches. Présentez-les sur un plat chaud, garni de petits bouquets de cresson.

MON AVIS
Pour que la sauce soit tout à fait « gibier », vous pouvez y incorporer 1 ou 2 cuil. de gelée de groseilles.

Filets de poisson à la crème

Facile
Raisonnable
Prép. et cuisson : 30 mn
Thermostat : 7/8

Pour 4, il faut :
700 g de filets de poisson (frais ou surgelés)
Mélange de fines herbes (persil, cerfeuil, ciboulette, estragon)
1 ½ verre de vin blanc sec
1 ½ citron
Sel, poivre
50 g de beurre
2 pincées de thym effeuillé
100 g de crème fraîche

Menu maigre

Salade d'endives aux noix
*Filets de poisson à la crème**
Épinards braisés
Pudding du dimanche soir (p. 252)

☐ Hachez les fines herbes. Essuyez les filets de poisson. Disposez-les, côte à côte, dans un plat à gratin beurré. Arrosez-les de vin blanc et du jus d'un demi-citron. Salez et poivrez.

☐ Glissez le plat dans le four très chaud pendant 15 minutes environ. Couvrez d'une feuille d'aluminium à mi-cuisson.

☐ Malaxez le beurre avec le jus d'un demi-citron, thym, sel, et poivre.

☐ Égouttez les filets en laissant le jus de cuisson dans le plat de cuisson. Disposez-les dans le plat de service. Tenez au chaud.

☐ Remettez le jus de cuisson sur le feu et laissez bouillir 1 ou 2 minutes. A ce jus très réduit, incorporez le beurre par petits morceaux et la crème sans cesser de fouetter jusqu'à ébullition. Versez aussitôt sur les filets de poisson. Parsemez de fines herbes hachées et servez.

MON AVIS
Filets de merlan, de lieu, de julienne ou de cabillaud, tous peuvent être préparés suivant cette recette. Et si vous trouvez des joues de lotte ou des ailerons de raie, ne vous privez pas du plaisir de les déguster avec cette sauce.

Filets de poisson au fromage blanc

Très facile
Raisonnable
Prép. et cuisson : 45 mn
Thermostat : 5/6

Pour 4, il faut :
4 filets de poisson
Sel, poivre
½ citron
100 g de fromage blanc
100 g de crème fraîche
40 g de beurre
1 cuil. à soupe de chapelure

Menu

Salade de pissenlit au lard

*Filets de poisson au fromage blanc**

Riz nature

Compote de pruneaux au vin rouge [1]

□ Déposez les filets de poisson dans une assiette. Salez, poivrez. Aspergez-les avec le jus de citron.

□ Mélangez le fromage blanc avec la crème fraîche. Tartinez-en les filets de poisson. Repliez-les en trois, sur eux-mêmes.

□ Beurrez généreusement un plat à gratin. Placez-y les filets, les extrémités étant repliées par-dessous. Mettez un peu de chapelure et une noisette de beurre sur chacun. Laissez cuire, à four moyen (th. 5/6), 25 minutes environ.

1. **Compote de pruneaux au vin rouge :** les pruneaux, accompagnés de fines rondelles d'orange et de citron (pour 500 g de pruneaux, ½ orange et ½ citron), sont couverts d'un bon vin rouge et chauffés lentement jusqu'à ébullition, sans plus. Attendez jusqu'au lendemain, pour les servir. Vous pouvez aromatiser le vin avec un bâton de vanille ou de la cannelle, mais n'ajoutez pas de sucre.

MON AVIS
Pour cette recette, des filets de poisson surgelés seront mis à cuire, non dégelés, à plat s'ils sont encore trop raides pour être repliés.
Vous les recouvrirez du mélange fromage blanc-crème et chapelure. Augmentez un peu le temps de cuisson.

Filets de poisson à la vapeur

Très facile
Raisonnable
Prép. et cuisson : 15 mn
en autocuiseur : 5 mn

Pour 4, il faut :
4 filets de poisson de 150 g
Sel, poivre
50 g de beurre
1 citron
Persil haché

Menu maigre

Croque-mousseline (p. 96)
*Filets de poisson à la vapeur**
Purée panachée de céleri-rave et pommes de terre
Salade d'oranges et bananes

☐ Mettez les filets, à plat, dans une assiette à soupe posée sur une casserole d'eau en train de bouillir. Salez, poivrez. Arrosez de jus de citron. Couvrez d'une seconde assiette. Au bout de 8 minutes, les filets sont cuits.

☐ Servez-les dans des assiettes chaudes, arrosés de beurre fondu, accompagnés de persil haché et morceaux de citron.

Cuisson en autocuiseur : placez quelques fines rondelles de citron au fond du panier perforé de l'autocuiseur. Allongez les filets dessus. Salez, poivrez. Maintenez le panier en position haute au-dessus de deux doigts d'eau bouillante. Mettez en pression. Cuisez 5 minutes seulement.

MON AVIS
Si vous utilisez des filets de poisson surgelés, il est préférable, pour cette préparation, de les laisser dégeler auparavant (au réfrigérateur). Sinon, la cuisson à la vapeur demanderait vraiment trop de temps.

Filets de sole en « paupiettes »

Facile
Cher
Prép. et cuisson : 45 mn
Thermostat : 5/6

Pour 4, il faut :
9 filets de sole
2 cuil. à soupe de crème fraîche
1 petit blanc d'œuf
Sel, poivre
200 g de champignons
Vinaigre
1 verre de vin blanc sec
1 cuil. à café de farine
20 g de beurre

Menu réception

Melon au porto
*Filets de sole en « paupiettes »**
Mousse de cresson (p. 185)
Côte de bœuf au Chablis (p. 78)
Pommes dauphine
Fromages
Coupe de fraises Chantilly

Pouilly Fuissé
Côte-de-Nuits ou Pomerol
Poivre d'âne[1] – Chavignol
Brie de Melun

□ Écrasez en purée la chair crue d'un seul filet de poisson, au mixer ou à la moulinette. Ajoutez une bonne cuil. à soupe de crème fraîche, un petit blanc d'œuf, sel, poivre.

□ Étalez un peu de cette farce sur chaque filet. Roulez-les. Ficelez-les en croix. Lavez rapidement les champignons à l'eau vinaigrée. Coupez-les en lamelles minces. Disposez-les dans le fond d'un plat à gratin, les filets farcis dessus. Recouvrez de vin blanc et d'une feuille d'aluminium. Faites cuire à four moyen (th. 5/6) 15 à 20 minutes.

□ Égouttez les filets tout en conservant le jus de cuisson. Otez les fils entourant les « paupiettes ». Disposez celles-ci sur le plat de service tenu au chaud.

□ Reportez la sauce, dans une casserole, sur feu vif. Malaxez soigneusement à la fourchette 1 cuil. à café de farine avec la même quantité de beurre mou. Ajoutez à la sauce par petits morceaux. Laissez bouillir un instant sans cesser de tourner. Incorporez, à la fin, 1 cuil. de crème fraîche.

1. **Le poivre d'âne** est un petit fromage rond, d'origine provençale, de la famille des Banon. Il est enrobé de brindilles de sarriette séchée. Il est doux au goût et sent bon la garrigue.

MON AVIS
Versez sur les filets de sole et servez avec des pommes vapeur, du riz nature ou une purée-mousse de légumes verts.

Flan de poires

Très facile
Raisonnable
Prép. et cuisson : 1 h
+ refroidissement : quelques heures
Thermostat : 7/8

Pour 8, il faut :
1 grande boîte de poires au sirop
8 ou 10 biscuits à la cuiller
½ l lait
2 pincées de sel
6 cuil. à soupe très pleines de sucre
1 sachet de sucre vanillé
4 œufs
25 g de beurre

1 moule à soufflé de 20 cm ∅

Menu soigné

Quiche aux noix et fromage blanc (p. 260)
Côtes de veau à l'avocat (p. 83)
Haricots verts
Fromages
*Flan de poires**

Mâcon blanc – Fronsac
Reblochon – Bondon de Neufchâtel
Carré de l'Est

□ Égouttez à fond les demi-poires (en gardant le sirop). Disposez-les en étoile, au fond du moule, sur la face coupée, côté queue au centre.

□ Humectez les biscuits avec un peu de sirop. Posez-les sur les poires.

□ Faites chauffer le lait avec 2 pincées de sel, sucre et sucre vanillé. Hors du feu, incorporez le lait bouillant aux œufs battus en omelette, en fouettant sans arrêt. Versez-en la moitié seulement dans le moule. Appuyez sur les biscuits pour les noyer. Quand ils sont un peu imbibés, ajoutez le reste de crème. Parsemez de noix de beurre. Mettez à four chaud (th. 7/8) au bain-marie (lèchefrite avec un peu d'eau) pendant 45 minutes. Couvrez d'une feuille d'aluminium si la surface colore trop vite. Laissez refroidir pendant plusieurs heures – et même jusqu'au lendemain – avant de démouler.

MON AVIS
Si vous êtes entre adultes, ne vous privez pas de parfumer cet entremets avec de la liqueur (Bénédictine, Cointreau ou Grand Marnier) plutôt que d'imbiber les biscuits à la cuiller de sirop. Vous les aspergerez plus ou moins généreusement de la liqueur de votre choix.

Flan aux pruneaux

Très facile
Raisonnable
Prép. et cuisson : 1 h
+ refroidissement
Thermostat : 5/6

Pour 4 ou 5, il faut :
1 cuil. à soupe bombée de farine
3 cuil. à soupe de sucre
2 œufs
1 verre de lait
2 pincées de sel
250 g de pruneaux dénoyautés (en sachet sous vide)
Un peu de beurre pour le plat

Menu

Consommé au vermicelle et gruyère râpé

Jambonneau froid

Salade verte et pommes de terre

*Flan aux pruneaux**

☐ Battez au fouet électrique (ou mixer) tous les éléments de la pâte mis ensemble dans le récipient, pour obtenir une pâte lisse.

☐ Ajoutez-y les pruneaux.

☐ Beurrez un plat à four creux. Versez la préparation dedans. Mettez à four chaud (th. 5/6) de 40 à 45 minutes. Servez tiède ou froid.

MON AVIS
Cette recette est très vite préparée si vous utilisez des pruneaux à taux d'humidité important (vendus sous vide en sachet plastique).

Si ce n'est pas le cas, il suffit de prévoir votre dessert un peu à l'avance pour mettre les pruneaux à gonfler quelques heures, juste couverts d'eau tiède.

Foie à la lyonnaise

Très facile
Économique
Prép. et cuisson : 15 mn

Pour 4, il faut :
4 tranches de foie (génisse, agneau ou veau)
2 gros oignons
40 g de beurre
Sel, poivre
Persil
Un peu de farine
½ verre à moutarde de vinaigre

Menu

Salade niçoise (p. 286)
*Foie à la lyonnaise**
Haricots verts persillés
Fromage

☐ Épluchez les oignons et hachez-les. Faites-les revenir doucement dans une poêle avec 30 g de beurre, sans laisser colorer. Salez et poivrez. Couvrez et laissez mijoter 5 minutes.

☐ Hachez le persil. Farinez légèrement les tranches de foie.

☐ Retirez les oignons de la poêle. A la place, faites fondre 10 g de beurre. Placez-y les tranches de foie. Laissez cuire doucement 3 à 4 minutes sur chaque face. Salez et poivrez. Joignez-y les oignons déjà cuits et ½ verre de vinaigre. Laissez bouillir quelques instants à feu vif. Servez aussitôt les tranches de foie saupoudrées de persil haché et entourées de hachis d'oignons.

MON AVIS
Si l'on enrobe légèrement de farine les tranches de foie, c'est pour éviter les projections de beurre brûlant qui se produisent inévitablement quand on dépose une viande humide dedans.

Fondue au fromage

Facile
Raisonnable
Prép. et cuisson : 30 mn

Par personne, il faut :
10 à 15 dés de pain (baguette)
150 g de fromage (Emmenthal ou Gruyère)
1 verre de vin blanc sec
1 gousse d'ail
1 cuil. à café de Maïzena ou de fécule
1 pincée de bicarbonate de soude
Poivre de Cayenne

Parfum :
1 cuil. à café de kirsch
1 pincée de muscade râpée

Menu maigre

Radis et céleri-branche croque-au-sel
*Fondue au fromage**
Ananas en gondole (p. 18)

Vin blanc du Jura ou de Savoie

☐ Frottez d'ail un poêlon en fonte émaillée ou en terre vernissée. Ajoutez le fromage en morceaux ou en copeaux, muscade râpée. Versez le vin blanc à hauteur du fromage. Mettez sur feu moyen. Tournez sans cesse avec une cuiller en bois. Si le fromage se met en pelote au fond du poêlon, ne vous inquiétez pas, continuez de mélanger sur le feu.

☐ Quand la fondue prend consistance, incorporez le kirsch additionné d'un soupçon de bicarbonate et d'une cuil. de Maïzena ou de fécule, sel, poivre.

☐ Donnez à chaque convive une assiette avec les dés de pain que chacun piquera avec sa fourchette pour les tremper, d'un mouvement tournant, dans la fondue.

MON AVIS
Plutôt que de vous donner les proportions pour 4 personnes comme j'en ai l'habitude, j'ai pris le parti de vous les donner pour une seule. A vous de multiplier par le nombre de convives, généralement important.

Si la fondue est trop épaisse, ajoutez-y encore un peu de vin blanc. Mais si elle est trop fluide, incorporez-y un peu de fécule préalablement délayée avec du vin blanc.

Maintenez la fondue au chaud sur un réchaud posé sur la table.

Fraises Romanoff

Facile
Raisonnable
Prép. : 30 mn
+ au frais : 2 h

Pour 4, il faut :
500 g de fraises
3 cuil. à soupe de curaçao
1 orange
1 citron
2 cuil. à soupe de sucre

Chantilly :
200 g de crème fraîche
1 à 2 cuil. à soupe de lait
1 paquet de sucre vanillé

Menu soigné

Asperges tièdes vinaigrette [1]
Caneton aux petits pois
Romaine au cerfeuil
Fromages
*Fraises Romanoff**

Graves
Saint-Marcellin – Reblochon
Boulette de Cambrai

☐ Lavez soigneusement les fraises sans les laisser séjourner dans l'eau. Égouttez-les. Otez-en les queues ensuite.

☐ Mettez-les dans un compotier avec le curaçao (ou toute autre liqueur à base d'orange), les jus d'orange, de citron et le sucre en poudre. Couvrez et laissez macérer 2 heures dans le bas du réfrigérateur, pas trop froid. Pensez également à mettre la crème fraîche dans le réfrigérateur.

☐ *Chantilly :* au moment du repas, allongez la crème très froide avec un peu de lait si elle est épaisse. Ajoutez-y le sucre vanillé. Fouettez-la doucement jusqu'à ce qu'elle tienne aux branches du fouet. Tenez-la au frais. Au moment du dessert seulement, vous la verserez sur les fraises.

---

1. Il suffira de présenter les **asperges** avec une sauce maltaise – plus originale et plus raffinée que la vinaigrette – pour transformer ce menu soigné en menu de réception (recette p. 300).

Fricadelles

Très facile
Économique
Prép. et cuisson : 15 mn

Pour 4, il faut :
300 g de beefsteak
1 oignon
125 g de pain frais
Persil
Sel, poivre
2 ou 3 pincées de muscade
1 œuf
Un peu de farine
1 cuil. à soupe d'huile
25 g de beurre
Cresson (facultatif)

Menu

Avocat vinaigrette
*Fricadelles**
Cresson/pommes frites
Crème au café *(p. 88)*

□ Hachez tous les éléments de la recette, au couteau ou, mieux, dans votre mixer-cutter. Malaxez bien avec sel, poivre, et l'œuf pour amalgamer le tout.

□ Formez-en 4 croquettes plates. Farinez-les légèrement de part et d'autre juste avant la cuisson.

□ Faites-les cuire à la poêle dans un mélange de beurre et d'huile, pendant 3 ou 4 minutes de chaque côté, à feu assez vif. Vous pouvez présenter avec de petits bouquets de cresson nature.

MON AVIS
Si cela vous arrange de préparer les fricadelles 1 heure ou 2 à l'avance (mais pas plus), enduisez-les d'huile aussitôt façonnées. Couvrez-les d'une feuille d'aluminium et placez-les au plus froid du réfrigérateur. Ne les farinez qu'au moment de les cuire.

APPELLATION

Fricassée de poulet au vin blanc

Facile
Raisonnable
Prép. et cuisson : 1 h 15
en autocuiseur : 20 mn

Pour 4, il faut :
1 poulet en morceaux
Farine
1 cuil. à soupe d'huile
30 g de beurre
12 petits oignons blancs
½ bouteille
de vin blanc sec
Sel, poivre
200 g de champignons
2 jaunes d'œufs
100 g de crème fraîche
1 cuil. à café rase
de Maïzena

Menu réception

Coquilles Saint-Jacques en pâte *(p. 76)*
*Fricassée de poulet au vin blanc**
Pommes vapeur
Salade de mâche
Fromages
Ananas frais au kirsch

Pouilly Fuissé
Tavel ou Chusclan (rosé)
Vacherin – Saint-Marcellin
Bondon de Neufchâtel

□ Farinez légèrement les morceaux de poulet. Jetez-les dans une cocotte contenant 1 cuil. d'huile et un peu de beurre bien chauds. Laissez blondir de toute part, sur feu moyen.

□ Joignez-y les oignons. Quand ils sont dorés, couvrez. Au bout de 5 minutes, ajoutez vin blanc, sel et poivre. Mélangez jusqu'à ébullition. Recouvrez et laissez mijoter pendant 50 minutes environ (en autocuiseur : 20 minutes).

□ Pendant ce temps, nettoyez les champignons. Coupez-les en lamelles. Ajoutez-les dans la cocotte. Si, vers la fin, le jus est trop abondant, laissez-le bouillir, à découvert, pour qu'il s'évapore suffisamment.

□ Délayez les jaunes d'œufs avec crème, Maïzena, sel et poivre. Incorporez au jus de cuisson retiré du feu. Remettez sur feu doux, sans cesser de mélanger au fouet, pendant quelques secondes pour qu'il devienne onctueux. Ne laissez surtout pas bouillir. Servez sans attendre.

MON AVIS
Hors de la saison des petits oignons blancs, remplacez-les par 2 ou 3 oignons grossièrement coupés. Pour atténuer leur goût plus prononcé, vous pouvez les plonger quelques instants dans de l'eau bouillante avant de les cuire.

Fromage blanc aux radis roses

Très facile
Économique
Prép. : 10 mn

Pour 4, il faut :
400 g de fromage blanc battu
1 cuil. à soupe de crème fraîche
1 cuil. à soupe de fines herbes hachées (ciboulette, cerfeuil, estragon, persil)
12 radis en très fines rondelles
Sel, poivre
Pain bis

Menu froid

*Fromage blanc aux radis roses**
Rôti de porc froid
Salade de chou-fleur
Pommes chips
Fruits

☐ Fouettez ensemble du simple fromage blanc avec les herbes aromatiques, crème fraîche, sel, poivre et rondelles de radis.

☐ Disposez en ravier. Servez bien froid avec de fines tartines de pain bis qui mettront en valeur la saveur de cet appétissant hors-d'œuvre.

Fromage rose aux oignons blancs

Pour 4, il faut :
400 g de fromage blanc battu
1 cuil. à soupe de crème fraîche
1 ou 2 oignons blancs, finement hachés
1 cuil. à café de graines de cumin
Paprika (de ½ à 1 cuil. à café selon goût)
Sel, poivre

☐ Procédez de la même façon que ci-dessus. Vous obtiendrez un autre plat agréable, d'aspect et de saveur différents.

Fruits frais au sirop

Très facile
Économique
Prép. et cuisson : 30 mn
+ au réfrigérateur : 12 h

Pour 4, il faut :
4 beaux fruits,
pas trop mûrs,
ou 8 petits
(poires, pêches, prunes ou abricots)
Citron (facultatif)

Sirop :
½ l d'eau
300 g de sucre
1 gousse de vanille
(ou 1 sachet de sucre vanillé)

Menu soigné

Panaché de pamplemousse, avocat, crevettes à la citronnette
Osso-buco (p. 208)
Spaghetti au parmesan
Fromages
*Fruits frais au sirop**
Petits sablés (p. 225)

Valpolicella ou Côtes-du-Rhône
Chèvre frais – Reblochon – Bleu d'Auvergne

☐ *Sirop :* portez à ébullition l'eau avec le sucre et la vanille.

☐ Épluchez les fruits s'il y a lieu. Coupez-les en deux et ôtez les noyaux ou les pépins.

☐ Dès que le sirop bout, plongez-y les fruits. Laissez bouillir franchement de 15 à 20 minutes pour les poires, 10 minutes seulement pour les pêches, abricots et prunes. A ce moment, les fruits seront légèrement translucides. Laissez-les refroidir complètement dans le sirop. Puis égouttez-les et placez-les dans un plat de service.

☐ Remettez alors à bouillir le sirop 5 minutes sans couvrir pour le faire épaissir. Versez-le sur les fruits. Gardez au réfrigérateur jusqu'au lendemain.

MON AVIS

Frottez les poires et les pêches avec du citron, tout en les pelant, pour qu'elles restent blanches.

Surveillez la cuisson – qui n'est pas longue – car les fruits peuvent demander quelques minutes de cuisson en plus ou en moins, selon leur degré de maturité.

Le sirop peut être préparé avec moitié sucre et moitié miel.

Gâteau caramélisé à l'ananas

Facile
Raisonnable
Prép. et cuisson : 1 h
+ refroidissement
Thermostat : 6/7

Pour 6 à 8, il faut :
1 boîte d'ananas au sirop

Pâte :
100 g de sucre en poudre
½ paquet de sucre vanillé
2 œufs
100 g de beurre ramolli
100 g de farine
1 cuil. à café rase de levure en poudre
¼ cuil. à café de sel

Caramel :
3 cuil. à soupe de sucre
2 cuil. à soupe de sirop d'ananas (boîte)
1 quartier de citron (ou caramel liquide tout préparé)

1 moule de 20 à 22 cm ∅

Menu froid

Salade de « torsades » au crabe (p. 296)

Fromage blanc à la crème

*Gâteau caramélisé à l'ananas**

☐ *Caramel :* si vous le préparez vous-même : dans un moule, faites chauffer tous les éléments (sauf le citron) du caramel, jusqu'à léger brunissement. Ajoutez le jus de citron. Faites aussitôt voyager ce caramel liquide à l'intérieur du moule et laissez refroidir.

☐ *Pâte :* mélangez, au batteur électrique ou robot, les sucres et les œufs entiers, jusqu'à obtention d'une crème lisse. Puis le beurre ramolli en dés. Ajoutez-y ensuite farine, levure et sel. Travaillez la pâte qui doit devenir homogène et assez compacte.

☐ Disposez les tranches d'ananas, bien égouttées, au fond du moule caramélisé. Versez la pâte dessus (tapez le moule sur la table pour qu'elle s'étale régulièrement).

☐ Enfournez à four chaud (th. 6/7) de 45 à 50 minutes. Couvrez d'une feuille d'aluminium en fin de cuisson si nécessaire. Démoulez au sortir du four. Laissez refroidir sur une grille.

MON AVIS
Vous pouvez vous abstenir de caraméliser le moule. Mais à la place, il faudra beurrer abondamment l'intérieur du moule et le saupoudrer de sucre avant d'y verser la pâte. C'est bon aussi !

Gâteau meunière aux raisins

Très facile
Économique
Prép. et cuisson : 45 mn
+ refroidissement
Thermostat : 5/6

Pour 4, il faut :
100 g de raisins secs
2 cuil. à soupe de rhum
40 g de beurre
2 cuil. à soupe
très bombée de farine
½ litre de lait
4 ou 5 cuil. à soupe
de sucre
3 œufs entiers
2 pincées de sel
Caramel tout préparé
(liquide)

1 moule à manqué moyen
ou 1 plat à four creux

Menu simple

Carottes râpées

Gratin d'émincé de bœuf *(p. 143)*

Pommes vapeur

*Gâteau meunière aux raisins**

☐ Lavez rapidement les raisins à l'eau chaude pour les ramollir. Épongez-les bien et mettez-les à macérer dans le rhum. Enduisez le moule de caramel.

☐ Dans une casserole, sur feu doux, délayez au fouet à sauce, le beurre fondu avec la farine. Quand le mélange commence à mousser, ajoutez-y le lait froid d'un seul coup et le sucre. Remuez jusqu'à ébullition. Laissez cuire 5 minutes sur feu doux, en mélangeant de temps en temps pour ne pas laisser attacher au fond.

☐ Battez les œufs en omelette avec le sel, les raisins, le rhum de macération et quelques cuil. de crème chaude. Reversez le tout dans la casserole de crème, sans cesser de mélanger pendant 1 minute sur feu doux.

☐ Versez dans le moule caramélisé. Déposez-le dans la plaque creuse du four garnie d'eau (bain-marie). Faites cuire à four moyen (th. 5/6) pendant 30 minutes environ. Laissez refroidir complètement avant de démouler.

MON AVIS
Cet entremets est encore plus simple à préparer si vous ne le passez pas au four. Il suffit de verser la crème dans le moule caramélisé et de mettre au réfrigérateur pendant 3 ou 4 heures. Si la crème est suffisamment épaisse, vous pourrez même le démouler.

Gâteau tutti frutti

Très facile
Raisonnable
Prép. : 30 mn
(pas de cuisson)

Pour 8, il faut :
1 génoise toute préparée de 22 à 24 cm de ∅
250 g de fruits confits hachés
1 verre à apéritif de rhum
1 pot de marmelade d'abricots
1 tasse d'amandes hachées ou effilées
Quelques cerises confites

Menu soigné

Salade de champignons à la crème
Pintade farcie (p. 229)
Croquettes de pommes de terre
Fromages
*Gâteau tutti frutti**

Saumur-Champigny
Vouvray pétillant ou Asti
Explorateur – Cantal – Morbier

☐ Laissez macérer les fruits confits avec un peu de rhum. Faites bouillir la marmelade sur feu doux en délayant avec 1 verre à liqueur de rhum. Elle doit devenir épaisse et brillante.

☐ Posez la génoise à plat sur une planche et découpez-la en 2 ou 3 tranches, dans l'épaisseur.

☐ Mettez les tranches côte à côte. Aspergez-les de rhum. Badigeonnez-les d'une légère couche de marmelade. Étalez la moitié des fruits confits sur la tranche de base. Recouvrez avec la deuxième tranche de génoise, le reste des fruits, puis le couvercle de la génoise. Le gâteau étant ainsi reformé, enduisez-le généreusement de marmelade, dessus et pourtour.

☐ *Décor :* collez les amandes sur l'épaisseur du gâteau à l'aide du plat d'un couteau. Disposez quelques cerises confites dessus.

MON AVIS
Si la marmelade contient des morceaux de fruits, passez-la au tamis ou au mixer avant de la faire bouillir avec un peu d'alcool ou d'eau. Vous obtiendrez un mélange très lisse, indispensable pour un nappage parfait.

Gazpacho

Facile
Économique
Prép. : 20 mn
+ au froid :
quelques heures

Pour 4 ou 6, il faut :
1 gousse d'ail
Sel, poivre
1 oignon
4 tomates mûres
½ bol d'eau
3 cuil. à soupe d'huile
2 cuil. à soupe de vinaigre
2 cuil. à soupe de persil haché
2 pincées de paprika

Garniture :
1 poivron vert
½ concombre
1 cœur de céleri-branches
2 tranches de pain de mie
1 tomate

Menu soigné froid

*Gazpacho**
Queue de bœuf en gelée (p. 256)
Fromages
Pudding de pêches et amandes (p. 253)

Cabernet d'Anjou
Coulommiers – Chabichou
Monsieur Fromage

☐ Pilez la gousse d'ail avec le sel. Hachez l'oignon finement.

☐ Épluchez les tomates. Épépinez-les. Coupez-en une seule en dés et gardez-la pour la fin, à part, pour la garniture. Passez les autres tomates au moulin-légumes.

☐ Mélangez, dans un saladier, ces différents hachis avec ½ bol d'eau, 3 cuil. d'huile, 2 cuil. de vinaigre, autant de persil haché, paprika, poivre. Mettez au froid quelques heures. Vous y ajouterez quelques glaçons au dernier moment.

☐ *Garniture :* coupez séparément en petits cubes : poivron, concombre, céleri-branches, pain de mie. Présentez-les avec les dés de tomates, dans des coupelles, en même temps que le gazpacho.

MON AVIS
Le gazpacho peut varier légèrement. Ainsi, il peut être passé entièrement au mixer et se présenter comme une purée de tomates crue très légère. Ou bien, la garniture simplement hachée est parsemée sur le gazpacho juste avant de servir. Les dés de pain de mie peuvent être grillés ou frits à l'huile.

Gibier (temps de cuisson)

	Au four chaud (th. 6/7)	A la cocotte	A la poêle
A PLUME			
CANARD SAUVAGE	25 à 30 mn		
FAISAN	20 à 25 mn par livre	30 à 35 mn par livre	
PERDREAU	20 à 30 mn	40 mn Perdrix : 2h à 2 h 30	
PINTADE	20 à 25 mn par livre	30 mn par livre	
A POIL			
CHEVREUIL	Rôti : 15 à 20 mn par livre	Sauté : 1 h 30	Noisettes et côtelettes : 2 ou 3 mn de chaque côté
MARCASSIN	12 à 15 mn par livre	Sauté : 1 h 30 à 2 h	
LIEVRE	Râble : 15 à 20 mn par livre A la broche : 30 à 45 mn	Civet : 2 h à 2 h 30	
LAPIN DE GARENNE		Sauté : 45 mn	

* Les temps sont toujours approximatifs.

Gigot d'agneau boulangère

Facile
Cher
Prép. et cuisson : 1 h 45
Thermostat : 7/8, puis 6/7

Pour 8, il faut :
1 gigot d'agneau de 2 kg
200 g d'oignons
50 g de beurre
1 cuil. à soupe d'huile
1,500 kg de pommes de terre
Bouquet garni
Sel, poivre

Menu réception

Avocat farci au maïs
*Gigot d'agneau boulangère**
Salade de mâche aux noix
Fromages
Mousse au chocolat

Touraine Mesland pétillant
Pomerol ou Cahors
Emmental – Coulommiers
Feuille de Dreux

☐ Pelez les oignons et coupez-les en rondelles, puis faites-les blondir à la poêle, sur feu très doux, avec beurre et huile.

☐ Pelez, essuyez et coupez les pommes de terre en lamelles fines. Disposez-les, ainsi que les oignons, au fond d'un grand plat à four, avec le bouquet garni. Salez et poivrez. Mouillez à hauteur des pommes de terre avec de l'eau bouillante. Laissez bouillir une dizaine de minutes sur le feu.

☐ Mettez le gigot dans la lèchefrite à four très chaud (th. 7/8) sans matière grasse, pendant 10 minutes, pour le saisir.

☐ Déposez ensuite le gigot (sans son jus gras) sur le lit de pommes de terre et d'oignons. Mettez pendant 35 à 40 minutes à four chaud (th. 6/7). Retournez le gigot à mi-cuisson, sans toucher aux légumes.

Pendant le découpage, le **gigot** se refroidit rapidement. Ce n'est pas grave. Avant de présenter le plat à table, vous le glisserez dans le four tiède, quelques minutes. Et si vous craignez de voir la viande se dessécher légèrement en surface, posez directement dessus une feuille d'aluminium qui évitera, à coup sûr, cet inconvénient. Ce petit truc est valable pour toutes les viandes cuites au four.

Gigot en chevreuil

Très facile
Cher
Prép. et cuisson :
Marinade : 50 mn
(2 jours à l'avance)
Cuisson du gigot :
10 mn par livre environ
Thermostat : 7/8

Pour 6 à 8, il faut :
1 gigot de 2,500 kg
30 g de beurre

Marinade cuite :
2 oignons
2 carottes
2 échalotes
2 cuil. à soupe d'huile
1 bouteille de vin blanc ou rouge
¾ de verre de vinaigre de vin
2 gousses d'ail
Bouquet garni
1 petite branche de céleri
2 clous de girofle
6 à 10 grains de poivre

Menu soigné

Gratinée au porto (p. 146)
*Gigot en chevreuil**
Pommes-fruits au four
Cresson/chips
Fromages
Entremets Félicie (p. 110)

Côte-de-Beaune
Brie de Meaux – Olivet bleu
Époisses

□ *Marinade cuite (2 jours à l'avance) :* coupez en rondelles les oignons et carottes. Faites-les dorer dans une casserole avec 2 cuil. à soupe d'huile. Ajoutez ensuite vin, vinaigre, gousses d'ail et échalotes hachées, bouquet garni, céleri, clous de girofle, poivre.

□ Laissez bouillir doucement, sans couvrir, de 30 à 40 minutes. Laissez refroidir complètement avant de verser sur le gigot mis dans un plat creux. Couvrez d'aluminium. Tenez dans le réfrigérateur pendant 2 jours. Retournez la viande matin et soir pour qu'elle ne noircisse pas.

□ *Cuisson du gigot :* environ 1 heure avant le repas, allumez le four (th. 7/8). Égouttez les aromates. Étalez-les dans un grand plat à four. Déposez le gigot bien épongé dessus. Enduisez-le d'un peu de beurre. Mettez dans le four bien chaud pendant 50 minutes environ (10 minutes par livre).

Le **gigot en marinade** est une façon hypocrite de présenter du gibier qui n'en est pas ! Mais vous serez vite pardonnée car malgré le fumet un peu sauvage apporté par la marinade, le gigot de mouton ainsi préparé sera plus facile à digérer que du vrai gibier.

MON AVIS
Il est conseillé de laisser reposer le gigot 15 minutes avant de le découper. Les fibres de la viande ayant eu le temps de se détendre, le gigot sera plus tendre et plus juteux. Mais pour qu'il ne refroidisse pas, enveloppez-le d'une double ou triple épaisseur d'aluminium ménager qui est un bon isolant.

Gigot de mer en cocotte

Très facile
Cher
Prép. et cuisson : 1 h 15
Thermostat : 5/6

Pour 4, il faut :
1 tronçon de lotte de 1,500 kg
3 gousses d'ail
Sel, poivre
Un peu de farine
1 cuil. à soupe d'huile
30 g de beurre
1 petite carotte
1 oignon
½ verre de vin blanc sec

Garniture :
250 g de champignons
25 g de beurre
Sel, poivre
1 gousse d'ail
Persil
3 tomates fermes
1 cuil. à soupe d'huile

Menu soigné maigre

Soupe de moules safranée (p. 315)
*Gigot de mer à la cocotte**
Pâtes fraîches au beurre
Salade verte
Fromage
Tarte aux pommes

Côtes-du-Rhône blanc (soupe et gigot)
Fleurie

☐ Piquez la lotte avec des demi-gousses d'ail. Salez, poivrez, farinez légèrement. Faites dorer de toute part dans une poêle avec un peu d'huile et de beurre, sur feu vif. Retirez du feu.

☐ Épluchez et coupez en dés : carotte, oignon et queues (seulement) de champignons. Mettez dans un plat à feu. Déposez la lotte dessus. Arrosez avec ½ verre de vin blanc, sel, poivre. Faites cuire à four moyen (th. 5/6) de 30 à 40 minutes.

☐ *Garniture :* 15 minutes avant la fin de la cuisson, coupez les têtes des champignons en lamelles fines. Faites sauter à la poêle avec 25 g de beurre. Salez, poivrez. Ajoutez un peu d'ail et de persil haché. Tenez au chaud. Coupez les tomates en deux. Mettez-les à frire avec l'huile brûlante, dans une poêle, 5 minutes sur la face coupée puis sur l'autre. Salez, poivrez.

☐ Déposez la lotte cuite dans un plat chaud. Délayez ½ verre d'eau dans le plat de cuisson, sur le feu. Versez sur le poisson. Décorez avec les demi-tomates frites, recouvertes de champignons sautés.

MON AVIS
Si vous aimez le safran, il suffira d'en ajouter un soupçon (1 g) avec le vin blanc pour accentuer la saveur.

Goulasch de bœuf hongrois

Très facile
Raisonnable
Prép. et cuisson : 2 h 30
en autocuiseur : 50 mn

Pour 4, il faut :
1,500 kg de bœuf à braiser, coupé en cubes
500 g de gros oignons doux
30 g de beurre
125 g de lard gras
Sel
¼ de cuil. à café de paprika fort
1 cuil. à soupe de paprika doux
½ bouteille de vin rouge
1 kg de pommes de terre (Bintjes)
Persil

Menu

Radis/beurre

*Goulasch de bœuf hongrois**
et ses pommes de terre

Far aux raisins secs *(p. 116)*

☐ Hachez grossièrement les oignons.

☐ Faites fondre, sur feu doux, le beurre et le lard coupé en dés dans une cocotte épaisse.

☐ Joignez-y la moitié de la viande et des oignons. Saupoudrez de sel, de paprika fort et doux. Étalez dessus le reste de viande, d'oignons et de paprika.

☐ Faites chauffer ensemble le vin et autant d'eau. Dès l'ébullition, versez dans la cocotte. Couvrez et laissez mijoter 2 heures environ (en autocuiseur : 50 minutes).

☐ Pelez les pommes de terre. Coupez-les en dés. Ajoutez-les dans la cocotte 45 minutes avant la fin de la cuisson (en autocuiseur : 15 minutes avant la fin). Saupoudrez abondamment de persil haché avant de servir.

Macreuse, jumeau, gîte à la noix, gîte-gîte sont d'excellents morceaux à braiser, tout à fait indiqués pour le goulasch.

MON AVIS
Le goulasch est presque meilleur quand il est réchauffé. Toutefois, ce n'est qu'au moment du repas que vous y joindrez les pommes de terre qui, elles, prennent un goût détestable lorsqu'elles sont réchauffées.

Goulasch de porc aux macaronis

Très facile
Économique
Prép. et cuisson : 1 h 30
en autocuiseur : 25 mn

Pour 4, il faut :
1,500 kg d'échine de porc
1 cuil. à soupe d'huile
25 g de beurre
4 oignons
2 cuil. à café
de paprika doux
4 tomates
2 cuil. à soupe
de concentré de tomate
1 gousse d'ail
Sel, poivre
Bouquet garni
½ bol d'eau
250 g de macaronis courts

Menu

Crudités râpées
(carottes, céleri, chou)

*Goulasch de porc aux macaronis**

Fromage blanc à la crème

☐ Coupez la viande en gros dés.

☐ Dans une cocotte en fonte, faites rissoler les dés de viande avec 1 cuil. d'huile et le beurre. Puis joignez les oignons grossièrement hachés. Quand ils sont dorés à leur tour, ajoutez : paprika, tomates épluchées, coupées et légèrement pressées, concentré de tomate, ail haché, sel, poivre, bouquet garni, ½ bol d'eau. Couvrez et laissez mijoter sur feu doux, ou mieux à four doux, pendant 1 heure 30 (en autocuiseur : 25 minutes avec ¼ de bol d'eau seulement).

☐ Jetez les macaronis dans beaucoup d'eau bouillante salée. Mélangez. Laissez bouillir le temps indiqué sur le paquet. Aussitôt cuits, égouttez-les et incorporez-y quelques cuillerées de sauce.

☐ Présentez ces pâtes en couronne, dans un plat creux, avec le goulasch de porc versé au centre.

MON AVIS
Pour une longue cuisson, vous mettez la cocotte dans le four moyen ou doux, le mijotage s'effectuera de façon plus régulière, dessous et dessus.

Gratin dauphinois

Facile
Raisonnable
Prép. et cuisson : 1 h 15
Thermostat : 6/7, puis 5/6

Pour 4, il faut :
1 kg de pommes de terre moyennes
1 gousse d'ail
30 g de beurre
50 g de gruyère râpé
2 verres de lait
Sel, poivre
1 œuf

Menu soigné

Cocktail de crevettes (p. 65)
Rôti de dinde braisé
*Gratin dauphinois**
Salade
Fromages
Flan aux pruneaux (p. 124)

Muscadet – Côtes-du-Rhône ou vin de pays des Balmes dauphinoises
La Bouille – Brie de Meaux Monsieur Fromage

□ Pelez les pommes de terre. Lavez-les et essuyez-les. Coupez-les en tranches fines et régulières (utilisez votre râpe-légumes).

□ Frottez un grand plat à gratin avec la gousse d'ail écrasée. Enduisez-le de beurre.

□ Disposez dedans les tranches de pommes de terre en une couche pas trop épaisse. Intercalez une partie du gruyère. Versez les ¾ du lait bouillant dessus. Salez et poivrez. Faites cuire à four chaud (th. 6/7) pendant 50 minutes environ.

□ 10 minutes avant la fin de la cuisson, battez l'œuf en omelette avec sel, poivre et le reste de lait. Versez sur les pommes de terre.

□ Parsemez de gruyère râpé et de noisettes de beurre. Remettez à four moyen (th. 5/6) quelques minutes, le temps que le mélange « prenne ». Servez au sortir du four avec une viande rouge, rôtie ou grillée ou une volaille.

MON AVIS
Un gratin dauphinois pour 8 ou 12 personnes peut être réalisé dans le même temps puisque le découpage des pommes de terre se fait extrêmement rapidement avec un râpe-légumes électrique.

Il est alors préférable de faire cuire le gratin dans deux plats mis côte à côte dans le four. Le temps de cuisson sera ainsi pratiquement le même.

Gratin d'émincé de bœuf

Très facile
Économique
Prép. et cuisson : 45 mn
en autocuiseur : 10 mn

Pour 4, il faut :
1 kg de pommes de terre
2 ou 3 oignons
60 g de beurre
1 cuil. à soupe rase de farine
½ verre de vin blanc sec
1 verre d'eau
1 cuil. à café de tomate concentrée
Environ 300 g de bœuf cuit (reste de pot-au-feu ou rôti)
1 œuf
Muscade
Sel, poivre
100 g de gruyère râpé

Menu

Mâche/céleri-rave/ betterave rouge

*Gratin d'émincé de bœuf**

Clafoutis aux poires (p. 64)

☐ Épluchez les pommes de terre. Faites-les bouillir 25 minutes dans de l'eau salée (en autocuiseur : 10 minutes).

☐ Pendant ce temps, pelez et coupez les oignons en rondelles fines. Faites-les blondir légèrement sur feu doux, avec 20 g de beurre. Puis saupoudrez-les de farine. Mélangez. Ajoutez vin blanc, eau, tomate concentrée. Fouettez jusqu'à ébullition. Joignez-y la viande coupée en tranches minces. Laissez mijoter 5 minutes pour la réchauffer.

☐ Égouttez bien les pommes de terre. Écrasez-les en purée. Incorporez-y 20 g de beurre, l'œuf légèrement battu, 2 ou 3 pincées de muscade râpée, sel, poivre.

☐ Étalez la moitié de la purée dans un plat à feu beurré. Disposez la viande et la sauce au milieu. Recouvrez avec le reste de purée, gruyère râpé et noisettes de beurre. Faites gratiner quelques minutes et servez aussitôt.

MON AVIS
Si vous êtes pressée, vous pouvez préparer cette recette, bien familiale, avec de la purée en sachet. Vous aurez, probablement, gagné 20 précieuses minutes.
Même remarque pour le gratin de légumes Marianne de la page suivante.

Gratin de légumes Marianne

Très facile
Economique
Prép. et cuisson : 1 h

Pour 4, il faut :
500 g de pommes de terre
250 g de viande cuite (reste de porc, veau ou bœuf)
1 kg d'épinards (frais ou surgelés)
75 g de beurre
Muscade
Sel, poivre
¼ l de lait
25 g de gruyère râpé
Chapelure

Menu maigre

Carottes et navets râpés

Omelette

*Gratin de légumes Marianne**

Yaourt

☐ Faites bouillir les pommes de terre épluchées dans de l'eau salée, 30 minutes. Hachez le reste de viande.

☐ Épluchez et lavez bien les épinards. Laissez-les cuire 5 minutes dans une casserole d'eau en ébullition. Égouttez-les en les pressant pour en exprimer l'eau au maximum. Remettez-les dans une casserole sur feu doux avec 25 g de beurre, 2 ou 3 pincées de muscade râpée, sel, poivre. Laissez mijoter une dizaine de minutes en mélangeant de temps en temps.

☐ *Purée :* Écrasez les pommes de terre. Incorporez-y 25 g de beurre et, peu à peu, le lait bouillant pour obtenir une purée assez épaisse. Battez-la énergiquement avec une spatule.

☐ Beurrez un plat à gratin. Étalez-y par couches les épinards, la viande hachée puis la purée. Parsemez de gruyère râpé, de chapelure et de noisettes de beurre. Faites gratiner à four bien chaud ou sous le grilloir.

MON AVIS
Ce gratin sera – sans inconvénient – cuit, disposé dans son plat plusieurs heures d'avance et gardé dans le réfrigérateur jusqu'au repas où il suffira de 15 minutes pour le réchauffer et gratiner à la fois.

Gratinée-minute

Très facile
Raisonnable
Prép. et cuisson : 15 mn

Pour 4, il faut :
1 boîte de soupe à l'oignon
½ verre de vin blanc sec
4 fines tranches de pain
4 cuil. à soupe de porto
1 ou 2 jaunes d'œufs
75 g de gruyère râpé

4 bols (porcelaine à feu)

Menu soigné

*Gratinée-minute**
Poulet frit
Salade
Fromages
Tarte au citron (p. 322)

Beaujolais Villages
Feuille de Dreux – Sancerrois
Fourme

☐ Mettez à chauffer le contenu de la boîte de soupe à l'oignon avec la même quantité d'eau et ½ verre de vin blanc.

☐ Grillez les tranches de pain.

☐ Dans une terrine, délayez au fouet à sauce : porto et jaunes d'œufs. Versez la soupe dessus sans cesser de tourner. Répartissez dans les bols. A la surface, déposez le pain grillé. Parsemez de gruyère râpé. Faites gratiner quelques minutes sous le grilloir.

MON AVIS
Pour obtenir une gratinée bien dorée, parsemez le gruyère râpé sur le pain déposé sur la soupe à l'oignon, juste avant de la passer au four. Le pain, ne s'imbibant que peu à peu, surnagera suffisamment pour gratiner.

Gratinée au porto

Très facile
Raisonnable
Prép. et cuisson : 45 mn

Pour 4, il faut :
3 gros oignons
25 g de beurre
1 cuil. à soupe pleine de farine
½ verre de vin blanc sec
1 ½ litre d'eau
1 tablette de bouillon de bœuf
Sel, poivre
4 cuil. à soupe de porto
1 ou 2 jaunes d'œufs
4 fines tranches de pain
75 g de gruyère râpé

Menu soigné

*Gratinée au porto**
Pintade rôtie
Pommes dauphine
Salade
Fromages
Pommes en charlotte (p. 237)

Côte-de-Beaune
Anjou moelleux (dessert)
Saint-Marcellin – Carré de l'Est
Saint-Gorlon

□ Coupez finement les oignons. Faites-les cuire très doucement dans le beurre, à couvert. Quand les oignons ont blondi, saupoudrez-les de farine. Remuez avec une cuiller de bois jusqu'à ce que le mélange brunisse un peu, sans plus.

□ Ajoutez : ½ verre de vin blanc sec, 1 ½ litre d'eau, tablette de bouillon, sel, poivre. Laissez bouillir doucement 20 minutes. Faites griller le pain.

□ Dans une soupière pouvant aller au four, délayez au fouet le porto et les jaunes d'œufs. Versez dessus, peu à peu, la soupe à l'oignon brûlante, sans cesser de remuer. A la surface, déposez le pain grillé. Saupoudrez de gruyère râpé. Faites gratiner quelques minutes et servez.

Il est évident que, si c'est possible, vous utiliserez du **bouillon de bœuf** fait à la maison. Mais les bouillons en tablettes sont d'un grand secours pour les maîtresses de maison souvent pressées.

MON AVIS
Pour une petite réception, je vous recommande les bols individuels dans lesquels la gratinée est encore plus appétissante et plus facile à servir. Mais ils doivent pouvoir passer sous le grilloir sans casser !

Grillades de porc à l'estragon

Très facile
Raisonnable
Prép. et cuisson : 30 mn
Marinage :
quelques heures

Pour 4, il faut :
4 grillades de porc
2 cuil. à soupe d'huile
Thym
Laurier
Sel, poivre

Sauce à l'estragon :
2 verres de vin blanc sec
3 branches d'estragon
Sel, poivre
1 cuil. à café rase de Maïzena
100 g de crème fraîche épaisse

Menu

Pamplemousse
*Grillades de porc à l'estragon**
Crosnes à la crème [1]
Poires au sirop

□ Une ou plusieurs heures d'avance : enduisez la viande d'huile et parsemez-la, des deux côtés, avec feuilles de thym et laurier émietté. Couvrez-la et tenez-la au frais jusqu'au moment de la cuire.

□ *Cuisson :* dans une grande poêle contenant 1 cuil. d'huile très chaude, saisissez la viande. Puis laissez-la cuire, sur feu moyen, 5 ou 6 minutes de chaque côté. Salez et poivrez. Retirez-la de la poêle et tenez au chaud.

□ Videz la poêle de la graisse de cuisson surchauffée, puis versez-y le vin. Délayez sur le feu avec les sucs de viande attachés au fond. Ajoutez l'estragon, un peu de sel et de poivre. Laissez bouillir, sans couvrir, jusqu'à réduction de moitié.

□ Mélangez Maïzena et crème fraîche. Incorporez à la sauce restée dans la poêle. Portez à ébullition sans cesser de tourner.

□ Remettez les grillades dans la poêle, juste pour les réchauffer. Retournez-les dans la sauce pour les enduire des deux côtés. Servez aussitôt.

MON AVIS
Les grillades et côtes de porc cuites à feu trop vif sont desséchées et filandreuses. Il faut, au départ, les dorer à feu assez vif, mais réduire ensuite la chaleur pour laisser mijoter la viande plus doucement.

1. **Les crosnes :** coupez-en les extrémités. Frottez-les avec du gros sel pour les nettoyer et rincez-les. Cuisez-les 20 minutes à l'eau bouillante additionnée de sel et de farine (pour qu'ils restent blancs). Accommodez-les ensuite au jus de viande, à la sauce blanche, à la crème – ou, selon le menu ci-dessus, avec la sauce crémeuse des grillades de porc. (Comptez 200 g de crosnes par personne.)

Grillades de porc au vin

Très facile
Raisonnable
Prép. et cuisson : 20 mn

Pour 4, il faut :
4 grillades de porc très minces
30 g de beurre
1 échalote hachée
2 cuil. à café rases de farine
1 cuil. à café de tomate concentrée
2 verres de vin blanc sec
Sel, poivre
Persil haché

Menu

Salade de lentilles
*Grillades de porc au vin**
Pommes chips
Fromage
Coupe de fruits frais

☐ Faites dorer à la poêle les grillades de chaque côté, sur feu assez vif, avec une noix de beurre. Tenez-les au chaud dans une assiette.

☐ Dans la poêle remise sur feu doux, mettez l'échalote hachée à blondir très légèrement avec une nouvelle noix de beurre. Saupoudrez ensuite de farine. Mélangez quelques instants. Ajoutez : vin, tomate concentrée, sel, poivre. Laissez bouillir, sans couvrir, pendant 2 minutes.

☐ Remettez les grillades dans la poêle pour finir de les cuire, dans la sauce au vin, 5 minutes environ sur feu doux. Parsemez de persil haché avant de servir.

La **grillade de porc** est une tranche extrêmement mince, taillée dans le flanc de l'animal. Elle est vendue sous cette dénomination spécialement dans la région parisienne. Elle cuit presque aussi rapidement qu'un steak.

MON AVIS
Ne faites pas revenir l'échalote en même temps que la viande sur feu vif car l'échalote, en brunissant trop fort, prendrait un goût amer, désagréable.

Hachis fin de bœuf aux aubergines

Très facile
Économique
Prép. et cuisson : 45 mn
Thermostat : 7/8

Pour 4, il faut :
400 g de pot-au-feu cuit (reste)
Persil
1 gousse d'ail
Sel, poivre
4 aubergines
4 cuil. à soupe d'huile
1 grande boîte de sauce tomate toute préparée
2 cuil. à soupe de chapelure
50 g de gruyère râpé
30 g de beurre

Menu

Salade niçoise (p. 286)

*Hachis fin de bœuf aux aubergines**

Clafoutis (p. 64)

☐ Coupez la viande cuite en gros cubes. Mélangez-les avec le persil et l'ail coupés, sel, poivre. Passez le tout ensemble dans le hachoir électrique.

☐ Coupez les aubergines en tranches d'un centimètre, sans les peler. Faites-les sauter dans une grande poêle avec de l'huile très chaude, 5 minutes de chaque côté.

☐ Disposez les aubergines sautées, côte à côte, au fond d'un plat à gratin. Étalez le hachis de viande dessus, puis la sauce tomate. Recouvrez de chapelure, de gruyère râpé et de noisettes de beurre.

☐ Faites gratiner pendant 15 à 25 minutes. Servez aussitôt.

MON AVIS
Voici une bonne idée pour utiliser un reste de pot-au-feu. Idée pratique aussi puisque cette recette peut être entièrement préparée d'avance, dans son plat à gratin. Il suffira de mettre celui-ci à four moyen une petite demi-heure pour le réchauffer et le gratiner.

Haddock au four à la va-vite

Très facile
Raisonnable
Prép. et cuisson : 30 mn
Thermostat : 6/7

Pour 4, il faut :
800 g de haddock
(ou de filets de poisson fumé)
1 oignon haché
2 cuil. à soupe de Ketchup
30 g de beurre
Poivre
2 verres de vin blanc sec

Menu maigre

Carottes râpées
*Haddock au four à la va-vite**
Pommes de terre persillées
Crème au café (p. 88)

☐ Rincez le haddock à grande eau pour le dessaler un peu.

☐ Beurrez un plat allant au four. Déposez le poisson dedans. Ajoutez dessus : oignon haché, Ketchup, noix de beurre, poivre (pas de sel) et assez de vin blanc pour couvrir le tout. Faites cuire à four chaud (th. 6/7) 15 minutes.

MON AVIS
Haddock et filets de poisson fumé se préparent de la même façon. Si le haddock est surgelé, laissez-le dégeler avant cuisson. Ce ne sera pas long, les filets surgelés étant généralement très minces.

Haddock grillé

Très facile
Raisonnable
Prép. et cuisson : 15 mn

Pour 4, il faut :
800 g de haddock (ou de filets de poisson fumé)
1 verre d'huile
1 citron
Persil
100 g de beurre
Poivre

Menu maigre

Pamplemousse

*Haddock grillé**

Purée de pommes de terre gratinée [1]

Marmelade de fruits

☐ Rincez abondamment les morceaux de haddock à l'eau froide et essuyez-les avec du papier absorbant. Enduisez-les d'huile. Déposez-les sur une grille, placée elle-même sur la plaque creuse du four (lèchefrite). Glissez-les sous le grilloir. Laissez cuire, la porte du four ouverte, de 5 à 7 minutes sur chaque face.

☐ Présentez le haddock avec citron et persil haché. A part, une saucière de beurre fondu, légèrement poivré.

MON AVIS
Avant de griller le haddock : c'est une bonne chose – si vous en avez le temps – de le laisser macérer avec thym effeuillé, laurier émietté, romarin, jus de citron, poivre et un peu d'huile, pendant une heure ou deux, couvert d'une feuille d'aluminium dans le réfrigérateur.

1. **La purée,** étalée dans un plat à four, généreusement parsemée de gruyère râpé et de noisettes de beurre, prendra la suite du haddock sous le grilloir rougi. Elle y gratinera en quelques minutes.

Haddock poché

Très facile
Raisonnable
Prép. et cuisson : 25 mn

Pour 4, il faut :
800 g de haddock (ou de filets de poisson fumé)
½ l de lait
100 g de beurre
½ citron
Persil haché
Poivre

Menu maigre

Poireaux vinaigrette
*Haddock poché**
Riz nature
Yaourt
Salade de fruits

□ Lavez le haddock à grande eau. Égouttez-le. Mettez-le dans une casserole avec ½ litre de lait et ½ litre d'eau. Ne salez pas. Portez lentement à ébullition. Laissez-le frémir (sans bouillir vraiment) dans le court-bouillon, environ 15 minutes.

□ Égouttez le haddock. Placez-le dans un plat chaud. Arrosez-le de beurre juste fondu additionné de jus de citron, de persil haché et, facultativement, de poivre.

MON AVIS
Le véritable haddock n'est généralement pas trop salé. Le filet de poisson fumé, plus épais, peut l'être davantage. Tenez-en compte à la cuisson : augmentez la quantité d'eau ou de court-bouillon (non salé). L'excès de sel se dissoudra dedans.

Si vous le cuisez au four, sans court-bouillon, vous pouvez le mettre à mariner quelques heures avec du lait ou de l'huile et des aromates pour en adoucir la saveur.

Pour différencier le haddock des **filets de poisson fumé** – très bons également –, sachez que le haddock a encore sa peau, très fine, d'un seul côté, tandis que les autres filets sont dépouillés entièrement.

Hamburgers

Très facile
Raisonnable
Prép. et cuisson : 15 mn

Pour 4, il faut :
500 g de steak haché
1 échalote (ou gousse d'ail) hachée
1 cuil. à soupe de fines herbes
1 cuil. à soupe de moutarde forte
Sel, poivre

Pour cuisson :
Huile
Laurier
Thym
Romarin

Pour présenter :
4 petits pains ronds
4 feuilles de laitue
1 tomate
4 lamelles de gruyère (facultatif)

Menu

Avocat

*Hamburgers/salade**

Fromage blanc et pêches au sirop

□ Malaxez bien la viande hachée avec tous les aromates. Formez 4 steaks. Déposez-les sur une grande feuille d'aluminium.

□ Arrosez-les d'huile. Parsemez-les de laurier, thym, romarin. Laissez mariner un moment dans la feuille d'aluminium repliée.

□ Cuisez les steaks au gril ou à la poêle 3 ou 4 minutes de chaque côté. En fin de cuisson, mettez les pains fendus en deux sous le gril pour les réchauffer.

□ Présentez chaque steak dans un petit pain chaud garni d'une feuille de laitue, tranche de tomate et de gruyère (facultatif).

« **Originalisez** » **vos salades** avec :
– 1 ou 2 pincées de curry dans la vinaigrette ;
– quelques rondelles d'oignons mises à mariner un moment dans la sauce (retirez ou laissez les oignons ensuite, au choix !) ;
– un peu de jus d'orange. Excellent pour laitue, romaine et tomates. Dans ce cas, mettez moins de vinaigre.

MON AVIS
Vous pouvez très bien garnir vos petits pains de croquettes de veau haché ou d'épaisses tranches de jambon cuit rapidement sautées à la poêle.
Présentez à part une coupelle de maïs et de poivron finement coupé, assaisonnés d'une vinaigrette très relevée.

Harengs à l'huile (filets de)

Très facile
Raisonnable
Prép. : 15 mn
+ au frais : 2 ou 3 jours

Pour 4, il faut :
1 sachet de filets de harengs
½ l lait
2 oignons
1 carotte moyenne
Thym, laurier
1 petit piment fort (facultatif)
Grains de poivre
Grains de coriandre
1 gousse d'ail
Huile (tournesol ou arachide)

Menu

*Filets de harengs à l'huile**
Hachis Parmentier
Salade
Banane flambée au rhum

☐ Quelques heures à l'avance, mettez les filets dans du lait froid pour les ramollir, les réhydrater et les dessaler.

☐ Ensuite, essuyez-les soigneusement avec du papier absorbant. Déposez-les par couches, dans un récipient profond, en verre de préférence. Entre les filets, intercalez divers aromates, rondelles d'oignons, de carotte, thym, laurier, piment fort, grains de poivre, de coriandre, ail même...

☐ Couvrez d'une huile de goût neutre et mettez au réfrigérateur pendant 2 ou 3 jours avant de consommer.

MON AVIS
N'utilisez surtout pas de récipient en terre cuite qui conserve l'odeur du hareng. A moins que vous ne le réserviez exclusivement à la salade de harengs.

Harengs sauce Lucas (filets de)

Très facile
Raisonnable
Prép. et cuisson : 20 mn

Pour 4, il faut :
1 sachet de filets de harengs saurs (tout prêts [1])

Sauce Lucas :
3 œufs durs
1 échalote
Persil
1 cuil. à soupe de moutarde forte
Sel, poivre
5 cuil. à soupe d'huile
4 cuil. à soupe de vinaigre

Menu

Consommé
*Filets de harengs sauce Lucas**
Ramequins savoyards (p. 263)
Pommes au four

□ Faites durcir les œufs 10 minutes. Coupez-les en deux. Mettez les jaunes d'œufs de côté.

□ *Sauce Lucas :* hachez l'échalote et le persil. Mettez dans le mixer [2] avec les jaunes d'œufs durs, la moutarde, sel, poivre. Réduisez en purée, puis incorporez, petit à petit, 5 cuil. à soupe d'huile et enfin 4 cuil. à soupe de vinaigre pour obtenir une sauce onctueuse.

□ Essuyez les filets de harengs avec du papier absorbant. Coupez-les en morceaux. Disposez-les dans un plat avec la sauce. Décorez avec les blancs d'œufs durs finement hachés ou râpés en filaments.

MON AVIS
1. Pour gagner du temps, je vous indique ici l'usage de filets de harengs prêts à être consommés sans dessalage préalable. Ils sont conditionnés sous vide, dans des sachets de plastique. Il suffit de les essuyer avant de les accommoder.

2. A défaut de mixer, utilisez la fourchette pour écraser les jaunes d'œufs durs et votre fouet à sauce ou un batteur électrique pour « monter la sauce ».

Haricots berrichonne en gratin

Très facile
Économique
Prép. et cuisson : 30 mn

Pour 4, il faut :
1 boîte de haricots-grains
3 ou 4 cuil. à soupe de chapelure
50 g de gruyère râpé
30 g de beurre

Farce :
50 g de pain
Un peu de lait
1 gousse d'ail
Persil
Un reste de mouton cuit (200 g environ)
1 œuf
Sel, poivre

Menu

Filets de harengs à l'huile (p. 154)
*Haricots berrichonne en gratin**
Yaourt
Salade de fruits frais

☐ Égouttez les haricots. Rincez-les dans une casserole d'eau chaude pour les tiédir.

☐ *Farce :* mouillez le pain de lait. Passez-le à la moulinette ou au mixer avec ail, persil, viande, œuf, sel et poivre pour obtenir un fin mélange bien relevé.

☐ Étalez, par couches, dans un plat à gratin, haricots et farce. Saupoudrez de chapelure, gruyère et noix de beurre. Faites gratiner dans le haut du four très chaud.

MON AVIS
Il est évident que ce plat peut être préparé avec des haricots secs cuits à la maison selon la cuisson de base (voir p. 158). C'est plus long mais si savoureux. Et, en autocuiseur, cela ne demande guère plus de 30 minutes... un peu plus que le temps de préparer la farce de la recette.

Haricots blancs bretonne

Très facile
Économique
Prép. et cuisson : 15 mn

Pour 4, il faut :
1 boîte de haricots grains
1 oignon
25 g de beurre
1 cuil. à soupe rase de farine
1 tablette de bouillon de poulet
1 boîte de sauce tomate
Sel, poivre
Persil

Menu

Chou cru (blanc et rouge) râpé vinaigrette

Côtes de porc à la poêle

*Haricots blancs bretonne**

Fromage blanc et confiture

☐ Rincez les haricots sous l'eau très chaude pour les réchauffer. Laissez-les égoutter.

☐ Pendant ce temps, hachez l'oignon. Faites-le blondir légèrement avec 25 g de beurre. Puis saupoudrez d'une cuil. à soupe rase de farine. Mélangez pour laisser blondir légèrement.

☐ A l'aide du fouet à sauce, incorporez-y 1 verre d'eau, sauce tomate et tablette de bouillon, sel et poivre si vous le jugez utile.

☐ Mélangez la sauce obtenue aux haricots. Laissez mijoter ensemble, sur feu doux, quelques minutes. Saupoudrez de persil haché avant de servir.

Haricots secs (cuisson de base)

Très facile
Économique
Prép. et cuisson :
1 h 45 à 2 h
en autocuiseur :
5 mn + 30 mn

Pour 4, il faut :
500 g de haricots secs
1 carotte
1 oignon
2 clous de girofle
Bouquet garni
Sel, poivre
50 g de beurre
Persil

Menu

Côtelettes d'agneau grillées et cresson

*Haricots blancs persillés**

Yaourt

Compote de poires

☐ Après les avoir lavés, mettez les haricots dans une casserole d'eau froide non salée. Faites-les bouillir 15 minutes (en autocuiseur : 5 minutes). Égouttez-les.

☐ Remettez les haricots dans la casserole avec la carotte coupée en deux, l'oignon piqué de clous de girofle, bouquet garni. Emplissez d'eau bouillante. Couvrez et laissez mijoter de 1 heure à 1 heure 30 suivant les haricots (en autocuiseur : 30 minutes). Salez et poivrez à mi-cuisson seulement.

☐ Égouttez les haricots. Servez-les avec un bon morceau de beurre et pas mal de persil haché.

Les légumes secs doivent être salés à mi-cuisson seulement. Le sel mis au début durcirait la peau des légumes secs et entraînerait une cuisson plus longue.

Un haricot sec de l'année se casse tout net sous la dent. Plus vieux, il se casse irrégulièrement.

MON AVIS
Vous pouvez ajouter à vos haricots 1 ou 2 cuil. de crème fraîche ou du bon jus de viande.

Les haricots, ainsi préparés, font honneur au mouton : côtelette, épaule, ou au gigot des grands jours !

Hors-d'œuvre de langoustines à la rouille

Facile
Cher
Prép. et cuisson : 30 mn

Pour 4, il faut :
12 langoustines
Bouquet garni
Sel, poivre
200 g de petites pâtes (coquillettes ou torsades)
1 cuil. à soupe d'huile
1 laitue
4 petites tomates
12 olives noires
1 cœur de céleri-branche
Croûtons grillés

Sauce rouille :
2 ou 3 gousses d'ail
1 jaune d'œuf
Sel
1 petit piment fort ou cayenne
Tomate concentrée
¼ de litre d'huile (olive, de préférence)
1 cuil. à café d'eau

Menu soigné

*Hors-d'œuvre de langoustines à la rouille**
Rôti de dindonneau
Petits pois
Fromages
Fruits au sirop

Sancerre blanc ou rouge (frais)
Poivre d'âne – Brie
Bleu d'Auvergne

□ Mettez les langoustines à l'eau froide avec bouquet garni, beaucoup de sel et de poivre. Faites bouillir très doucement de 3 à 5 minutes, selon grosseur.

□ Faites bouillir les pâtes dans une grande quantité d'eau salée. Mélangez. Dès qu'elles sont cuites mais encore fermes sous la dent, égouttez-les. Mélangez-les aussitôt avec un peu d'huile pour qu'elles ne s'agglutinent pas en refroidissant.

□ *Sauce rouille :* pilez les gousses d'ail. Ajoutez-y jaune d'œuf, sel, piment écrasé ou cayenne et 1 cuil. à café de tomate concentrée. Avec le batteur électrique ou le mixer, travaillez jusqu'à ce que le mélange soit homogène. Puis ajoutez-y l'huile, presque goutte à goutte pour débuter. Quand la sauce commence à prendre, versez l'huile plus abondamment. Vers la fin, ajoutez 1 cuil. à café d'eau froide pour la stabiliser.

□ Mélangez un peu de rouille avec les pâtes. Disposez les feuilles de laitue sur un grand plat, les pâtes au centre. Garnissez le pourtour avec quartiers de tomates, langoustines, olives, céleri. Présentez le reste de rouille en saucière accompagnée de croûtons grillés à tartiner.

MON AVIS
Attention ! Avec certains mixers on ne peut réussir une sauce mayonnaise – ou apparentée – qu'en utilisant l'œuf entier. Et non le jaune seul comme il est dit dans cette recette.

Lapin à l'estragon

Très facile
Cher
Prép. et cuisson : 1 h 15
en autocuiseur : 25 mn

Pour 4, il faut :
1 lapin de 1,500 kg en morceaux
30 g de beurre
2 cuil. à soupe d'huile
Un peu de farine
3 échalotes
2 gousses d'ail
4 branches d'estragon
⅓ de bouteille de vin blanc sec
1 verre d'eau
Sel, poivre
250 g de champignons de Paris
100 g de crème fraîche

Menu soigné

Moules farcies (p. 182)
*Lapin à l'estragon**
Pommes nouvelles rissolées
Salade
Fromages
Tarte aux fraises

Côtes-de-Provence, blanc ou rosé
Saint-Émilion
Triple crème – Edam
Carré de l'Est

□ Faites roussir de toutes parts les morceaux de lapin (sans le foie, gardé à part) dans une poêle, avec 2 cuil. d'huile. Au fur et à mesure de la coloration, transvasez les morceaux dans une cocotte

□ Quand tous les morceaux sont dans la cocotte, ajoutez-y 30 g de beurre. Saupoudrez de farine. Mélangez sur feu vif.

□ Joignez-y les échalotes et gousses d'ail hachées, la moitié de l'estragon, vin, eau, sel, poivre. Couvrez et laissez mijoter 1 heure en tout (en autocuiseur : 25 minutes).

□ Nettoyez et coupez les champignons en lamelles. Ajoutez-les dans la cocotte à mi-cuisson.

□ Coupez finement dans la crème les feuilles d'estragon restantes, ajoutez 5 minutes avant la fin de cuisson. Servez après avoir ôté bouquet garni et tiges d'estragon.

MON AVIS
Le foie du lapin peut être très apprécié ou détesté. Il est donc préférable, si vous ne connaissez pas bien le goût de vos convives, de ne pas le joindre aux autres morceaux de lapin.

Mais si vous avez un amateur, vous pourrez ajouter le foie du lapin dans la cocotte pendant le dernier quart d'heure de cuisson.

Lapin aux pruneaux flamande

Très facile
Raisonnable
Prép. et cuisson : 2 h
+ marinage

Pour 4 à 6, il faut :
1 gros lapin de 3 livres ou plus
250 g de pruneaux dénoyautés
30 g de beurre
100 g de lard de poitrine fumé
250 g de petits oignons
1 cuil. à soupe d'huile
1 cuil. à soupe bombée de farine
Sel, poivre

Marinade :
1 bouteille de vin rouge
1 verre à apéritif de vinaigre ou de cognac
Bouquet garni
2 carottes
2 gros oignons
Poivre

Menu soigné

Coupelles de mâche/betterave/noix
*Lapin aux pruneaux flamande**
Pommes à l'anglaise
Fromages
Tarte chaude flambée (p. 321)

Fleurie ou Morgon
Camembert – Fourme d'Ambert
Maroilles

☐ *Marinade :* la veille, coupez le lapin en morceaux. Mettez-le à mariner dans un plat contenant vin, vinaigre ou cognac, bouquet garni, carottes et oignons en rondelles, poivre. Laissez tremper les pruneaux [1] dans un bol avec un peu de vin rouge.

☐ Deux bonnes heures avant le repas, faites revenir doucement au beurre, dans une grande cocotte, le lard coupé en dés et les oignons.

☐ Pendant ce temps, égouttez et épongez le lapin. Retirez lard et oignons de la cocotte. A leur place, mettez les morceaux de lapin et 1 cuil. d'huile. Quand ils sont dorés partout sur feu vif, saupoudrez-les de farine, sel et poivre. Mélangez. Recouvrez-les tout juste de marinade tamisée. Couvrez. Laissez mijoter sur le feu (ou dans le four doux th. 4/5, 45 minutes).

☐ Joignez alors le contenu de la cocotte : lardons, oignons, pruneaux et vin de macération. Remettez à mijoter 45 minutes supplémentaires (soit 1 heure 30 en tout).

MON AVIS
1. Le trempage des pruneaux n'est pas indispensable, car la plupart des pruneaux que l'on trouve à présent ont conservé un taux d'humidité suffisant pour être utilisés, sans trempage préalable. Cependant, quelques heures de macération dans un bon vin ne peuvent qu'ajouter à la saveur du plat auquel les pruneaux seront ajoutés.

Le **lièvre** peut être accommodé de la même façon, mais il faudra prolonger le temps de cuisson proportionnellement à l'âge de l'animal. C'est à vous d'en juger. Il est de tradition dans le Nord de la France d'accompagner le lièvre de pommes-fruits cuites au four, sans sucre, en plus des pommes de terre à l'anglaise.

Lapin en ratatouille

Très facile
Raisonnable
Prép. et cuisson : 1 h 30
en autocuiseur : 25 mn

Pour 4, il faut :
1 lapin de 3 livres (en morceaux)
2 cuil. à soupe d'huile
50 g de beurre
1 oignon
1 cuil. à soupe de farine
½ bouteille de vin blanc sec
Sel, poivre
Persil haché

Fondue de tomates :
500 g de tomates
2 poivrons doux
30 g de beurre
2 gousses d'ail
1 oignon
1 cuil. à soupe de tomate concentrée
1 petit piment fort
Bouquet garni
Sel, poivre

250 g de riz

Ajoutez **le riz** au bon moment pour le servir dès qu'il est cuit, sinon il risquerait d'absorber toute la sauce de cuisson et, trop cuit, deviendrait collant. Vous pouvez aussi cuire le riz complètement à part, soit « créole » (dans beaucoup d'eau) ou « pilaf » (au gras, avec deux fois son volume d'eau).

Menu soigné

Melon au porto
*Lapin en ratatouille**
Riz
Fromages
Marquise au chocolat (p. 173)

Tavel
Fromage du curé – Triple crème
Sainte-Maure

□ *Fondue de tomates :* épluchez et coupez les tomates en quartiers. Pressez-les légèrement pour les vider. Ouvrez les poivrons. Otez-en les pépins. Coupez-les en dés. Faites chauffer 30 g de beurre dans une poêle. Jetez-y l'ail et l'oignon hachés, les morceaux de tomates, de poivrons, le concentré, petit piment fort, bouquet garni, sel, poivre. Laissez cuire à feu vif, sans couvrir. A la fin, retirez-en le petit piment et le bouquet garni.

□ Pendant ce temps, dans une cocotte (ou autocuiseur), sur feu vif, faites bien roussir les morceaux de lapin avec un peu d'huile. Égouttez ensuite la graisse de cuisson.

□ Remettez 50 g de beurre dans la cocotte et l'oignon coupé en quatre. Quand il est doré, saupoudrez de farine. Mélangez sur feu vif. Versez dessus : vin, fondue de tomates, sel et un peu de poivre si nécessaire. Couvrez. Laissez mijoter 1 heure (en autocuiseur : 25 minutes).

□ *Cuisson du riz :* lavez le riz. Faites-le cuire dans beaucoup d'eau salée, 10 minutes seulement. Égouttez. Rincez sous le robinet. Égouttez encore bien à fond. Ajoutez le riz, encore ferme, dans la cocotte avec le lapin, 5 ou 7 minutes avant la fin de la cuisson. Présentez toute cette « ratatouille » dans un plat creux, le riz ayant absorbé la sauce en grande partie. Parsemez de persil haché.

Lapin paysanne en terrine

Très facile
Économique
Prép. et cuisson : 2 h 15
Thermostat : 5/6
+ marinade : 12 h

Pour 1 râble de lapin en morceaux, il faut :
750 g d'échine de porc
1 barde de lard
2 échalotes
2 gousses d'ail
Thym
1 feuille de laurier
3 clous de girofle
1 couenne de lard
Sel, poivre [1]

Marinade :
2 verres de vin blanc
1 verre à liqueur de cognac
1 carotte
1 oignon
1 gousse d'ail
1 cuil. à soupe d'huile
Bouquet garni
Poivre

Menu froid

Quiche lorraine (p. 258)
*Lapin paysanne en terrine**
Salade verte
Fromages
Pudding aux pêches et aux amandes (p. 253)

Bourgogne blanc ou Bouzy
Fontainebleau
Chaource – Rigotte

☐ *Marinade :* laissez le lapin macérer, au frais, une nuit entière avec tous les éléments de la marinade. Couvrez. Retournez plusieurs fois.

☐ *Le lendemain :* hachez la viande de porc. Incorporez-y sel, poivre et une partie de la marinade passée pour obtenir un mélange moelleux, mais pas trop liquide. Garnissez le fond de la terrine avec une barde de lard. Tassez dessus une couche de hachis, les morceaux de lapin égouttés, non désossés, bien serrés les uns contre les autres. Recouvrez avec le reste de hachis. Posez dessus échalotes, gousses d'ail, brins de thym, laurier, clous de girofle. Recouvrez avec la couenne et le couvercle.

☐ Faites cuire au bain-marie, à four moyen (thermostat 5/6) 1 heure 30 environ. Otez le couvercle 15 minutes avant la fin pour laisser dorer la surface.

☐ Servez froid, le lendemain, dans la terrine.

MON AVIS
C'est parce que le lapin n'a pas été désossé que cette terrine rustique a si bon goût. Les os produisent, à la cuisson, un jus savoureux qui se transforme en gelée en refroidissant.
Un inconvénient : cette terrine ne peut être coupée en tranches, à cause des os. Servez-la avec une fourchette solide (fourchette à rôti) pour en détacher de savoureux morceaux.

1. Pour une terrine bien assaisonnée, comptez de 15 à 20 g de sel et 2 g de poivre par kilo de viande (lapin + porc haché).

Lapin sauté mentonnaise

Très facile
Raisonnable
Prép. et cuisson : 1 h 30
en autocuiseur : 25 mn

Pour 4 ou 5, il faut :
1 lapin de 1,500 kg coupé en morceaux
2 gros oignons
2 aubergines
2 courgettes
3 poivrons
2 cuil. à soupe d'huile d'olive
750 g de tomates
1 cuil. à soupe de concentré de tomate
2 gousses d'ail
Sel, poivre
30 g de beurre

Pour décorer :
Une dizaine d'olives noires dénoyautées

Menu soigné

Tomates bruxelloise (p. 332)
*Lapin sauté mentonnaise**
Salade de Mesclum
Fromages
Mousse aux fraises (p. 186)

Côtes-de-Provence ou, mieux, vin de Bellet
Citeaux – Chèvretons de Mâcon
Reblochon

□ Coupez les oignons en rondelles, les aubergines et les courgettes en morceaux, les poivrons en lanières. Faites revenir le tout à la cocotte avec 2 cuil. à soupe d'huile, sur feu vif. Ajoutez ensuite les tomates épluchées et épépinées, concentré de tomate, ail, sel, poivre.

□ Avec 30 g de beurre, faites dorer le lapin dans une poêle. Quand les morceaux sont bien colorés, déposez-les sur les légumes. Salez, poivrez et laissez mijoter 45 minutes ou 1 heure (en autocuiseur : 25 minutes).

□ Déposez le lapin dans un plat creux, au chaud. Vérifiez l'assaisonnement de la ratatouille et, si nécessaire, remettez-la quelques minutes sur feu vif pour qu'elle épaississe. Versez-la sur le lapin. Décorez le plat avec quelques olives dénoyautées.

MON AVIS
Pour obtenir un sauté savoureux, choisissez un lapin de 3 livres environ. S'il est plus petit, sa chair sera fade, et s'il est beaucoup plus gros, il court le risque d'être filandreux. Alors vous ne ferez pas un bon sauté d'un très gros lapin mais par contre, il vous donnera une excellente terrine.

Lasagnes « al forno »

Facile
Raisonnable
Prép. et cuisson : 45 mn

Pour 4 à 6, il faut :
200 g de lasagnes larges
100 g de parmesan
ou gruyère

Sauce à la viande :
200 g de steak haché
30 g de beurre
1 tranche de lard
de poitrine (50 g)
1 carotte
1 oignon
1 branche de céleri
Persil
100 g de champignons
1 cuil. à café
de tomate concentrée
1 tablette de bouillon
Sel, poivre

Béchamel :
50 g de beurre
50 g de farine
¾ l de lait
1 pincée de muscade
Sel, poivre

Menu soigné

*Lasagnes « al forno »**
Côtes d'agneau grillées
Salade
Diplomate à la confiture (p. 104)

Chianti
ou Côtes-du-Rhône

☐ *Sauce à la viande :* faites rissoler la viande hachée avec le beurre, le lard coupé menu, hachis de carotte, oignon, céleri et persil. Puis, ajoutez les champignons coupés, tomate concentrée, un bol de bouillon. Salez légèrement, poivrez. Laissez mijoter doucement 20 minutes.

☐ *Béchamel :* faites fondre le beurre sur feu doux. Délayez-y la farine sur le feu jusqu'à ce que le mélange mousse légèrement. Ajoutez le lait froid d'un seul coup, sel, poivre, muscade. Mélangez au fouet jusqu'à ébullition. Laissez mijoter 5 minutes.

☐ Faites cuire les lasagnes. Laissez-les ensuite égoutter côte à côte sur un linge. Puis disposez-les, par couches, dans un plat à four profond, en alternant : lasagnes, sauce à la viande, béchamel, fromage râpé. Terminez par du gruyère. Mettez à gratiner.

MON AVIS
Cette recette peut se préparer entièrement à l'avance et se réchauffer en gratinant juste avant le repas. Elle peut aussi devenir plat principal d'un repas simple pour le soir.

Légumes à la grecque

Court-bouillon de base :
10 petits oignons
1 gousse d'ail
2 citrons
1 verre de vin blanc sec
½ verre d'huile
12 grains de coriandre
6 grains de poivre
1 brin de fenouil
Bouquet garni
½ verre d'eau

□ Faites bouillir doucement le court-bouillon de base 15 minutes puis ajoutez-y le légume de votre choix. Laissez cuire le temps indiqué sur le tableau ci-dessous :

Artichauts
10 à 12 fonds frais
Cuisson à la grecque :
30 mn

□ Coupés en 4 ou 8, débarrassés des feuilles et du foin, citronnés au fur et à mesure pour éviter le noircissement.

Cœurs, en boîte
Cuisson à la grecque :
5 mn

□ Entiers dans la grecque.

Bettes
1 kg
Cuisson à la grecque :
45 mn

□ Tiges effeuillées. Puis pelées à l'économe, coupées en tronçons de 1 cm, mises à l'eau bouillante 2 minutes et égouttées.

Champignons
500 g
Cuisson à la grecque :
6 à 8 mn

□ Nettoyés (mais non épluchés), entiers, ou coupés en quatre s'ils sont gros.

Chou-fleur
(1 petit)
Cuisson à la grecque :
10 mn

□ En petits bouquets, 5 minutes à l'eau bouillante. Égouttés.

Fenouil
(4 bulbes)
Cuisson à la grecque :
45 mn

□ Grattés à l'économe, coupés en 4, plongés 10 minutes dans l'eau bouillante, égouttés.

Oignons *(petits)*
(400 g)
Cuisson à la grecque :
15 mn

□ Épluchés, entiers. Si les petits oignons sont anciens, ébouillantez-les quelques minutes avant de les cuire dans la grecque.

En variante : *vous pouvez ajouter à la « grecque » classique 1 cuil. à soupe de tomate concentrée (ou 300 g de tomates fraîches), pour obtenir la grecque tomatée utilisée couramment par les traiteurs.*

Lotte en daube

Facile
Cher
Prép. et cuisson : 1 h

Pour 4, il faut :
1,200 kg de lotte
(en 4 morceaux)
Sel, poivre
2 cuil. à soupe
de farine
1 cuil. à soupe
d'huile
30 g de beurre
10 petits oignons
Bouquet garni
2 verres de vin rouge
1 verre d'eau
125 g de champignons

Menu maigre

Crevettes-beurre
*Lotte en daube**
Macaronis au jus (de daube)
Fromage
Salade de fruits

☐ Salez et poivrez les tronçons de lotte. Roulez-les dans la farine.

☐ Dans une cocotte, faites chauffer un peu d'huile. Mettez-y les morceaux de poisson à dorer, de toute part, à feu très vif. Ajoutez ensuite 30 g de beurre et les oignons. Laissez revenir légèrement.

☐ Joignez, dans la cocotte, bouquet garni, 2 verres de vin et 1 verre d'eau. Couvrez. Laissez mijoter 45 minutes. 10 minutes avant la fin de la cuisson, jetez dans la cocotte les champignons nettoyés et coupés en lamelles. Goûtez pour vérifier l'assaisonnement.

☐ Égouttez les morceaux de lotte. Tenez-les au chaud, dans un plat creux. Retirez le bouquet garni et faites réduire la sauce sur feu vif 5 minutes. Versez sur la lotte et servez.

MON AVIS
Le vin rouge peut être remplacé, si vous préférez, par du vin blanc sec.

Lotte sauce Suchet

Facile
Cher
Prép. et cuisson : 45 mn

Pour 4, il faut :
800 g à 1 kg de lotte
½ carotte
1 blanc de poireau
1 branchette de céleri
30 g de beurre
1 verre de vin blanc sec
1 verre d'eau
Sel, poivre

Sauce :
20 g de beurre
1 cuil. à café de farine
Bouillon de cuisson
(2 verres environ)
100 g de crème fraîche
Sel, poivre

Menu soigné maigre

Soupe de poissons
*Lotte sauce Suchet**
Pommes vapeur
Salade
Tarte au citron meringuée (p. 322)

Blanc de Blancs de Provence

□ Coupez la lotte en tronçons. Lavez et essuyez les morceaux avec du papier absorbant.

□ Coupez en fins bâtonnets carotte, poireau et céleri. Faites-les cuire doucement dans une casserole couverte, avec une noix de beurre, pendant 5 minutes. Déposez dessus les morceaux de lotte. Ajoutez 1 verre de vin blanc sec, autant d'eau, sel, poivre. Couvrez. Portez lentement à ébullition et laissez cuire 10 minutes dans le bouillon juste frémissant (non bouillant).

□ Placez les morceaux de lotte dans le plat de service. Tenez-le au chaud. Passez le bouillon de cuisson en conservant les légumes que vous disposerez sur le poisson.

□ *Sauce :* dans une petite casserole, mélangez beurre et farine, sur feu doux. Ajoutez-y le bouillon de cuisson de la lotte en fouettant jusqu'à ébullition. Laissez mijoter 2 minutes, très doucement. Puis incorporez la crème fraîche, sel et poivre si vous le jugez nécessaire. Versez sur le poisson et présentez à table.

MON AVIS
Vous pouvez mélanger un jaune d'œuf à la crème avant d'incorporer celle-ci dans la sauce très chaude, en fouettant sans arrêt. Ne remettez plus sur le feu ensuite.

Macaronis au gratin

Très facile
Économique
Prép. et cuisson : 30 mn

Pour 4, il faut :
250 g de macaronis
Sel
100 g de gruyère râpé
25 g de beurre

Béchamel :
30 g de beurre
1 cuil. à soupe de farine
½ l lait
Sel, poivre
Muscade

Menu

Bœuf en daube (p. 32)
*Macaronis au gratin**
Scarole
Compote de pruneaux (p. 120)

□ Jetez les pâtes (macaroni ou autres grosses pâtes) dans beaucoup d'eau bien salée, en ébullition. Mélangez. Laissez bouillir, sans couvrir, juste le temps indiqué sur le paquet. Égouttez aussitôt.

□ *Béchamel :* mélangez beurre et farine sur feu doux. Puis incorporez-y le lait froid d'un seul coup, en fouettant jusqu'à ébullition (la sauce ne doit pas être trop épaisse. Au besoin rajoutez-y un peu de lait). Ajoutez sel, poivre et 1 pincée de muscade râpée. Puis, hors du feu, les ⅔ du gruyère.

□ Au fond d'un plat à feu creux, étalez une légère couche de sauce puis les pâtes. Recouvrez avec le reste de sauce. Parsemez de gruyère et de noisettes de beurre. Faites gratiner 15 minutes environ.

Si **les pâtes** doivent être passées au four avec une sauce – ce qui est le cas pour cette recette –, écourtez légèrement leur cuisson à l'eau et égouttez-les quand elles sont encore un peu fermes.

MON AVIS
Une sauce Béchamel destinée à un gratin ne doit pas être trop épaisse. Si vous avez eu la main trop lourde en farine, ajoutez un peu de lait, avant le gruyère. Vous pouvez préparer le gratin entièrement d'avance et le mettre à réchauffer et gratiner juste avant le repas.

Maquereaux au vin blanc

Très facile
Économique
Prép. et cuisson : 45 mn
+ marinage

Pour 4, il faut :
8 ou 12 petits maquereaux (lisettes)

Court-bouillon :
⅓ de bouteille de vin blanc sec
1 verre de vinaigre
1 verre d'eau
1 carotte en rondelles
2 oignons en rondelles
1 gousse d'ail
Bouquet garni
12 grains de coriandre
Sel, poivre

Menu

*Maquereaux au vin blanc**
Croquettes milanaise (p. 98)
Salade
Crème au café (p. 88)

☐ *Court-bouillon :* mettez tous les éléments du court-bouillon à bouillir pendant 15 minutes. Laissez refroidir.

☐ Ouvrez un peu le ventre des maquereaux avec des ciseaux de cuisine pour les vider sans les déformer. Laissez-leur la tête. Lavez et essuyez-les avec du papier absorbant. Déposez-les serrés dans un plat à four les contenant juste.

☐ Versez dessus le court-bouillon et ses aromates. Couvrez de papier d'aluminium. Portez très doucement jusqu'à ébullition. Retirez aussitôt du feu. Laissez refroidir complètement dans le court-bouillon avant de déguster.

MON AVIS
Les maquereaux marinés sont meilleurs le lendemain et même le surlendemain. Mais laissez-les attendre dans le réfrigérateur.

Marmite de queue de bœuf au madère

Très facile
Économique
Prép. et cuisson : 3 h 15
en autocuiseur : 1 h

Pour 4, il faut :
1 queue de bœuf en tronçons (1 kg à 1,500 kg)
Sel
3 poireaux
3 carottes
2 navets
1 branche de céleri
1 oignon
4 clous de girofle
1 gousse d'ail
Bouquet garni
1 verre à vin de madère
12 fines tranches de baguette
50 g de beurre

4 bols individuels

Menu

*Marmite de queue de bœuf au madère et ses légumes**

Fromage

Salade d'oranges, bananes, ananas et kiwis

☐ Mettez dans un faitout d'eau froide (ou autocuiseur) les tronçons de queue de bœuf ficelés ensemble. Portez à ébullition. Jetez cette première eau. Remettez dans le faitout et recouvrez à nouveau d'eau froide (2 litres environ). Salez et reportez sur le feu.

☐ Épluchez et lavez les légumes. Coupez-les en morceaux. Jetez-les dans le bouillon en ébullition ainsi que les aromates : oignon piqué de clous de girofle, ail et bouquet garni. Couvrez et laissez cuire 3 heures (en autocuiseur : 1 heure).

☐ Ajoutez le madère 5 minutes avant la fin de la cuisson.

☐ Beurrez les tranches de pain. Faites-les dorer sous le grilloir quelques minutes.

☐ Présentez séparément le bouillon dans les bols avec les croûtons, puis la viande et les légumes.

MON AVIS
Quelques pommes de terre cuites à part – à l'eau ou à la vapeur – et ajoutées à cette marmite en feront le plat unique du repas.

Marmite de veau zurichoise

Très facile
Cher
Prép. et cuisson : 20 mn

Pour 4, il faut :
500 g de veau
(filet mignon ou noix)
1 cuil. à soupe rase
de farine
250 g de champignons
40 g de beurre
1 cuil. à soupe d'huile
1 oignon
Sel, poivre
1 cuil. à café
(ou à soupe)
de paprika doux
1 verre de vin blanc sec
100 g de crème fraîche
épaisse
Persil haché

Menu soigné

Aspics de légumes *(p. 23)*
*Marmite de veau zurichoise**
Pâtes fraîches
Fromages
Framboises ou fraises Melba [1] *(p. 221)*

Beaujolais Villages ou
Gewurztraminer (plus original)
Chèvre frais – Cîteaux
Bondon de Neufchâtel

□ Nettoyez les champignons et coupez-les en lamelles.

□ Tranchez la viande en bandelettes minces et étroites à l'aide d'un grand couteau très aiguisé. Farinez-les légèrement ; faites-les dorer dans une sauteuse avec 25 g de beurre et l'huile. Ajoutez-y l'oignon haché vers la fin pour qu'il dore sans brûler. Mélangez sur feu vif avec sel, poivre et paprika. Retirez la viande de la sauteuse. Tenez-la au chaud.

□ A la place, faites revenir les champignons avec une noix de beurre, pendant 2 ou 3 minutes. Arrosez de vin blanc. Mélangez sur feu vif avec la crème fraîche pendant quelques instants, sans couvrir.

□ Quand la sauce est suffisamment onctueuse, remettez les lamelles de viande dedans et mélangez-les pour les enduire de sauce. Versez-les aussitôt dans un petit poêlon chaud (ou une cocotte en porcelaine à feu). Saupoudrez de persil et présentez à table.

MON AVIS
La cuisson de ces fines lamelles de veau doit être commencée à feu très vif, sinon la viande mal saisie rendrait un jus grisâtre dans lequel elle « bouillonnerait » et durcirait.

1. **Les framboises ou les fraises Melba** se préparent comme les pêches Melba (p. 221) à la différence près qu'on n'a pas à les peler...

Marquise au chocolat

Facile
Raisonnable
Prép. : 20 mn
+ au réfrigérateur : 12 h

Pour 4 à 6, il faut :
100 g de beurre mou
80 g de sucre glace
2 œufs
150 g de chocolat amer

1 moule rond très profond (charlotte ou bol à mixer)

Menu réception

Cocktail de crevettes (p. 65) [1]
Poule-au-pot (p. 244) [1]
Riz créole [1]
Salade de cresson/échalote [1]
Fromages
*Marquise au chocolat**

Muscadet de Sèvre-et-Maine
Côtes-de-Fronsac
Caprice des Dieux – Tomme de Savoie
Morbier

☐ Beurrez généreusement le moule. Tamisez le sucre glace pour écraser les grumeaux qui peuvent s'y trouver. Séparez le blanc des jaunes d'œufs.

☐ Mettez à ramollir au bain-marie le chocolat cassé dans une petite casserole. Quand il est très mou, mélangez-y rapidement le beurre par noisettes. Retirez du bain-marie en cours d'opération pour que le beurre ne fonde pas trop.

☐ Incorporez, toujours hors du feu, les jaunes d'œufs, puis la moitié du sucre glace.

☐ Fouettez les blancs en neige. A mi-opération, ajoutez-y le reste du sucre. Continuez de battre jusqu'à ce qu'ils soient extrêmement fermes. Amalgamez-y le chocolat tiède, avec précaution pour ne pas faire retomber les blancs. Versez dans le moule beurré et mettez dans le réfrigérateur jusqu'au lendemain.

☐ *Démoulage :* trempez le moule dans l'eau chaude pendant quelques secondes. Passez la lame d'un couteau à l'intérieur pour décoller la crème. Retournez sur un plat rond. Remettez dans le réfrigérateur jusqu'au dessert. Saupoudrez de sucre glace juste avant de servir.

MON AVIS
Pour une jolie présentation : plaquez verticalement des langues de chat, très serrées, contre la marquise démoulée. Ceinturez d'un ruban (cellophane ou tissu) pour les maintenir collées.

1. **Organisation :** en dehors de la marquise au chocolat, préparez le plus de choses d'avance :
– cocktail de crevettes : les crevettes seront mélangées à la mayonnaise et conservées dans le réfrigérateur, séparément ;
– la laitue ciselée non assaisonnée, mise dans un bol couvert ;
– le cresson peut attendre au froid dans le saladier contenant la vinaigrette, à condition de ne pas mélanger ;
– la poule, cuite quelques heures avant le repas, attendra dans son bouillon.
Il ne restera, au dernier moment, que les cocktails de crevettes à disposer dans les verres, le riz à cuire et la sauce à faire.

Mayonnaise-mousseline au roquefort

Facile
Raisonnable
Prép. : 15 mn

Pour 4, il faut :
50 g de roquefort
3 cuil. à soupe de fromage blanc égoutté
Sel, poivre

Mayonnaise :
1 jaune d'œuf
1 cuil. à café de moutarde forte
Sel, poivre
1 pincée de cayenne (facultatif)
1 tasse à thé d'huile

Menu soigné maigre

Pissaladière (p. 231)
Colin froid/salade [1]
*Mayonnaise-mousseline au roquefort**
Fromages
Mousse glacée au fraises (p. 186)

Côtes-de-Provence blanc ou rosé

☐ Passez le roquefort au tamis pour l'obtenir très finement écrasé. Incorporez-le à 3 cuil. à soupe de fromage blanc bien égoutté (fromage à la louche, de préférence).

☐ *Mayonnaise :* fouettez ensemble jaune d'œuf, moutarde, peu de sel, poivre et cayenne, pendant quelques instants. Puis ajoutez-y l'huile peu à peu au départ, plus rapidement ensuite (œuf et huile à la même température).

☐ Délayez ensemble la mayonnaise et le mélange roquefort-fromage, sans précaution particulière. Si nécessaire, salez et poivrez encore, mais à la fin seulement, car le roquefort étant lui-même très salé, ce n'est qu'après l'avoir incorporé que vous pouvez bien doser votre assaisonnement.

MON AVIS
Cette savoureuse mayonnaise accompagne aussi bien des œufs durs, des asperges ou des fonds d'artichauts que le poisson froid. Vous pouvez même en offrir avec des crudités telles que céleri-branche, tomates et feuilles croquantes d'une salade romaine.

1. **Le colin froid,** entier ou en tranches, déposé sur un lit de feuilles de salade, sera entouré de légumes plus ou moins variés, afin d'en faire le plat principal de votre repas froid. Parmi ceux-ci : tomates, fonds d'artichauts, cœurs de palmier, avocats, bâtonnets de céleri-branche et même petites pommes de terre s'accommoderont bien avec la mayonnaise au roquefort.

Merlans marchand de vin

Très facile
Économique
Prép. et cuisson : 25 mn
Thermostat : 8/9

Pour 4, il faut :
4 beaux merlans
Un peu de farine
Sel, poivre
2 verres de vin rouge
2 échalotes
2 cuil. à soupe de chapelure
30 g de beurre

Menu maigre

Salade de tomates
*Merlans marchand de vin**
Rizotto de fruits de mer (p. 266)
Yaourt

□ Lavez et essuyez les poissons vidés (non étêtés). Roulez-les dans la farine. Disposez-les bien serrés dans un plat à four les contenant juste. Ajoutez : sel, poivre, vin rouge.

□ Hachez les échalotes. Mettez autour des poissons. Parsemez de chapelure et de noix de beurre. Enfournez à four très chaud (th. 8/9) de 15 à 20 minutes.

MON AVIS
La sauce au vin rouge prend une couleur violine. Si vous n'aimez pas cela, vous pouvez ajouter très peu de tomate concentrée pour la rendre plus rouge.

Morue (cuisson de base)

Facile
Raisonnable
Dessalage : 12 h à 24 h
Cuisson :
jusqu'à ébullition

Pour 4, il faut :
500 à 600 g de filets de morue ou 1,500 kg de morue entière
Sel
1 oignon
Bouquet garni

Menu froid maigre

Pizza (p. 232)
Saladier de morue [1]
Fromage blanc à la crème
Coupes glacées aux pêches

☐ Faites dessaler la morue : déposez-la dans une passoire à pieds ou sur une grille (peau en surface). Plongez le tout dans beaucoup d'eau froide. Ainsi, le poisson ne touchera pas le fond où le sel se déposera petit à petit, évitant d'être ressalé au fur et à mesure. Renouvelez l'eau plusieurs fois pendant le temps de dessalage (en filets : 2 heures ; entière : 24 heures).

☐ Mettez-la morue à cuire doucement à l'eau froide avec sel, oignon, bouquet garni. Retirez du feu juste avant l'ébullition. Laissez-la tiédir et même refroidir complètement dans son court-bouillon.

MON AVIS
La **morue entière,** complètement aplatie, plus ou moins séchée, toujours très salée, est la plus appréciée des amateurs car elle a beaucoup de goût.

1. La morue étant cuite, vous pourrez en faire une **salade-plat-unique,** pour un repas d'été : Effeuillez la morue dans un saladier. Arrosez-la d'une abondante vinaigrette rehaussée d'½ verre de vin blanc sec, moutarde forte, gousse d'ail pilée, hachis de fines herbes, de poivron, d'olives hachées, et pas mal de poivre. Tout cela marinera au frais. Puis, au moment de servir, vous pourrez y mélanger le contenu d'une boîte de haricots grains (préalablement rincés et bien égouttés). Et voilà pour le « **saladier de morue** ».

Morue au gratin

Facile
Raisonnable
Prép. et cuisson : 50 mn
+ dessalage : 12 h

Pour 4, il faut :
500 à 600 g de filets de morue
800 g de pommes de terre
Sel
25 g de beurre

Court-bouillon :
Bouquet garni
1 oignon
3 clous de girofle
1 gousse d'ail
Un peu de sel

Sauce Mornay :
30 g de beurre
1 cuil. à soupe bombée de farine
½ l de lait
Sel, poivre
75 g de gruyère râpé

Menu maigre

Potage
*Morue au gratin**
Salade verte
Crêpes à la confiture

☐ La veille, mettez la morue à dessaler dans beaucoup d'eau froide plusieurs fois renouvelée.

☐ *Cuisson :* laissez cuire la morue dessalée dans le court-bouillon légèrement salé. Retirez du feu dès qu'il commence à bouillir. Faites bouillir les pommes de terre avec leur peau, 30 minutes.

☐ *Sauce Mornay :* faites fondre, sur feu doux, le beurre. Ajoutez-y la farine. Délayez sur le feu pendant quelques secondes jusqu'à ce que le mélange soit mousseux. Ajoutez d'un seul coup le lait froid. Salez et poivrez. Mélangez jusqu'à ébullition. Laissez cuire à feu extrêmement doux 5 minutes. Hors du feu, incorporez 50 g de gruyère râpé.

☐ Épluchez et coupez les pommes de terre en rondelles. Effeuillez la morue. Dans un grand plat à four (genre sabot) déposez, par couches : la moitié de la sauce Mornay, pommes de terre, morue, reste de sauce, de gruyère râpé et des noisettes de beurre. Faites gratiner.

Morue à la lyonnaise

Très facile
Raisonnable
Prép. et cuisson : 45 mn
+ dessalage
de la morue : 12 h

Pour 4, il faut :
400 à 500 g de filets de morue
5 ou 6 pommes de terre cuites
2 ou 3 oignons
70 g de beurre
Sel, poivre
2 cuil. à soupe de vinaigre de vin
2 cuil. à soupe de persil haché

Menu maigre

Chou blanc râpé vinaigrette

*Morue à la lyonnaise**

Fromage

Mousse au chocolat

☐ La morue étant préparée selon la recette de base (p. 176), gardez-la au chaud dans son court-bouillon.

☐ Coupez les oignons en rondelles. Faites-les dorer à la poêle sur feu moyen, avec la moitié du beurre.

☐ Pendant ce temps, pelez les pommes de terre et coupez-les en rondelles pas trop fines. Mettez-les dans la poêle, à la place des oignons. Rajoutez le reste de beurre pour les faire sauter. Salez et poivrez.

☐ Au fond d'un plat de service chaud, disposez la morue effeuillée. Étalez dessus pommes de terre et oignons mélangés. Tenez au chaud.

☐ Dans la poêle vide, versez le vinaigre et le persil. Faites bouillir quelques secondes en grattant le fond de la poêle. Versez sur le plat et servez.

MON AVIS
Un des agréments de cette recette est de pouvoir se préparer avec des restes, ses proportions n'étant pas immuables.

Morue à la moutarde

Très facile
Raisonnable
Prép. et cuisson : 50 mn
+ dessalage : 12 h

Pour 4, il faut :
500 à 600 g de filets de morue
50 g de beurre
1 ou 2 cuil. à soupe de moutarde forte
1 cuil. à soupe de persil haché

Court-bouillon :
Bouquet garni
1 oignon
3 clous de girofle
1 gousse d'ail
Sel

Menu maigre

Bigorneaux/beurre

*Morue à la moutarde**

Salade scarole/pommes de terre

Beignets (p. 27)

☐ La veille, dessalez la morue, puis cuisez-la comme indiqué dans la recette de base (p. 176).

☐ Égouttez et épongez la morue refroidie. Faites-la sauter, de part et d'autre, à la poêle, dans le beurre chaud.

☐ Puis tartinez-la de moutarde. Parsemez de persil. Mélangez délicatement sur le feu quelques instants et servez.

MON AVIS
Pour aller plus vite, les filets peuvent être exceptionnellement dessalés à l'eau tiède ou sous l'eau courante. Comptez tout de même 5 ou 6 heures et renouvelez l'eau très souvent.

Morue à la portugaise

Très facile
Raisonnable
Prép. et cuisson : 1 h
+ dessalage : 12 h
Thermostat : 5/6

Pour 4, il faut :
500 à 600 g de filets de morue
3 ou 4 oignons
50 g de beurre ou d'huile d'olive
2 cuil. à soupe de concentré de tomates ou 250 g de tomates
2 gousses d'ail
Sel, poivre
Bouquet garni
4 cornichons

Menu maigre

Chou rouge vinaigrette
*Morue à la portugaise**
Spaghetti
Fromage
Fruits au sirop

☐ *Dessalage :* la veille, mettez les filets de morue dans beaucoup d'eau froide renouvelée plusieurs fois.

☐ *Cuisson :* faites revenir les oignons hachés avec 30 g de beurre ou d'huile. Puis, mélangez-y 2 cuil. à soupe de concentré de tomates (ou les tomates fraîches, pelées et épépinées) et l'ail écrasé. Laissez revenir 5 minutes. Étalez dans un plat à feu.

☐ Essuyez les filets de morue dessalés. Coupez-les en carrés. Disposez-les sur les tomates. Ajoutez un peu de sel, poivre, bouquet garni, noisettes de beurre ou filet d'huile. Mettez à four moyen (th. 5/6) de 30 à 40 minutes. Retournez les morceaux de morue de temps en temps pour qu'ils restent enrobés de sauce.

☐ Quelques minutes avant la fin de la cuisson, ajoutez les cornichons en rondelles.

La morue de qualité se reconnaît à sa chair ferme, aux feuillets bien marqués. Sa couleur dépend du degré de salaison, de vieillissement : elle peut aller du blanc pur au jaune un peu ambré. Mais sachez que plus elle est colorée, plus sa saveur est accentuée. A vous de choisir selon votre goût.

Mouclade

Facile
Raisonnable
Prép. et cuisson : 50 mn

Pour 4, il faut :
4 l de grosses moules
(ou 2 kg de « Bouchot »)
2 échalotes ou 1 oignon
1 verre de vin blanc sec
Poivre

Sauce :
30 g de beurre
1 cuil. à soupe de farine
½ l de jus de cuisson des moules
1 gousse d'ail
Sel, poivre
½ citron
1 jaune d'œuf
Persil haché

Menu maigre

Salade niçoise (p. 286)
*Mouclade**
Timbale de riz nature
Yaourt aux fruits

☐ Grattez et lavez bien les moules. Mettez-les dans une cocotte avec échalotes hachées (ou oignon) et vin blanc. Mettez-les en cocotte couverte, sur feu vif, pendant quelques minutes. Mélangez. Dès qu'elles sont ouvertes, retirez-les de la cocotte en conservant le jus. Déposez-les dans un plat creux. Gardez-les au chaud au-dessus d'une casserole d'eau bouillante (ou à four très doux).

☐ Passez le jus à travers un tamis métallique garni de papier absorbant pour éliminer tout le sable.

☐ *Sauce :* mélangez, sur le feu, 30 g de beurre et 1 cuil. à soupe de farine. Ajoutez ½ litre de jus de cuisson des moules et la gousse d'ail hachée. Remuez jusqu'à ébullition. Salez et poivrez si nécessaire. Laissez mijoter quelques minutes. Puis, hors du feu, incorporez au fouet jus de citron et jaune d'œuf. Versez sur les moules. Saupoudrez de persil haché et servez.

MON AVIS
Si vous n'êtes pas trop pressée, ôtez une écaille à chaque moule cuite, avant de les disposer sur le plat de service. Ce petit effort est valable car vous vous salirez moins les doigts avec la sauce quand vous les dégusterez.

Donnez un parfum exotique à la mouclade en y ajoutant de la poudre de curry. Ce ne sont pas les Vendéennes qui vous le reprocheront puisqu'elles le font couramment.

Moules farcies en escargot

Très facile
Raisonnable
Prép. et cuisson : 35 mn
+ au dernier moment : 10 mn

Pour 4, il faut :
48 grosses moules de Méditerranée
200 g de beurre
1 belle échalote
1 gousse d'ail
Persil
150 g de mie de pain
Sel, poivre

Menu soigné

*Moules farcies en escargot**
Côtes d'agneau grillées vert pré [1]
Pommes chips/cresson
Fromages
Far aux pruneaux (p. 116)

Côtes-de-Provence blanc ou rosé
Haut-Médoc
Tartare – Carré de l'Est
Saint-Gorlon

☐ Grattez et lavez les moules à grande eau. Faites-les ouvrir sur feu vif, dans une cocotte couverte, avec une noix de beurre. Secouez la cocotte deux ou trois fois au cours de la cuisson. Dès que les moules sont ouvertes, retirez-les du feu. Détachez la coquille vide de chaque moule.

☐ Émiettez le pain à la moulinette. Hachez échalote, ail, persil. Malaxez le tout avec 175 g de beurre, sel, poivre. Recouvrez de farce chaque moule dans sa coquille. Rangez-les au fur et à mesure dans des plats individuels (plats à œufs ou à escargots). Mettez au réfrigérateur.

☐ Au moment du repas, faites gratiner dans le haut du four très chaud, 10 minutes tout au plus. Servez aussitôt.

MON AVIS
Si vous utilisez de grosses moules de Hollande, contenant des mollusques de petite taille – c'est ce qui les caractérise –, achetez-en le double afin de pouvoir grouper 2 moules dans chaque écaille.

Les moules farcies offrent l'avantage de pouvoir être entièrement préparées plusieurs heures à l'avance. Au moment du repas, il suffit de les faire gratiner à four très chaud.

1. Les **côtes d'agneau** sont **vert pré** parce que disposées sur un lit de verdure – du cresson en l'occurrence – et de pommes chips. Vert pré, c'est une appellation qui arrange joliment de simples côtes d'agneau !

Moules marinière comme aux halles

Très facile
Économique
Prép. et cuisson : 45 mn

Pour 4, il faut :
4 l de moules de Hollande
2 échalotes
½ verre de vin blanc sec (facultatif)
Poivre
Persil

Menu maigre

Potage

*Moules marinière comme aux halles**

Pommes vapeur persillées

Riz au lait (p. 265)

☐ Grattez et lavez bien les moules. Mettez-les dans une cocotte avec échalotes hachées et vin blanc (facultatif). Faites-les ouvrir, cocotte couverte, sur feu vif, pendant quelques minutes. Mélangez pendant la cuisson.

☐ Dès qu'elles sont ouvertes, retirez les moules de la cocotte, en conservant le jus de cuisson. Déposez-les dans un plat creux. Gardez-les au chaud au-dessus d'une casserole d'eau bouillante.

☐ Passez le jus de cuisson des moules à travers un tamis métallique garni de papier absorbant pour éliminer tout le sable. Remettez-le sur le feu. Laissez bouillir un instant. Poivrez, mais ne salez pas. Versez sur les moules. Saupoudrez de persil haché et servez.

Les moules fraîches sont bien lourdes. Cognez-les du doigt : elles doivent sonner « plein » car elles contiennent beaucoup d'eau. Refusez les moules cassées ou ouvertes. Si certaines ne se sont pas ouvertes à la cuisson, il vaut mieux les jeter car elles sont douteuses (une moule morte ne s'ouvre pas... mais une moule insuffisamment cuite non plus...).

MON AVIS
Un peu de crème fraîche épaisse mélangée en dernière minute à la sauce restée sur le feu, ce n'est pas désagréable. Et si vous disposez d'un peu de temps encore, retirez une écaille à chaque moule. Arrangez-les en rosace, dans un plat creux, avant de les arroser de sauce.

4 litres de moules de Hollande équivalent à peu près à 2 kg de petites moules de Bouchot, plus pleines et plus charnues. Ce sont les meilleures, selon moi.

Mousse de champignons en chapeaux

Très facile
Raisonnable
Prép. et cuisson : 20 mn

Pour 4, il faut :
750 g de gros champignons de Paris, très frais
½ l lait
Sel, poivre
2 pincées de muscade
1 cuil. à soupe de jus de citron
1 cuil. à soupe rase de Maïzena (ou fécule)
Crème fraîche (facultatif)

Menu soigné

*Mousse de champignons en chapeaux**
Escalopes à l'avocat (p. 83)
Pommes nouvelles rissolées
Salade
Fromages
Coupe de fraises au vin et Chantilly

Saumur – Champigny
Chèvre frais – Reblochon Saint-Marcellin [1]

☐ Nettoyez les champignons sans les peler. Lavez-les rapidement et essuyez-les. Détachez la tête des 8 plus gros pour les farcir ultérieurement. Mettez tous les champignons (grosses têtes comprises) dans une casserole avec le lait, sel, poivre et muscade râpée. Laissez bouillir doucement 10 minutes. Ne couvrez pas car le lait pourrait déborder.

☐ Égouttez les champignons cuits (le lait de cuisson servira pour une Béchamel ou un potage). Gardez les 8 têtes à part, au chaud. Mettez le reste dans le mixer avec jus de citron et Maïzena ou fécule. Couvrez et mixez jusqu'à ce que vous obteniez une purée très fine à laquelle pourra être mélangée de la crème fraîche.

☐ Répartissez la purée obtenue dans les « chapeaux » de champignons bien chauds. Servez-les aussitôt en entrée, ou comme garniture de poisson ou de viande.

1. Le **saint-marcellin** est un petit fromage de vache rond et plat que l'on trouve toute l'année. Choisissez-le un peu souple (à moins que vous ne le préfériez sec...), à la croûte fine et bleutée et sentant bon le lait. Sa saveur et son odeur ne sont pas agressives.

MON AVIS
Si vous mixez la totalité des champignons, vous obtiendrez une farce très fine tout indiquée pour fourrer des fonds d'artichauts, des crêpes, une omelette, des paupiettes de veau ou de volaille.

Mousse de cresson

Très facile
Raisonnable
Prép. et cuisson : 15 mn

Pour 4, il faut :
4 bottes de cresson
Sel, poivre
1 quartier de citron pelé à vif
1 cuil. à soupe rase de Maïzena ou de fécule
2 cuil. à soupe de crème fraîche très ferme

Menu soigné

Truites à la ciboulette (p. 335)
*Mousse de cresson**
Selle d'agneau rôtie [1]
Pommes sautées
Fromages
Pêches chaudes flambées au kirsch

Riesling – Coteaux-du-Tricastin
Mimolette
Bleu d'Auvergne

☐ Mettez à bouillir une casserole d'eau bien salée.

☐ Lavez à grande eau les feuilles de cresson (vous utiliserez les tiges pour un potage). Réservez une vingtaine de feuilles pour la fin. Plongez les autres dans la casserole d'eau en ébullition, sans les couvrir pour qu'elles restent vertes.

☐ Au bout de 2 minutes d'ébullition, égouttez-les bien à fond. Essorez-les avec un linge. Mettez-les encore très chaudes, dans le bocal du mixer. Ajoutez-y les feuilles crues mises de côté, le citron coupé (sans peau du tout), la Maïzena ou fécule et la crème fraîche. Poivrez légèrement. Couvrez et mixez pour obtenir une purée mousseuse.
Présentez aussitôt cette mousse de cresson avec une viande blanche, des filets de poisson ou même des œufs pochés ou durs.

1. **Organisation : la selle d'agneau,** cuite en premier dans le four, attendra sans refroidir (pendant la cuisson des truites, 10 minutes au four) si vous l'enveloppez de plusieurs épaisseurs d'aluminium.
Vous pouvez remettre la selle dans le four chaud éteint, à la suite des truites.

MON AVIS
Tranchez net les bottes de cresson non déficelées, juste à la base des feuilles, avant de les laver. C'est une façon rapide de les préparer pour cette recette.

Mousse aux fraises

Très facile
Raisonnable
Prép. : 10 mn
+ au freezer ou compartiment à glaçons (thermostat réglé au plus froid) :
3 h au moins

Pour 4 à 6, il faut :
150 g de crème fraîche
⅛ l de lait
non bouilli (125 g)
500 g de fraises
100 g de sucre en poudre
1 sachet de sucre vanillé
½ citron (jus)

1 petit saladier
4 à 6 coupelles

Menu soigné

Persillade d'anchois (p. 223)
Poulet au citron vert et à l'orange (p. 247)
Riz sauté
Salade verte aux chevrotins grillés (p. 55)
*Mousse aux fraises**

Côtes-du-Rhône rosé
(Tavel – Chusclan – etc.)

□ Entreposez la crème et le lait au froid un moment avant de les travailler. Lavez et équeutez les fraises. Mixez-les avec les sucres et le jus de citron pour obtenir une purée lisse et liquide.

□ Fouettez ensemble la crème fraîche et le lait très froids pour obtenir une crème mousseuse, tenant bien aux branches du fouet.

□ Incorporez délicatement la purée de fraises à la crème fouettée, à l'aide d'une spatule. Versez dans le saladier. Mettez au freezer 3 heures au moins. Pour servir, disposez la mousse, par cuillerées, dans des coupes individuelles.

MON AVIS
Hors saison, cette mousse peur être préparée avec des fraises surgelées. Mais elle n'aura pas la même finesse que lorsqu'elle est faite avec des fraises fraîchement cueillies.

Mousse froide de saumon

Facile
Cher
Prép. et cuisson :
1 h 15 la veille
+ 30 mn le jour même
Thermostat : 6/7

Pour 6 à 8, il faut :
750 g de saumon
(frais ou congelé)
1 œuf + 1 jaune
100 g de crème fraîche
½ citron
Cayenne

Béchamel épaisse :
40 g de beurre
40 g de farine
¼ l de lait
Sel, poivre

Garniture :
1 laitue
8 petites tomates
4 œufs durs
1 concombre
16 olives noires et vertes

Vinaigrette
1 bol de mayonnaise

1 moule à cake de 24 cm

Menu réception

*Mousse froide de saumon**
Côte de bœuf sauce béarnaise (p. 298)
Pommes chips [1]
Fromages
Pêches Melba (p. 221)

Savennières
Saint-Émilion
Chabichou – Bleu d'Auvergne
Monsieur Fromage

□ *Béchamel épaisse :* mélangez dans une casserole, sur feu doux, 40 g de beurre et 40 g de farine. Ajoutez ¼ de litre de lait froid d'un seul coup, sel, poivre. Fouettez jusqu'à ébullition. Retirez du feu.

□ Débarrassez le saumon cru (décongelé) de la peau et des arêtes. Mixez-le avec 1 ou 2 pincées de cayenne et la Béchamel. Vérifiez l'assaisonnement. Versez dans un moule beurré. Faites cuire au bain-marie, dans le four chaud (th. 6/7), 40 minutes environ. Mettez au froid jusqu'au lendemain.

□ Le jour même : préparez mayonnaise et vinaigrette. Tapissez un plat de feuilles de laitue. Disposez dessus la mousse de saumon en tranches. Garnissez le tour avec des rondelles de tomates, concombre, œufs durs et olives. Arrosez légèrement de vinaigrette. Présentez la mayonnaise à part.

1. **Les pommes chips** sont meilleures servies tièdes. Réchauffez-les dans leur sachet, à four très doux.

MON AVIS
Cette entrée froide est pratique car, étant faite la veille, elle vous décharge du souci de la préparation du premier plat, le jour de votre réception.

Mousse de haricots blancs

Très facile
Raisonnable
Prép. et cuisson :
5 à 10 mn

Pour 4, il faut :
3 grands bols de haricots cuits (reste ou boîte)
3 verres de lait
Sel, poivre
Quelques pincées de quatre épices ou de muscade
1 cuil. à soupe de Maïzena
2 cuil. à soupe de crème fraîche

Menu

Salade de choucroute crue (p. 280)
Côtes de porc à la poêle
*Mousse de haricots blancs**
Œufs au lait (p. 197)

☐ Faites chauffer le lait avec sel, poivre, muscade ou 4 épices et Maïzena. Mélangez. Ajoutez-y les haricots cuits et bien égouttés s'il y a lieu de les réchauffer.

☐ Versez le tout, très chaud, dans le bocal du mixer, ainsi que la crème fraîche. Mixez à plusieurs reprises pendant 4 ou 5 secondes à grande vitesse. Présentez la mousse de haricots avec de l'agneau ou du porc.

☐ *En variante :* des haricots mange-tout peuvent être mélangés pour moitié avec les haricots grains et passés au mixer.

MON AVIS
Les haricots peuvent, sans inconvénient, être cuits la veille et réchauffés pour faire la mousse. Si vous cuisez spécialement des haricots pour cette recette (200 g), rappelez-vous que les haricots secs subissent une première cuisson de 15 minutes à l'eau bouillante non salée, puis une deuxième cuisson de 2 bonnes heures à l'eau bouillante, avec bouquet garni, oignon et clous de girofle. Salez à mi-cuisson seulement.

Mouton

1 Gigot
2 Selle
3 Filet
4 Carré couvert
5 Épaule
6 Carré découvert
7 Collier
8 Poitrine

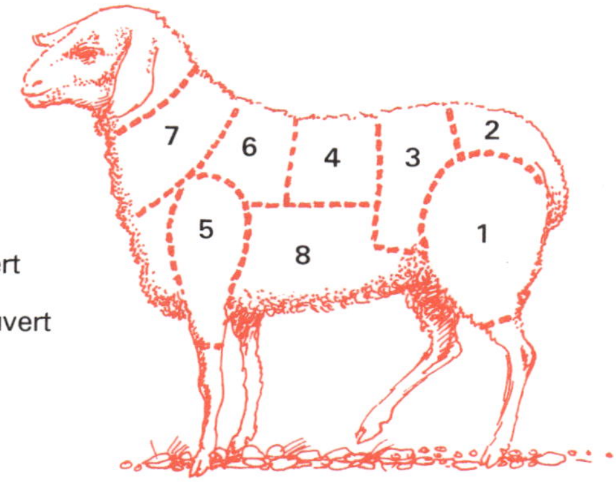

Le choix des morceaux	Temps de cuisson	Caractéristiques
Gigot et selle :	au four (th. 7-8) 10/12 mn par livre + 10 mn de repos avant découpage	Rarement vendu entier, le gigot est détaillé en « gigot raccourci » et « selle ». Celle-ci est vendue entière ou en tranches.
Carré : comportant 13 côtes	au four (th. 7-8) 15 mn au total + 10 mn de repos	Pour faciliter le découpage, le boucher pourra découvrir le manche des côtes et fendre l'os des vertèbres à la base.
Épaule : – désossée et roulée – avec os, en gigot	au four (th. 6-7) 15/20 mn par livre à la cocotte (feu moyen) 20/25 mn par livre	**Désossée et roulée,** elle ne donne pas de belles tranches une fois cuite. **Rôtie avec os** (en gigot), elle est bien meilleure mais difficile à découper. **En morceaux,** elle fait de bons ragoûts assez maigres.
Côtelettes : – filet – premières – secondes – découvertes (à griller)	à la poêle (feu vif) 3/4 mn de chaque côté au gril/barbecue (feu vif) 2/3 mn de chaque côté	
Ragoûts : – collier – épaule – haut de côtelettes – poitrine **Brochettes :** – poitrine – épaule – collier	– en cocotte (feu doux) 1 h 30 à 1 h 45 – en autocuiseur de 30 à 35 mn – au gril et barbecue 7 à 8 mn (tournez la brochette)	**Collier :** goûteux, moelleux et assez maigre. De prix raisonnable. **Épaule :** maigre et chère pour les ragoûts. **Haut de côtelettes et poitrine :** avantageux et savoureux mais gras. Recommandés pour barbecue et gril.

Œufs basquaise

Très facile
Raisonnable
Prép. et cuisson : 1 h 30

Pour 4, il faut :
8 œufs
30 g de beurre
4 tranches fines de jambon cru
Quelques rondelles de chorizo
Sel, poivre

Fondue de tomates :
750 g de tomates
30 g d'huile d'olive (ou beurre)
2 poivrons doux
2 gousses d'ail
Sel, poivre

Menu

Melon
*Œufs basquaise**
Spaghetti
Fromage blanc aux fruits

□ *Fondue de tomates :* pelez et coupez les tomates en quatre. Pressez-les légèrement. Epépinez les poivrons. Coupez-les en lanières. Faites-les revenir à feu vif dans une cocotte contenant l'huile ou le beurre. Ajoutez l'ail coupé, les tomates, sel et poivre. Couvrez. Laissez cuire à feu moyen 1 heure environ. A mi-cuisson, ôtez le couvercle pour laisser évaporer le jus.

□ Faites fondre 30 g de beurre dans une poêle. Mettez dedans les tranches de jambon à rissoler doucement sur une seule face, puis retournez-les. Cassez les œufs dessus. Laissez cuire jusqu'à ce que le blanc soit pris. Salez modérément et poivrez.

□ Disposez la fondue dans un plat long. Mettez dessus les œufs posés sur les tranches de jambon. Décorez le plat avec des rondelles de chorizo.

MON AVIS
Vous trouverez peut-être pratique de cuire la fondue d'avance car, dans ce cas, 20 minutes suffiront pour préparer votre repas, soit cuire les spaghetti et terminer les œufs basquaise.

Œufs à cheval

Très facile
Économique
Prép. et cuisson : 15 mn

Pour 4, il faut :
400 g de beefsteak haché
1 cuil. à soupe de moutarde
Persil haché
Sel, poivre
Farine
1 cuil. à soupe d'huile
50 g de beurre
4 œufs

Menu

Carotte et céleri râpés citronnette

*Œufs à cheval**

Petits pois (en boîte)

Pain perdu *(p. 212)*

□ Malaxez la viande hachée avec moutarde, persil, sel, poivre. Formez 4 croquettes aplaties. Farinez-les légèrement. Faites-les cuire à la poêle avec 1 cuil. d'huile et 25 g de beurre, 3 minutes de chaque côté, sur feu vif puis modéré.

□ Dans une autre poêle (ou la même poêle parfaitement nettoyée) contenant une grosse noix de beurre, cassez 4 œufs. Laissez cuire sur feu moyen jusqu'à ce que le blanc soit pris. Salez, poivrez. Déposez ces œufs-plat « à cheval », un sur chaque croquette.

MON AVIS
Raffiné : pour obtenir des œufs au plat parfaitement ronds, cuisez-les comme d'habitude puis, pour égaliser les bords, coupez-les dans la poêle avec un emporte-pièce, tel qu'en use le pâtissier pour faire des petits sablés.

Œufs cocotte bergère

Très facile
Raisonnable
Prép. et cuisson : 15 mn
Thermostat : 8/9

Pour 4, il faut :
4 ou 8 œufs
1 boîte de champignons de Paris
1 tranche de jambon maigre (facultatif)
30 g de beurre
60 à 80 g de roquefort
2 ou 4 cuil. à soupe de crème fraîche
Poivre
Un peu de sel

4 ou 8 ramequins

Menu soigné maigre

*Œufs cocotte bergère**
Truites meunière
Pommes vapeur persillées
Salade d'endives/pommes-fruits
Fromages
Pêches arrosées de crème cassis

Vin d'Alsace
Brillat-Savarin – Banon de brebis – Chaource

☐ Hachez finement les champignons égouttés ainsi que le jambon. Mettez à chauffer dans les ramequins avec une noisette de beurre.

☐ Écrasez le roquefort avec la crème pour l'assouplir. Poivrez. Salez très légèrement.

☐ Étalez ce hachis au fond des ramequins. Cassez 1 œuf dans chacun.

☐ Faites cuire au bain-marie dans le four très chaud (th. 8/9) de 6 à 8 minutes. Vous pouvez cuire l'œuf cocotte au bain-marie, sur le feu, mais dans ce cas, couvrez. Le temps de cuisson sera un peu plus long : une dizaine de minutes en tout.

MON AVIS
Si vous utilisez des champignons frais, hachez-les crus, puis cuisez-les 5 minutes avec un peu de beurre, citron, sel et poivre, sur feu moyen. Égouttez-les bien avant de les étaler au fond des ramequins.

Œufs cocotte Petit Duc

Très facile
Raisonnable
Prép. et cuisson : 20 mn
Thermostat : 8/9

Pour 4, il faut :
4 ou 8 œufs
30 g de beurre
1 petite boîte de pointes d'asperges (format ¼)
Sel, poivre

Sauce Mornay :
1 cuil. à soupe rase de farine
20 g de beurre
2 verres de lait
50 g de gruyère râpé
100 g de crème fraîche
Sel, poivre

4 ou 8 ramequins

Menu soigné

*Œufs cocotte Petit Duc**
Poulet sauté aux raisins frais (p. 248)
Salade
Fromages
Poires au chocolat (p. 233)

Bourgueil
Banon – Bondon de Neufchâtel – Morbier

□ Égouttez les pointes d'asperges. Épongez-les avec du papier absorbant. Beurrez bien les ramequins. Couvrez le fond de pointes d'asperges. Cassez 1 œuf dessus. Salez et poivrez.

□ Déposez les ramequins ainsi garnis dans un plat à feu contenant un peu d'eau froide pour les cuire au bain-marie, à four très chaud (th. 8/9), jusqu'à ce que les blancs soient pris (de 6 à 8 minutes).

□ *Sauce Mornay :* pendant ce temps, mélangez sur feu doux le beurre et la farine. Ajoutez le lait froid d'un seul coup, sel, poivre. Remuez au fouet jusqu'à ébullition. Laissez mijoter 2 minutes. Hors du feu, incorporez le gruyère râpé et la crème fraîche.

□ Démoulez un ou deux œufs sur chaque assiette. Versez la sauce dessus et servez.

Si vous hésitez à allumer votre four pour une cuisson très courte, sachez que vous pouvez cuire les **œufs cocotte sur le feu,** toujours au bain-marie. Couvrez soigneusement chaque cocotte d'une feuille d'aluminium pour éviter toute déperdition de chaleur en surface. Comptez 1 ou 2 minutes supplémentaires pour obtenir le blanc d'œuf opaque.

MON AVIS
Avec une sauce trop épaisse votre plat serait un peu étouffe-chrétien. Mais si elle est trop fluide, versez-en un peu sur les œufs et présentez le reste en saucière.

Œufs durs farcis

Très facile
Économique

à la moutarde

Pour 6 œufs durs, il faut :
1 cuil. à soupe de moutarde forte
2 ou 3 cornichons
50 g de beurre mou
Sel, poivre
1 citron

Décor : *laitue*

□ Coupez les œufs durs en deux. Mélangez les jaunes écrasés avec moutarde, cornichons hachés, beurre, sel, poivre et jus de citron. Emplissez généreusement les demi-blancs d'œufs avec cette farce. Servez sur de la laitue.

à la ciboulette

Pour 6 œufs durs, il faut :
50 g de beurre mou
2 cuil. à soupe de ciboulette hachée
Sel, poivre
Poivre de cayenne

Décor :
12 radis
laitue

□ Coupez les œufs durs en deux. Écrasez les jaunes à la fourchette ou au tamis. Incorporez-y le beurre, ciboulette, sel, poivre et 1 pincée de cayenne. Tassez dans les demi-blancs d'œufs, avec un radis au milieu. Placez sur des feuilles de laitue.

aux olives

Pour 6 œufs durs, il faut :
8 ou 10 olives vertes ou noires
Persil
50 g de beurre mou
1 cuil. à soupe de moutarde forte
Sel, poivre
6 filets d'anchois

Décor :
Salade
Tomates
Crudités diverses

□ Hachez les olives et le persil. Malaxez avec le jaune des œufs durs, le beurre, la moutarde forte, sel, poivre. Emplissez-en les demi-blancs d'œufs pour obtenir une forme bombée. Déposez sur chacun ½ filet d'anchois. Présentez-les sur des feuilles de salade, entourés de tomates et de crudités diverses.

Œufs durs farcis au roquefort

Facile
Raisonnable
Prép. et cuisson : 30 mn

Pour 4, il faut :
6 œufs
75 g de roquefort
25 g de beurre

Sauce :
25 g de beurre
1 cuil. à soupe de farine
⅓ l de lait
100 g de crème fraîche
25 g de gruyère râpé
Sel, poivre

Menu maigre

Velouté de tomates

*Œufs durs farcis au roquefort**

Purée

Salade de fruits

□ Faites durcir les œufs 10 minutes dans de l'eau en ébullition. Puis plongez-les dans l'eau froide.

□ *Sauce :* pendant la cuisson des œufs, mélangez, sur feu doux, le beurre et la farine, jusqu'à ce que la préparation mousse légèrement. Incorporez-y le lait froid d'un seul coup, sel, poivre. Remuez jusqu'à ébullition. Laissez mijoter 2 minutes. Hors du feu, incorporez la crème fraîche et le gruyère râpé.

□ Écalez les œufs. Coupez-les en deux. Retirez-en les jaunes. Malaxez-les avec le roquefort et une noix de beurre mou. Emplissez-en les blancs d'œufs en donnant une forme bombée. Mettez les œufs farcis dans un plat à feu. Recouvrez-les de sauce. Faites gratiner quelques instants.

MON AVIS
Ne salez pas trop la sauce car le gruyère que vous y mélangez est un fromage bien salé, de même que le roquefort dont les œufs sont farcis.

Œufs durs mimosa

Facile
Bon marché
Prép. et cuisson : 20 mn

Pour 4, il faut :
4 œufs
Laitue
Persil haché

Mayonnaise :
1 jaune d'œuf
½ cuil. à café
de moutarde forte
Sel poivre
1 verre d'huile
Un peu de vinaigre

Menu froid

*Œufs durs mimosa**
Poulet froid
Pommes chips
Camembert [1]
Salade de fruits

☐ Faites bouillir les œufs 10 minutes. Plongez-les aussitôt dans l'eau froide.

☐ *Mayonnaise :* mettez dans un bol jaune d'œuf (pas trop froid), moutarde, sel, poivre. Incorporez-y peu à peu l'huile en filet puis, plus rapidement, sans cesser de fouetter. (Dans un mixer, il faut mettre l'œuf entier.)

☐ Écalez les œufs durs refroidis. Coupez-les en deux. Retirez-en les jaunes. Écrasez 3 jaunes seulement et mélangez-les avec du persil et de la mayonnaise. Remplissez-en les demi-blancs d'œufs. Recouvrez avec le reste de mayonnaise. Émiettez le jaune restant, dessus.

☐ Présentez sur des feuilles de laitue.

MON AVIS
Attendez que les œufs soient tout à fait froids pour les accommoder, sinon la mayonnaise tournerait et vous obtiendriez un triste mélange. Le mieux est de les cuire à l'avance. Une fois refroidis et garnis, ils pourront attendre plusieurs heures dans le réfrigérateur.

1. N'hésitez pas à consommer du *camembert* en été car malgré les fortes chaleurs on en trouve de très bons, la qualité du lait étant à son optimum à cette saison. Mais l'automne et la fin du printemps sont également favorables au camembert, pour les mêmes raisons.

Un **bon camembert** se reconnaît à sa croûte légèrement duveteuse, blanchâtre mais abondamment striée de brun. Tâtez-le délicatement dessus et sur le pourtour, il doit être souple mais assez résistant pour ne pas se crever. Un camembert à la croûte fendue est trop avancé : il sera coulant et malodorant... ne l'achetez qu'en solde et consommez-le sur-le-champ.

Œufs au lait

Très facile
Économique
Prép. et cuisson : 30 mn
+ refroidissement
Thermostat : 6/7

Pour 4 à 6, il faut :
½ l de lait
3 à 4 cuil. à soupe de sucre
1 sachet de sucre vanillé
1 pincée de sel
3 œufs

4 à 6 ramequins ou
1 moule à soufflé moyen

Menu maigre

Potage
Coques aux coquillettes (p. 73)
Salade verte
*Œufs au lait**

□ Allumez le four à thermostat 6/7.

□ Faites bouillir le lait avec les sucres et la pincée de sel.

□ Battez les œufs en omelette dans un saladier. Incorporez-y le lait bouillant, peu à peu, sans cesser de fouetter. Répartissez le mélange dans les ramequins ou le moule.

□ Déposez sur la plaque creuse du four contenant 2 cm d'eau. Faites cuire à four chaud (th. 6/7) environ 20 minutes. Retirez du feu aussitôt. Servez froid, sans démouler.

MON AVIS
Quand une peau blonde, un peu ferme, s'est produite à la surface, la crème est assez cuite. Ne laissez pas bouillir car la crème tournerait.

Un blanc d'œuf inutilisé peut entrer dans la composition de ces œufs au lait. Mettez alors 2 œufs entiers seulement qui, avec le blanc restant, vous donneront un dessert économique.

Œufs en matelote

Facile
Économique
Prép. et cuisson : 1 h

Pour 4, il faut :
4 œufs
2 tranches de pain de mie

Sauce matelote :
100 g de petits oignons blancs
100 g de lard de poitrine, en dés
30 g de beurre
1 cuil. à soupe rase de farine
1 verre de vin rouge
1 verre d'eau
1 échalote
1 gousse d'ail
200 g de champignons
Bouquet garni
1 clou de girofle
Sel, poivre

Meurettes et matelotes se ressemblent comme des sœurs. Leur base : le vin, blanc ou rouge, servant à préparer le court-bouillon dans lequel pocheront des œufs ou des poissons de rivière à chair ferme. Comme toutes les spécialités campagnardes, meurettes et matelotes peuvent varier par le détail.

Menu

Carottes et céleri râpés, vinaigrette

*Œufs en matelote**

Pommes de terre vapeur

Gâteau de riz au caramel

☐ *Sauce matelote :* faites dorer les oignons et les lardons dans une petite casserole avec 1 noix de beurre. Puis retirez-les de la casserole.

☐ Mettez à fondre le reste de beurre dans la casserole. Délayez-y la farine jusqu'à ce que la préparation mousse légèrement. Mouillez avec 1 verre de vin et 1 verre d'eau. Remuez, au fouet, jusqu'à ébullition. Remettez-y les oignons et lardons. Ajoutez échalote et ail hachés, les champignons en quartiers, bouquet garni, clou de girofle, sel, poivre. Laissez mijoter doucement, sans couvrir, 30 minutes environ.

☐ Faites griller les tranches de pain. Coupez-les en 2 triangles.

☐ *Œufs mollets :* faites-les bouillir 5 à 6 minutes seulement. Égouttez-les et écalez-les très délicatement. Plongez-les dans la sauce très chaude pendant quelques instants. Otez le bouquet garni. Présentez-les dans un plat creux et chaud, entourés des croûtons grillés.

MON AVIS
La sauce matelote peut être faite entièrement à l'avance, ce qui vous fera gagner trois quarts d'heure au moins. Au moment du repas, vous la mettrez à réchauffer pendant la préparation des œufs mollets (que vous pouvez remplacer par des œufs pochés ou de simples œufs durs chauds).

Œufs au plat roquefortaise

Très facile
Raisonnable
Prép. et cuisson : 20 mn

Pour 4, il faut :
8 œufs
4 fines tranches de pain de mie
75 g de beurre
100 g de roquefort
100 g de crème fraîche
Poivre

4 plats à œufs

Menu maigre

Crudités de saison
*Œufs au plat roquefortaise**
Gratin de légumes (p. 144)
Quatre-quarts/confiture

□ Dans une grande poêle, faites blondir les tranches de pain, des 2 côtés, avec 50 g de beurre, sur feu plutôt doux.

□ Pendant ce temps, malaxez à la fourchette le roquefort avec la crème fraîche. Poivrez mais ne salez pas.

□ Beurrez les plats à œufs. Dans chacun, déposez une tranche de pain brûlante. Tartinez-les avec le mélange roquefort/crème. Laissez chauffer quelques instants sur feu doux avant de casser les œufs dessus. Quand le blanc est pris et le jaune assez chaud, retirez du feu et servez.

MON AVIS
Pour vos œufs au plat, utilisez des œufs très frais. On les reconnaît – quand on les casse – à leur jaune qui ne s'étale pas, restant très bombé et solide sur le blanc.

Œufs pochés en meurette

Facile
Économique
Prép. et cuisson : 45 mn

Pour 4, il faut :
8 œufs
4 tranches de pain de mie
2 gousses d'ail
1 cuil. à soupe très pleine de farine
25 g de beurre mou

Court-bouillon :
1 oignon
15 g de beurre
½ l de vin rouge
½ l d'eau
1 gousse d'ail
Sel, poivre
Bouquet garni

Menu maigre

Radis croque-au-sel
*Œufs pochés en meurette**
Pâtes fraîches au fromage
Compote de fruits

☐ *Court-bouillon :* faites blondir dans une casserole l'oignon haché avec un peu de beurre. Ajoutez-y tous les éléments du court-bouillon : laissez bouillir doucement sans couvrir, 15 mn.

☐ Pendant ce temps, faites griller le pain. Frottez-le d'ail.

☐ Retirez le bouquet garni du court-bouillon. Faites pocher les œufs dedans : cassez 4 œufs, avec précaution, très près du court-bouillon frémissant. Retirez-les avec une écumette, au bout de 3 minutes. Laissez-les égoutter sur une grille ou un linge, pendant la cuisson des 4 autres œufs. Tenez au chaud.

☐ Tamisez le court-bouillon. Remettez-le sur le feu.

☐ Malaxez à la fourchette 1 cuil. à soupe de farine avec même volume de beurre mou. Incorporez par petits morceaux dans le court-bouillon. Remuez au fouet jusqu'à ébullition. Laissez cuire doucement 2 minutes.

☐ Placez 2 œufs sur chaque tranche de pain grillée. Arrosez de sauce et servez.

MON AVIS
Vous trouverez peut-être plus rassurant de pocher les œufs, à part, dans une casserole d'eau vinaigrée frémissante plutôt que directement dans le court-bouillon au vin. C'est une opinion que je respecte !

Raffinement : vous pouvez égaliser le tour de l'**œuf poché** en coupant avec un emporte-pièce assez large, ou plus simplement avec un couteau.
Tous les « chefs » font cela !

Oie en fricassée

Très simple
Économique
Prép. et cuisson : 1 h 45
en autocuiseur : 35 à 40 mn

Pour 4, il faut :
1 kg d'oie (en morceaux)
250 g de carottes
250 g de navets
1 oignon
1 cuil. à soupe d'huile
45 g de beurre
1 cuil. à soupe rase de farine
1 ou 2 gousses d'ail
Bouquet garni
Sel, poivre
500 g de pommes de terre, à chair ferme

Menu

Salade composée [1]
(laitue, maïs, germes de soja, radis)
Oie (ou dinde) en fricassée aux légumes*
Fromage

☐ Épluchez carottes, navets, oignon et coupez-les en gros dés.

☐ Dans une cocotte, faites dorer les morceaux d'oie de toute part avec 1 cuil. d'huile et 15 g de beurre, sur feu vif. Puis retirez-les pour égoutter la graisse de cuisson.

☐ Remettez à fondre 30 g de beurre dans la cocotte. Laissez-y revenir un instant les morceaux de légumes. Saupoudrez de farine. Mélangez bien. Ajoutez l'oie. Couvrez d'eau bouillante juste à hauteur des morceaux. Ajoutez ail, bouquet garni, sel, poivre. Couvrez. Laissez mijoter 1 heure environ (en autocuiseur : 25 minutes).

☐ Au bout de ce temps, joignez-y les pommes de terre épluchées et coupées en quatre. Laissez cuire 30 minutes supplémentaires (en autocuiseur : de 10 à 15 minutes). Présentez l'oie et ses légumes dans un plat creux, chaud.

MON AVIS
Les morceaux de dinde – que l'on trouve également dans les grandes surfaces – se préparent de la même façon. On peut y joindre des abattis, encore moins chers, pour obtenir un plat vraiment avantageux et très bon.

1. **Salade composée :** présentée dans de petites assiettes individuelles, elle doit être plaisante à voir. Variez-en les couleurs. Elle doit être également facile à déguster : coupez la salade en lanières, les radis en rondelles, la betterave rouge en dés ou en bâtonnets, par exemple. Composez et variez ces salades selon la saison (et le contenu de votre réfrigérateur...) pour en faire, à bon compte, une entrée appétissante.

Oie rôtie à la choucroute

Très facile
Raisonnable
Prép. et cuisson :
Cuisson de l'oie : 2 h 30
Cuisson de la choucroute : 3 h
+ trempage : la veille
Thermostat : 7/8 puis 5/6

Pour 8 à 10, il faut :
1 oie peu grasse de 3,500 kg
Sel, poivre
8 à 10 petites pommes-fruits
50 g de beurre

Choucroute :
3,500 kg de choucroute crue
300 g de couennes de lard
500 g de lard fumé
1 carotte
2 oignons
3 clous de girofle
30 baies de genièvre
Bouquet garni
20 grains de poivre
Sel
50 g de saindoux
1 bouteille de vin blanc sec d'Alsace
1 saucisson à cuire de 500 g
10 saucisses de Francfort (ou Strasbourg)
10 pommes de terre

Menu réception

Plateau d'huîtres
*Oie rôtie à la choucroute**
Salade
Fromages
Coupes glacées royale (p. 277)

Chablis – Pinot noir d'Alsace
Banon de brebis – Vacherin Munster au cumin

□ La veille, mettez à tremper la choucroute dans une grande bassine d'eau froide. Renouvelez-la 2 ou 3 fois.

□ Le lendemain, égouttez la choucroute. Pressez-la fortement. Étalez-la sur un grand torchon pour la démêler.

□ *Cuisson :* au fond d'un grand faitout, disposez les couennes préalablement ébouillantées. Déposez dessus la moitié de la choucroute crue, lard, carotte, oignons piqués de clous de girofle, baies de genièvre, bouquet garni, poivre, un peu de sel, le reste de choucroute. Ajoutez saindoux et vin. Portez à ébullition. Couvrez et laissez mijoter 2 heures 30. A ce moment, ajoutez à la choucroute le saucisson, les saucisses et les pommes de terre pelées. Couvrez et laissez cuire ensemble 30 minutes supplémentaires.

□ *Cuisson de l'oie :* salez et poivrez l'oie intérieurement et extérieurement, placez-la dans la plaque creuse du four. Enfournez-la (th. 7/8). Quand elle est bien dorée, modérez la chaleur (th. 5/6). Laissez cuire environ 2 heures 30 (soit 20 à 25 minutes par livre).

□ Pelez les pommes-fruits et videz-les avec un vide-pommes pour les laisser entières. Glissez une noix de beurre dans chacune et un peu de sel. Disposez-les de part et d'autre de l'oie, sur la plaque, pendant la dernière demi-heure de cuisson.

□ Dans votre plus grand plat, disposez la choucroute en socle. Déposez l'oie rôtie dessus (coupez-la au préalable, c'est plus pratique) et, autour, les pommes, lard, saucisson en rondelles, saucisses et pommes de terre.

MON AVIS

Ce n'est que s'il est très bien dégraissé que le jus de cuisson de l'oie devra être versé sur la choucroute en la servant.

La préparation de l'oie rôtie à la choucroute n'est pas compliquée, mais elle exige votre présence à la cuisine à cause de la succession des opérations, simples au demeurant. Cela dit, c'est le plat familial par excellence. Il est réjouissant à contempler et satisfait une belle tablée de convives.

Omelette fermière

Très facile
Économique
Prép. et cuisson : 15 mn

Pour 4, il faut :
6 œufs
1 tranche de jambon cru
40 g de beurre
Sel, poivre
2 cuil. à soupe de fines herbes

Menu maigre

Potage au vermicelle
*Omelette fermière**
Endives au gratin (p. 106)
Salade de fruits

☐ Coupez le jambon en dés. Faites-les sauter rapidement à la poêle avec une noix de beurre pas trop chaud.

☐ Battez les œufs entiers avec sel et poivre. Ajoutez-y le jambon et les fines herbes hachées (persil, ciboulette, cerfeuil, estragon). Essuyez bien la poêle avant d'y faire tiédir le reste du beurre. Incorporez-le aux œufs battus.

☐ Remettez la poêle vide sur le feu (sans la laver). Lorsqu'elle est très chaude, versez-y les œufs et laissez-les prendre sur feu moyen sans cesser de mélanger lentement avec une cuiller en bois, pour que l'omelette cuise dans toute son épaisseur. Dès qu'elle est un peu sèche sur les bords, encore baveuse au centre, retournez-la sur un plat chaud.

MON AVIS
Chauffez la poêle très fort avant d'y verser les œufs, sinon l'omelette attachera. Mais ensuite, réduisez la chaleur : l'omelette cuit sans précipitation, sur feu moyen, tandis que vous la remuez, bien à fond, pour obtenir une cuisson homogène.

Omelette mousseline au roquefort

Très facile
Cher
Prép. et cuisson : 15 mn

Pour 4, il faut :
7 œufs
100 g de roquefort
3 cuil. à soupe
de crème fraîche
25 g de beurre
Poivre

Menu maigre

Ravier de mâche/betterave/noix

*Omelette mousseline au roquefort**

Pâtes fraîches

Compote

☐ Passez le roquefort au tamis – ou râpez-le – pour l'obtenir très finement écrasé. Mélangez-le avec le jaune des œufs, la crème fraîche et le poivre (pas de sel).

☐ Battez les blancs d'œufs en neige très ferme. Incorporez-les délicatement au mélange précédent.

☐ Faites chauffer modérément le beurre dans une grande poêle. Versez l'omelette dedans. Secouez la poêle pour éviter que cela n'attache au fond. Quand le dessous est doré, glissez la poêle sous le grilloir du four ou de la rôtissoire. Dès que le dessus de l'omelette est suffisamment doré, servez.

MON AVIS
L'ustensile idéal pour cuire l'omelette soufflée est une poêle revêtue d'antiadhésif, de forme ovale, généralement destinée aux poissons.

Mais toute poêle antiadhésive, même ronde, peut faire l'affaire. Le point important étant que l'omelette n'attache pas !

Omelette nivernaise à l'oseille

Très facile
Économique
Prép. et cuisson : 30 mn

Pour 4, il faut :
8 œufs
1 poignée d'oseille
40 g de beurre
1 tranche de jambon cuit
1 cuil. à soupe de ciboulette hachée
Sel, poivre

Menu

Potage au cresson

*Omelette nivernaise à l'oseille**

Salade d'endives/pommes de terre

Brie de Meaux [1]

☐ Retirez queues et fils de l'oseille. Lavez-la et hachez-la grossièrement.

☐ Dans une casserole, faites fondre l'oseille sur feu doux, avec 1 noix de beurre. Laissez mijoter de 5 à 7 minutes, en mélangeant avec une cuiller en bois. Égouttez avec soin.

☐ Battez les œufs. Incorporez-y le jambon coupé menu, l'oseille, la ciboulette hachée, sel, poivre.

☐ Faites fondre 25 g de beurre dans la poêle. Versez-le dans les œufs battus. Reportez la poêle vide sur le feu (sans la laver). Lorsqu'elle est très chaude, versez-y les œufs. Laissez cuire quelques minutes sur feu moyen, en mélangeant avec une cuiller en bois pour que l'omelette cuise de façon homogène. Dès qu'elle est un peu sèche sur les bords, repliez-la en la retournant dans un plat chaud.

1. Non, ce n'est pas un crime de conserver du **fromage dans le réfrigérateur.** C'est même indispensable pour les pâtes molles, pendant les fortes chaleurs. Enveloppez-le bien, puis enfermez-le dans une boîte plastique hermétique, avant de le placer dans le bac à légumes. Mais sortez-le un peu avant le repas pour le « réveiller ».

Omelette soufflée au fromage

Facile
Raisonnable
Prép. et cuisson : 20 mn

Pour 4, il faut :
7 ou 8 œufs
100 g de gruyère râpé
40 g de beurre
Sel, poivre
50 g de crème fraîche

Menu maigre

Assiette de crudités

*Omelette soufflée au fromage**

Purée de céleri-rave/pommes de terre

Pommes au four

☐ Séparez le blanc des jaunes. Battez les blancs en neige très ferme. Mélangez-les ensuite doucement avec les jaunes d'œufs, sel, poivre, et quelques pincées de gruyère râpé.

☐ Versez aussitôt dans la poêle contenant le beurre très chaud. Secouez pendant la cuisson sur feu moyen. Soulevez de temps en temps avec une spatule pour empêcher de coller au fond.

☐ Quand l'omelette commence à prendre sur les bords, étalez la crème fraîche dessus et parsemez avec le reste de gruyère râpé.

☐ Glissez la poêle à mi-hauteur du four chaud, porte ouverte. Retirez dès que l'omelette est gonflée et légèrement dorée.

Le fromage de Comté étant très fruité, il est souvent préféré pour les préparations à base de fromage de gruyère telles que : soufflé et gratinée. Dans la fondue, il s'associe avec d'autres gruyères : emmenthal et beaufort, par exemple.

MON AVIS
Je vous recommande d'utiliser une poêle à revêtement antiadhésif pour toutes vos omelettes, et plus encore quand elles sont farcies de gruyère, de tomates, etc.

Osso-buco

Très facile
Raisonnable
Prép. et cuisson : 1 h 30
en autocuiseur : 25 mn

Pour 4, il faut :
4 à 8 rouelles de jarret de veau
Un peu de farine
50 g de beurre
2 cuil. à soupe d'huile
1 gros oignon
Thym
Sel, poivre
Muscade
2 verres de vin blanc sec
2 verres d'eau
1 petite boîte de tomate concentrée
Bouquet garni
1 quartier d'orange
1 gousse d'ail
Parmesan ou gruyère râpé

Menu

Salade de crudités râpées (fenouil, céleri, carottes, navets, radis, laitue)

*Osso-buco**

Spaghetti au fromage

Pommes meringuées (p. 236)

☐ Farinez les rouelles de jarret. Faites-les dorer de toute part dans une cocotte, sur feu vif, avec 30 g de beurre et un peu d'huile.

☐ Ajoutez-y l'oignon haché, thym effeuillé, sel, poivre et 2 ou 3 pincées de muscade râpée. Laissez colorer légèrement.

☐ Arrosez de vin blanc. Mélangez. Laissez bouillir quelques instants pour que le vin perde de son acidité. Puis ajoutez-y 2 verres d'eau bouillante, tomate concentrée et bouquet garni. Couvrez et laissez mijoter très doucement pendant 1 heure.

☐ Pendant ce temps, pelez le zeste d'orange (fine pellicule colorée). Coupez-le en très fins bâtonnets. Plongez-les quelques secondes dans de l'eau en ébullition et épongez-les. Hachez l'ail. Ajoutez le tout à la viande 5 minutes avant la fin de la cuisson.

☐ Servez l'osso-buco terminé dans un plat chaud, arrosé de sa sauce de cuisson, avec des spaghetti ou du riz nature qui en sont l'accompagnement traditionnel. Présentez à part une coupelle de parmesan ou de gruyère râpé.

MON AVIS
L'osso-buco, comme la plupart des plats en sauce, peut se réchauffer. Comme il est possible de le préparer la veille ou le matin pour le soir, c'est une excellente recette familiale, à tout point de vue.

Oranges soufflées

Facile
Économique
Prép. et cuisson : 45 mn
Thermostat : 6/7

Pour 6, il faut :
6 grosses oranges
à peau épaisse
2 œufs
60 g de sucre en poudre
1 cuil. à soupe rase
de Maïzena
1 cuil. à café de Cointreau

1 plat à four (à la dimension des 6 oranges)

Menu soigné

Avocats « diabolic » (p. 24)
Rôti de veau en portefeuille (p. 270)
Pommes Marmiton (p. 238)
Salade
Fromages
*Oranges soufflées**

Moulin à Vent
Vacherin
Chaource – Bleu de Bresse

☐ Lavez les oranges en les brossant dans l'eau froide. Coupez une petite calotte à chacune. Videz les 6 oranges de leur pulpe avec un couteau à pamplemousse ou une petite cuiller très coupante, sans abîmer les écorces.

☐ Passez au mixer ou à la moulinette la pulpe de 4 oranges seulement pour en recueillir le jus.

☐ Battez au fouet électrique les jaunes d'œufs et le sucre jusqu'à ce que le mélange blanchisse. Incorporez le jus des 4 oranges et la Maïzena.

☐ Portez ce mélange sur feu doux en tournant sans arrêt jusqu'au premier bouillon. Ajoutez-y le cointreau hors du feu. Plongez la casserole dans l'eau froide pour accélérer le refroidissement.

☐ Allumez le four à thermostat 6/7. Battez les blancs d'œufs en neige très ferme. Incorporez-les au mélange précédent refroidi. Versez dans les écorces d'oranges. Déposez celles-ci dans un plat à four adapté à leur taille pour que, serrées, elles ne basculent pas. Enfournez de 15 à 20 minutes à four chaud (thermostat 6/7). Quand l'intérieur des oranges est bien gonflé, servez sans attendre car ce soufflé retombe très vite.

Paella

Facile
Cher
Prép. et cuisson : 2 h 15

Pour 6 ou 8, il faut :
500 g de riz long
1 l moules
18 langoustines
Sel, poivre
2 bouquets garnis
1 poulet de 1,500 kg
150 g de noix de veau
150 g de porc frais
1 verre d'huile d'olive
2 oignons hachés
2 poivrons
1 cuil. à soupe de tomate concentrée
4 tomates fraîches
1 g de safran
1 paquet de pois surgelés
2 gousses d'ail
200 g de chorizo fort
Persil + 1 gousse d'ail hachés

1 poêle à paella (ou 2 larges poêles)

Menu soigné

*Paella**
Coupe de sorbets variés (cassis, fruits de la passion, citron)

Cassis ou Bandol

☐ Lavez soigneusement les moules. Faites-les ouvrir dans une cocotte, sur feu vif. Détachez une coquille de chaque moule. Passez le jus de cuisson. Mettez de côté les moules dans leur jus passé.

☐ Couvrez les langoustines d'eau froide avec sel, poivre, bouquet garni. Portez doucement à ébullition. Retirez du feu aussitôt. Laissez dans le jus.

☐ Coupez le poulet en huit, le veau et le porc en petits dés. Faites dorer le tout dans une grande cocotte avec un peu d'huile. Puis ajoutez les oignons hachés, poivrons épépinés et coupés en lanières, sel, poivre, tomate concentrée, tomates pelées, safran, bouquet garni. Mélangez. Couvrez. Laissez cuire 10 minutes, sur feu moyen.

☐ Dans la même cocotte, mettez les pois surgelés, ail, jus de cuisson des moules, des langoustines et 2 litres d'eau bouillante. Salez et poivrez selon goût. Couvrez. Laissez bouillir de 45 minutes à 1 heure.

☐ Pendant ce temps, dans une grande poêle à paella, faites revenir le riz avec ½ verre d'huile. Mélangez. Arrosez avec quelques louches de bouillon de cuisson bouillant (de la cocotte). Ajoutez-en au fur et à mesure qu'il est absorbé. Disposez alors viandes et légumes sur le riz. Laissez cuire ensemble ¼ d'heure environ ; 5 minutes avant la fin, garnissez avec les moules, langoustines, chorizo en rondelles et hachis d'ail et de persil. Retirez du feu, couvrez et attendez encore 5 minutes avant d'apporter à table.

Pain de semoule aux fruits

Très facile
Économique
Prép. et cuisson : 1 h
+ refroidissement
Thermostat : 6/7

Pour 4 à 6, il faut :
2 pommes ou poires
1 tasse de raisins secs
½ l de lait
1 pincée de sel
4 cuil. à soupe de sucre
75 g de semoule
30 g de beurre
2 œufs

Caramel :
3 cuil. à soupe
de sucre en poudre
2 cuil. à soupe d'eau
Quelques gouttes de citron
(ou caramel tout préparé)

1 moule profond
(à charlotte ou soufflé)
de 16 à 18 cm ∅

Menu

Potage aux légumes

Rôti de dinde à la broche

Purée

Salade

*Pain de semoule aux fruits**

☐ Si vous préparez vous-même le caramel, mettez dans le moule le sucre et l'eau. Laissez sur le feu jusqu'à ce que le sucre commence à brunir par places. Remuez alors le moule pour que la couleur s'égalise. Quand il est assez brun, aspergez-le de citron et retirez du feu. Tournez aussitôt le moule sur lui-même pour l'enduire de caramel.

☐ Allumez le four à thermostat 6/7. Pelez les pommes ou poires. Coupez-les en tranches minces. Lavez et égouttez les raisins.

☐ Faites chauffer doucement le lait avec une pincée de sel et de sucre. Quand il bout, jetez dedans la semoule en pluie sans cesser de tourner sur le feu moyen avec une cuiller de bois. Quand il revient à ébullition, ajoutez-y les raisins les pommes ou poires et le beurre. Remuez toujours en donnant encore un bouillon. Hors du feu, incorporez les œufs battus en omelette. Versez dans le moule caramélisé. Faites cuire 30 minutes dans le four chaud (thermostat 6/7). Servez froid.

MON AVIS
Le caramel liquide acheté tout préparé est tout indiqué pour ce genre de préparation. Je trouve qu'il peut supprimer bien des appréhensions, principalement celle de se brûler !

Pain perdu

Très facile
Économique
Prép. et cuisson : 20 mn

Pour 4, il faut :
¼ de l de lait
4 cuil. à soupe de sucre
1 sachet de sucre vanillé
2 œufs
4 tranches de pain
(ou de brioche) rassis
75 g de beurre

Menu

Tomate vinaigrette

Escalopes

Chou-fleur au gratin

Salade

*Pain perdu**

☐ Mélangez dans une assiette creuse le lait, 2 cuil. de sucre et le sachet de sucre vanillé. Dans une autre, battez les œufs en omelette.

☐ Trempez les tranches de pain dans le lait sucré pendant 2 minutes pour les laisser s'imbiber, puis dans les œufs battus.

☐ Faites chauffer modérément le beurre dans une grande poêle. Quand il commence à blondir très légèrement, mettez-y les tranches à dorer, côte à côte, 1 ou 2 minutes de chaque côté. Saupoudrez-les généreusement de sucre en les servant.

MON AVIS
Le pain perdu, même froid, peut être un dessert apprécié des enfants, surtout si vous le tartinez de confiture, de miel ou de chocolat fondu.

Paloudes et praires farcies

Très facile
Cher
Prép. et cuisson : 35 mn
+ au dernier moment :
10 mn

Pour 4, il faut :
4 douzaines de praires
ou 6 douzaines
de palourdes

Farce :
1re formule :
175 g de beurre ramolli
1 échalote hachée
150 g de mie de pain
émiettée
Persil haché
Sel, poivre

2e formule :
100 g de beurre ramolli
2 gousses d'ail hachées
Ciboulette finement hachée
Jus d'½ citron
Sel, poivre

Menu soigné

*Palourdes (ou praires) farcies**
Poulet sauté provençale (p. 250)
Pommes dauphine
Salade
Fromages
Sorbet

Muscadet ou Jasnières
Fitou
Banon – Fourme
Sainte-Maure

☐ Lavez les coquillages à grande eau. Brossez-les sous l'eau courante du robinet et lavez-les encore. Ouvrez-les à cru avec un couteau solide. Détachez la valve vide de chaque coquillage. Déposez les coquilles pleines dans un ou plusieurs plats individuels allant au four (plats à alvéoles conseillés).

☐ Malaxez la farce choisie. Déposez une noix de mélange sur chaque coquillage et mettez au réfrigérateur, jusqu'au moment du repas (pas trop longtemps tout de même !).

☐ 10 minutes avant de servir, faites rapidement gratiner sous le grilloir.

MON AVIS
Le pain de mie est plus pratique que le pain ordinaire pour préparer la farce.

Ne prolongez pas le temps de cuisson des coquillages car ils durciraient.

Pamplemousses caramélisés au miel

Facile
Économique
Prép. et cuisson : 25 mn

Pour 4, il faut :
2 pamplemousses
4 cuil. à soupe de miel
1 cuil. à soupe de cannelle
4 cerises confites

Menu

Salade de lentilles
Grillade de porc à la poêle
Épinards braisés
*Pamplemousses caramélisés au miel**

□ Partagez les pamplemousses en deux moitiés égales, horizontalement. Extrayez la pulpe en la découpant par quartiers et en laissant la fine peau attachée à l'intérieur de l'écorce.

□ Mettez les morceaux de pulpe dans un bol avec 2 cuil. de miel et la cannelle.

□ Détachez les fines peaux restées dans les écorces. Jetez-les.

□ Dans les 4 écorces ainsi vidées, répartissez la pulpe de pamplemousse. Étalez encore un peu de miel dessus. Faites-les caraméliser sous le grilloir très chaud. Déposez une cerise au centre de chaque demi-pamplemousse avant de les présenter, chauds.

Un **pamplemousse** (pomelos ou grape-fruit) bien juteux est lourd. Il est sucré si son écorce se présente dorée, lisse et brillante. Pour qu'il reste juteux, il vaut mieux l'envelopper de papier de soie, si vous devez le garder quelques jours.
Et, comme tous les agrumes, le pamplemousse ayant horreur du réfrigérateur, conservez-le dans votre corbeille de fruits.

MON AVIS
Ou, plus simplement, placez sous le grilloir les pamplemousses juste coupés en deux et généreusement tartinés de miel. Ce sera un peu plus difficile à déguster à table mais tellement plus vite préparé !

Pannequets soufflés

Facile
Économique
Prép. et cuisson : 45 mn
+ repos de la pâte
Thermostat : 5/6

Pour 8 crêpes, il faut :

Pâte à crêpes :
150 g de farine
2 ou 3 œufs
2 verres d'eau
1 cuil. à soupe d'huile
½ cuil. à café de sel

Garniture :
1 cuil. à soupe pleine de farine
25 g de beurre
¼ l de lait
2 œufs
50 g de gruyère râpé
Sel, poivre

1 poêle de 18 à 20 cm ∅
1 tampon imbibé d'huile

Menu soigné

*Pannequets soufflés**
Rôti de veau cocotte aux champignons
Pommes de terre sautées
Salade
Fromages
Tarte au citron (p. 322)

Saumur Champigny
Saint-Marcellin – Laguiole
Carré de l'Est

☐ *Crêpes :* dans un bol à mixer, fouettez ensemble tous les éléments de la pâte, sans précaution particulière, pour obtenir une pâte liquide. Laissez reposer au frais 1 heure, si possible. Cuisez les crêpes à feu vif, dans la poêle très chaude, graissée entre chaque cuisson avec un tampon huilé.

☐ Mélangez sur feu doux le beurre fondu et la farine. Ajoutez le lait froid, sel, poivre. Remuez au fouet jusqu'à ébullition. Laissez mijoter 5 minutes. Puis, hors du feu, incorporez gruyère râpé et jaunes d'œufs.

☐ Battez les blancs en neige ferme. Amalgamez-les, d'une main légère, au mélange précédent tiédi. Garnissez-en les crêpes. Roulez-les en paquets. Déposez-les dans un plat beurré. Faites souffler à four moyen (th. 5/6) de 15 à 20 minutes.

MON AVIS
Pour gagner du temps, préparez les crêpes à l'avance puisqu'elles peuvent attendre 1 ou 2 jours dans le réfrigérateur sans dessécher si vous avez pris soin de les envelopper hermétiquement d'aluminium. Vous ne les garnirez qu'au moment du repas.

Parfait glacé (sans sorbetière)

Facile
Raisonnable
Prép. : 15 mn
+ au congélateur : 2 h (ou compartiment à glaçons du réfrigérateur, thermostat au plus froid : 4 h)

Pour 4, il faut :
2 œufs
125 g de crème fraîche très froide
1 cuil. à soupe de lait très froid
3 cuil. à soupe de sucre en poudre
1 cuil. à soupe de caramel liquide (tout préparé)

4 ramequins (ou coupelles)

Menu soigné

Salade de pissenlits au lard
Rôti de porc suédoise (p. 269)
Fenouil gratiné
Fromages
*Parfait glacé**

Bourgueil ou Chinon
Saint-Nectaire – Brie
Chabichou

☐ Séparez le blanc des jaunes d'œufs.

☐ *Crème fouettée :* mélangez la crème et le lait très froids. Fouettez à vitesse moyenne jusqu'à consistance mousseuse et ferme comme de la meringue. Transvasez dans un autre récipient. Mettez au frais.

☐ A la place, mettez les jaunes d'œufs, 2 cuil. de sucre et caramel. Travaillez-les au batteur électrique assez longuement pour obtenir un mélange blanchâtre retombant comme un ruban. Versez-le sur la crème fouettée sans mélanger. Remettez au frais.

☐ Nettoyez bien les fouets du batteur et son bol avant de battre les blancs en neige très ferme. Ajoutez-y 1 cuil. à soupe de sucre à mi-opération. Incorporez-les ensuite, délicatement, au mélange précédent tout en imprimant à la spatule un mouvement tour à tour enveloppant et coupant, comme pour une mousse au chocolat. Versez, sans attendre, dans les ramequins. Faites glacer dans le congélateur pendant 2 heures (ou dans le compartiment à glaçon : 4 heures). Servez sans démouler.

MON AVIS
Si vous préparez le parfait glacé pour le lendemain (c'est bien utile quand on prévoit des invités), couvrez les ramequins d'une feuille d'aluminium pour éviter que leur parfum ne s'altère.

Pâtes en brouillade

Très facile
Économique
Prép. et cuisson : 30 mn

Pour 4, il faut :
200 g de petites pâtes (paniers, torsades, etc.)
Sel, poivre
50 g de beurre
5 œufs
100 g de jambon coupé
75 g de gruyère râpé

Garniture :
Quelques feuilles de laitue
10 radis
Ciboulette
Sel, poivre
100 g de crème fraîche

Menu

Filets de harengs à l'huile (p. 154)
*Pâtes en brouillade**
Yaourt
Pommes bonne femme (p. 236)

☐ Jetez les pâtes dans une grande casserole d'eau salée en ébullition. Mélangez. Laissez cuire le temps indiqué sur le paquet. Égouttez-les aussitôt cuites. Puis faites-les sauter dans une grande poêle avec 50 g de beurre, sur feu doux.

☐ Pendant ce temps, roulez les feuilles de laitue serrées sur elles-mêmes et tranchez en fines lanières (chiffonnade). Étalez au fond d'un grand plat. Tranchez les radis en rondelles. Coupez la ciboulette. Mélangez dans un bol avec sel, poivre et crème.

☐ Battez les œufs en omelette. Ajoutez-y le jambon coupé menu, gruyère râpé, pas mal de poivre et peu de sel. Versez sur les pâtes très chaudes restées dans la poêle. Mélangez délicatement sur feu vif afin de laisser prendre les œufs « en brouillade » autour des pâtes.

☐ Placez cette brouillade chaude sur la laitue. Arrosez avec la garniture à la crème et servez.

Les **pâtes** doivent être mises à cuire dans **beaucoup d'eau salée en pleine ébullition** (environ 2 l d'eau pour 250 g de pâtes). Pour éviter de les voir déborder, ajoutez un filet d'huile dans l'eau de cuisson et ne couvrez pas la casserole.

MON AVIS
Un reste de pâtes trouvera, avec cette recette, le moyen de finir en beauté. Vous diminuerez, évidemment, la quantité des autres ingrédients en fonction des pâtes et vous obtiendrez une entrée agréable et originale.

Paupiettes au jambon de campagne

Très facile
Raisonnable
Prép. et cuisson : 1 h
en autocuiseur : 18 mn

Pour 4, il faut :
4 escalopes de veau, fines et larges
Sel, poivre
2 fines tranches de jambon cru
Thym
Un peu de farine
30 g de beurre
1 oignon haché
½ verre de vin blanc sec
½ verre d'eau
Bouquet garni
1 gousse d'ail

Gros fil blanc ou ficelle de cuisine

Menu

Salade de tomates/concombre

*Paupiettes au jambon de campagne**

Petits pois et fonds d'artichauts braisés (en boîte [1])

Fromage

□ Salez et poivrez les escalopes. Sur chacune, étalez une demi-tranche de jambon cru, 1 pincée de thym effeuillé. Roulez le tout et ficelez en croix. Farinez légèrement les paupiettes.

□ Mettez-les à dorer dans une cocotte, avec 30 g de beurre, sur feu vif. Puis ajoutez l'oignon haché, ½ verre de vin blanc, autant d'eau, sel, poivre, bouquet garni, ail. Laissez mijoter 45 minutes (en autocuiseur : 18 minutes, avec un peu moins de liquide).

□ Avant de servir, retirez les fils qui entourent les paupiettes. Présentez celles-ci dans le plat de service avec leur sauce.

1. Petits pois et fonds d'artichauts (en boîte) auront tout le temps de mijoter avec un peu de beurre pendant la cuisson des paupiettes. Pensez au persil haché qui, mis à la fin, leur donnera un petit goût de « frais ».

Paupiettes de poisson farcies

Facile
Raisonnable
Prép. et cuisson : 30 mn
Thermostat : 7/8

Pour 4, il faut :
8 filets de poisson
(frais ou surgelés)
40 g de beurre
Sel, poivre
1 verre de vin blanc sec
1 cuil. à café rase
de farine

Farce :
50 g de mie de pain rassis
½ verre de lait
2 œufs durs
1 échalote
Fines herbes
Sel, poivre

Menu soigné maigre

Asperges tièdes à la
crème fraîche citronnée
*Paupiettes de poisson farcies**
Mousse de champignons (p. 184)
Salade
Fromages
Pudding aux pêches et aux amandes (p. 253)

Montlouis ou Vouvray tranquille
Boulettes de Cambrai – Brie de Melun
Saint-Nectaire

☐ *Farce :* arrosez le pain avec le lait bouillant pour l'imbiber. Hachez les œufs durs, l'échalote et les fines herbes. Malaxez-les bien avec le pain imbibé et égoutté, sel et poivre.

☐ Mettez les filets de poisson à plat (laissez dégeler s'il y a lieu). Étalez la farce dessus. Roulez-les sur eux-mêmes, en paupiettes. Ficelez-les en croix avec du fil blanc, pour les maintenir. Disposez-les dans un plat à gratin beurré. Salez et poivrez. Versez le vin dessus. Faites cuire à four chaud (th. 7/8) de 10 à 15 minutes.

☐ Déficelez les paupiettes sur un plat. Tenez-les au chaud.

☐ Reportez le jus de cuisson sur le feu. Malaxez à la fourchette la farine et une grosse noix de beurre. A l'aide du fouet à sauce, incorporez, par petits morceaux, au jus en ébullition pour l'épaissir. Versez sur le poisson et servez.

Il est de plus en plus courant (en cas de régime ou de préférences) de recevoir autour d'un menu « maigre », sans viande. Il faut alors compenser en soignant la préparation des légumes, du dessert et en présentant un plateau de fromages bien garni.

MON AVIS
Vous pouvez remplacer le vin blanc par 1 cuil. à soupe de jus de citron que vous compléterez d'eau pour obtenir 1 verre de liquide.

Un peu de crème fraîche, ajoutée à la fin, affine encore la saveur du plat.

Paupiettes de porc farcies

Très facile
Économique
Prép. et cuisson : 1 h 30
en autocuiseur : 25 mn

Pour 4, il faut :
4 grillades de porc
8 lamelles de gruyère
1 petit bulbe de fenouil
Sel, poivre
30 g de beurre
1 oignon
1 carotte
1 gousse d'ail
1 cuil. à café
rase de farine
1 tomate
1 cuil. à soupe
de tomate concentrée
Bouquet garni
½ verre de vin blanc sec
1 verre d'eau

Menu

Consommé aux pâtes
*Paupiettes de porc farcies**
Choux de Bruxelles
Fromage
Salade d'oranges et bananes

□ Sur chaque grillade, déposez : 1 lamelle de gruyère, 1 rondelle de fenouil épaisse d'un centimètre, 1 lamelle de gruyère, sel, poivre. Roulez en paupiettes et ficelez en croix.

□ Faites-les dorer de toute part dans une cocotte avec 30 g de beurre. Ajoutez oignon et carotte en rondelles, ail haché, 1 cuil. à café rase de farine, la tomate pelée, coupée et légèrement pressée, tomate concentrée, bouquet garni, sel, poivre, vin blanc et eau. Mélangez sur feu vif puis couvrez et laissez mijoter 1 heure 10 sur feu doux (en autocuiseur : 25 minutes, avec moitié de liquide seulement).

Les grillades de porc sont des tranches très minces et larges, coupées dans des morceaux à longues fibres, souvent persillés d'un peu de gras. Cette viande est donc « goûteuse » et sans déchet.
On peut soit les griller, soit les cuire à plat à la poêle, soit encore les rouler en paupiette autour d'une farce, et les mijoter en cocotte.

MON AVIS
Pour changer, farcissez vos paupiettes avec un pruneau dénoyauté enroulé dans une petite tranche de jambon cru, très fine. Et flambez-les avec un peu de rhum (mais oui !) après les avoir fait dorer de toute part.

Pêches Melba

Très facile
Raisonnable
Préparation : 15 mn

Pour 4, il faut :
4 pêches fraîches (ou au sirop)
2 cuil. à soupe de confiture de framboises
2 cuil. à soupe de kirsch
½ l de glace à la vanille
Un peu d'amandes effilées ou de noisettes pilées
Crème chantilly en bombe (facultatif)

4 coupelles

Menu soigné

Escargots dans leur coquille (p. 113)
Civet de lièvre au vin de Cahors (p. 62)
Pommes vapeur
Salade
Fromages
*Pêches Melba**

Cahors ou Bourgogne Passe-tout-grain
Reblochon – Sainte-Maure – Roquefort

☐ Délayez, sur feu doux, la confiture avec le kirsch, juste pour la liquéfier.

☐ Pelez les pêches si elles sont fraîches ou égouttez-les si elles sont au sirop. Otez le noyau s'il y a lieu.

☐ Répartissez la glace dans 4 coupelles. Déposez dessus les demi-pêches, une touche de crème chantilly et de la confiture liquéfiée. Terminez en parsemant d'amandes effilées ou de noisettes pilées.

MON AVIS
Les pêches fraîches sont plus ou moins faciles à peler, suivant leur variété et leur degré de maturité. Si elles résistent, plongez-les quelques secondes dans de l'eau bouillante. La peau s'ôte bien ensuite.

Perdreaux à la feuille de vigne

Facile
Cher
Prép. et cuisson : 45 mn
Thermostat : 6/7

Pour 4, il faut :
2 beaux perdreaux
(ou 4 petits)
Sel, poivre
60 g de beurre
2 ou 4 feuilles de vigne
2 ou 4 fines bardes de lard
Thym
2 tranches de pain de mie

Menu réception

Terrine de foies de volaille (p. 325)
*Perdreaux à la feuille de vigne**
Croquettes de pommes de terre
Cresson
Fromages
Sorbet au cassis [1]

Vouvray pétillant
(apéritif et terrine)
Savigny ou Santenay
Cantal – Feuille de Dreux
Fourme

☐ Videz et flambez les perdreaux. Salez et poivrez-les. Mettez les foies de côté.

☐ Tartinez les perdreaux de beurre. Sur la poitrine de chacun, posez une feuille de vigne puis une barde de lard. Maintenez avec quelques tours de gros fil. Mettez à four chaud (th. 6/7) 20 minutes environ. Arrosez pendant la cuisson.

☐ Pendant ce temps, faites griller les tranches de pain beurrées. Coupez les foies en dés. Laissez-les revenir à feu doux avec 1 noix de beurre, sans trop les cuire. Saupoudrez-les de feuilles de thym. Écrasez-les à la fourchette ou au mixer. Étalez sur les tranches de pain. Coupez chacune en 2 rectangles. Déposez-les dans un grand plat tenu au chaud.

☐ Quand les perdreaux sont cuits, ôtez-en les bardes et feuilles de vigne que vous mettez de côté. Remettez les perdreaux à dorer 5 minutes dans le four très chaud.

☐ *Présentation :* tranchez les perdreaux en deux dans la longueur. Pour les servir, reformez-les en les entourant d'une feuille de vigne et déposez-les sur les tranches de pain tartinées de foie.

MON AVIS
Cette recette convient également pour les **cailles,** à quelques petites différences près : prévoir une feuille de vigne et une petite barde de lard par caille, et ramenez le temps de cuisson à 15 minutes.

1. **Un sorbet au cassis** présenté en coupe gagne en saveur quand il est arrosé d'une bonne liqueur de cassis au moment du service. Un peu de crème chantilly peut également séduire quelques gourmands.

Persillade d'anchois

Très facile
Économique
Préparation : 25 mn

Pour 8, il faut :
Une vingtaine d'anchois au sel
4 œufs
1 gros bouquet de persil
1 cuil. à soupe de câpres ou 4 cornichons
6 cuil. à soupe d'huile
1 citron

Menu maigre

*Persillade d'anchois**

Rizotto

Salade

Pudding aux pêches et aux amandes (p. 252)

□ Séparez les filets d'anchois de l'arête, sous l'eau froide. Laissez-les dessaler dedans.

□ Pendant ce temps, faites cuire les œufs durs pendant 10 minutes. Coupez-les en rondelles. Hachez le persil.

□ Essuyez les filets d'anchois avec du papier absorbant. Déposez-les en croisillons sur un ravier, en les superposant, s'il y a lieu. Entourez-les de rondelles d'œufs durs. Parsemez de persil haché, de câpres ou de rondelles de cornichons. Arrosez d'huile et de jus de citron.

MON AVIS
Les anchois au sel sont avantageux, faciles à utiliser et meilleurs, pour mon goût. Leurs filets se séparent facilement de l'arête, rien qu'en les tirant avec les doigts.

Ils sont vendus en vrac ou dans des verres, dans le Midi surtout.

Petits flans Helvétia

Facile
Économique
Prép. et cuisson : 30 mn

Pour 4, il faut :
4 croustades toutes préparées de 10 cm ∅ (ou 8 petites)

Sauce Mornay :
30 g de beurre
1 cuil. à soupe bombée de farine
¼ l de lait
Sel, poivre
75 g de gruyère râpé

Menu

*Petits flans Helvétia**

Cervelles d'agneau meunière (surgelées)

Épinards braisés

Clémentines

□ *Sauce Mornay :* faites fondre, sur feu doux, 30 g de beurre. Ajoutez-y la farine. Délayez sur le feu quelques secondes, jusqu'à ce que le mélange soit mousseux. Ajoutez-y d'un seul coup ¼ de litre de lait froid, sel, poivre. Mélangez jusqu'à épaississement. Retirez du feu. Incorporez le gruyère râpé.

□ Garnissez les tartelettes avec cette sauce. Passez au four chaud ou sous le grilloir pour faire gratiner légèrement.

Est-il dangereux de servir le lendemain un **reste préparé avec du surgelé ?** Non, si ces restes sont de la viande, du poisson ou même des crustacés. Et à condition de les avoir rangés au plus froid du réfrigérateur, à une température voisine de 0°. Toutefois, les abats s'abîment plus vite, il est déconseillé de les conserver. Quant aux restes de légumes et de fruits, ils ne sont guère sympathiques. Leur aspect et leur goût s'altèrent rapidement.

MON AVIS
A la place du fromage, vous pourrez ajouter, au choix : petits dés de jambon, champignons cuits, reste de poisson ou de poulet, quenelles, rondelles d'oignons préalablement cuits au beurre, pointes d'asperges, fonds d'artichauts, salsifis (en boîte)... et j'en passe.

Petits gâteaux sablés

Très facile
Raisonnable
Prép. et cuisson : 30 mn
+ repos de la pâte : 1 h
Thermostat : 5/6

Pour 2 douzaines de sablés, il faut :
2 jaunes d'œufs durs
150 g de farine
100 g de beurre très mou
75 g de sucre en poudre
¼ cuil. à café de sel
½ cuil. à café de cannelle ou 1 sachet de sucre vanillé

1 verre à porto ou emporte-pièce de 4 cm ∅

Menu soigné

Céleri rémoulade
Paupiettes de veau au jambon (p. 218)
Fenouil braisé (p. 117)
Fromages
Ananas frais en tranches
*Petits gâteaux sablés**

Côtes-de-Provence rouge
Brie de Melun – Cantal
Saint-Marcellin

□ Écrasez les jaunes d'œufs durs. Mélangez-les dans un saladier avec tous les éléments de la recette. Pétrissez suffisamment pour obtenir une pâte lisse. Mettez en boule aplatie. Enveloppez-la et laissez-la dans le réfrigérateur pendant 1 heure.

□ *Cuisson :* allumez le four à thermostat 5/6. Étalez la pâte à ½ cm d'épaisseur environ. Passez le bord du verre ou de l'emporte-pièce dans la farine avant de découper la pâte en rondelles. Déposez-les sur la plaque à pâtisserie beurrée. Faites cuire de 10 à 12 minutes à four moyen (th. 5/6). Quand ils sont blonds, décollez-les. Laissez refroidir sur une grille. Dégustez aussitôt ou conservez dans une boîte hermétique.

MON AVIS
Cette pâte sablée est très facile à travailler avec les jaunes d'œufs cuits durs qui, de plus, ne risquent pas de durcir la pâte, d'où des gâteaux très sablés. En contrepartie, la pâte est très friable (c'est une qualité à la dégustation !) mais elle est difficile à étendre. Aussi, je vous conseille de la diviser en petites boulettes, pour découper un seul sablé dans chacune. Posez-les au fur et à mesure sur la plaque. Quand celle-ci sera entièrement garnie, vous la glisserez dans le four chaud pour faire cuire normalement.

Petits pois

Par personne : 500 g (non écossés)
Choix : Cosses brillantes, lisses, vertes et lourdes (cosses fripées = pois farineux).
Cuisson : 45 mn
en autocuiseur : 12 à 15 mn

☐ *Préparation :* écossez-les et lavez-les au moment de les cuire. Sinon, enfermez-les dans un bol plastique hermétique pour les conservez dans le réfrigérateur.

☐ *Cuisson simple :* mijotés à la casserole avec beurre, petits oignons, laitue, persil, sel, poivre, hermétiquement couverts, pendant 45 minutes environ (on peut rajouter un peu d'eau chaude en cours de cuisson).

☐ *Présentation :*
– froids : à la mayonnaise, en garniture de fonds d'artichauts, de cornets de jambon, de tartelettes ;
– chauds : en jardinière, à la crème fraîche, à la menthe (hachis ajouté à la dernière minute) ;
• en garniture de tartelettes, fonds d'artichauts, nids de purée, omelettes ;
• et, s'ils sont avancés et durs : en purée, cuits à l'eau avec aromates ;
– surgelés : même préparation que les pois nouveaux ou « à la vapeur » dans le panier perforé d'un autocuiseur (10 minutes) ;
– en boîte : les présentations froides et les utilisations en « garniture » conviennent toutes.

Petit conseil : *si le couvercle ferme hermétiquement et si la cuisson est menée assez doucement, il n'est pas toujours utile d'ajouter de l'eau aux petits pois.*

Pigeons farcis à l'orientale

Facile
Cher
Prép. et cuisson : 1 h
Thermostat : 5/6

Pour 4, il faut :
2 pigeons
100 g de raisins secs (Malaga)
50 g d'amandes hachées
60 g de barde de lard
30 g de beurre
Sel, poivre

Garniture :
Couscous (semoule ou boîte)
75 g de beurre
50 g d'amandes hachées
50 g de raisins secs

Menu soigné

Melon au porto
*Pigeons farcis à l'orientale**
Couscous nature
Flan de poires (p. 123)

Tavel

☐ Couvrez les raisins d'eau chaude pour les faire gonfler 30 minutes au moins. Égouttez-les bien et mélangez-les avec les amandes hachées. Tassez dans les pigeons. Cousez l'ouverture. Ficelez un morceau de barde sur l'abdomen.

☐ Mettez les pigeons dans un plat à feu. Enduisez-les de beurre. Faites rôtir, à four moyen (th. 5/6) 15 minutes sur chaque cuisse. Au bout de cette demi-heure de cuisson, ôtez les bardes. Salez et poivrez. Laissez rôtir 10 minutes supplémentaires pour dorer la chair restée blanche sous la barde.

☐ Si vous préparez la semoule à couscous vous-même, mettez-la à cuire dans une passoire, au-dessus d'une casserole d'eau en ébullition ou dans l'autocuiseur, pendant la cuisson des pigeons.

☐ Avec un grand couteau, tranchez les pigeons en deux, sur la planche à découper. Présentez-les sur un lit de couscous généreusement beurré, parsemé d'un hachis d'amandes et de raisins.

MON AVIS
Si la préparation de la semoule à couscous vous préoccupe, n'hésitez pas à utiliser une boîte de couscous nature, tout cuit (sans garniture). Mélangez-y quelques morceaux de beurre en l'égrenant sur le plat.

Pintade braisée aux tagliatelles

Très facile
Raisonnable
Prép. et cuisson : 45 mn
Thermostat : 5/6

Pour 4, il faut :
1 pintade
3 branches d'estragon
50 g de beurre
1 verre de vin blanc sec
½ verre d'eau
Bouquet garni
Sel, poivre
1 cuil. à café pleine de farine
1 cuil. à soupe de crème fraîche

250 g de tagliatelles
Sel, poivre
50 g de beurre

Menu soigné

Tomates au concombre [1]
*Pintade braisée aux tagliatelles**
Fromages
Crêpes Suzette *(p. 93)*

Lirac ou Chusclan
Triple crème – Coulommiers Camembert

☐ Glissez une seule des branches d'estragon dans la pintade. Faites dorer de toute part dans une cocotte avec 30 g de beurre.

☐ Ajoutez ensuite : vin blanc, eau, bouquet garni, sel, poivre, les tiges d'estragon (sans les feuilles). Portez à ébullition quelques minutes. Couvrez. Mettez à four moyen de 30 à 35 minutes (th. 5/6). Retournez à mi-cuisson.

☐ Retirez la pintade cuite de la cocotte. Tenez-la au chaud. Passez le jus de cuisson.

☐ Mettez les pâtes à cuire à grande eau bouillante, bien salée.

☐ Pendant ce temps, malaxez à la fourchette 1 cuil. de farine avec autant de beurre ramolli. Incorporez, par petits morceaux, au jus de cuisson remis sur le feu, en tournant au fouet. Ajoutez-y les feuilles d'estragon coupées et la crème. Laissez bouillir quelques instants.

☐ Égouttez les tagliatelles. Mélangez-les avec 50 g de beurre. Salez et poivrez-les si nécessaire. Étalez-les dans un plat de service chaud. Disposez dessus la pintade découpée en quatre. Arrosez avec la sauce et présentez à table.

1. **Tomates au concombre :** découpez un couvercle sur chaque tomate du côté opposé à la tige. Évidez-les avec une petite cuiller. Salez l'intérieur et retournez-les sur une assiette pour les égoutter. Puis farcissez-les de rondelles de concombre accommodées avec vinaigrette, mayonnaise ou avec de la crème fraîche légèrement acidulée avec du vinaigre, ou encore avec un mélange crème/mayonnaise.

Pintade farcie, façon chasseur

Facile
Raisonnable
Prép. et cuisson : 1 h
+ marinage : la veille
Thermostat : 7/8, puis 6/7

Pour 4, il faut :
1 belle pintade
3 cuil. à soupe de porto
Un peu d'huile
Bouquet garni
1 brin de céleri
Sel, poivre
50 g de beurre
200 g de champignons
2 échalotes hachées
Persil haché
2 cuil. à soupe de vin blanc sec
½ cuil. à café de concentré de tomate
Sel, poivre

Farce :
100 g de pain de mie
½ verre de lait
Fines herbes (ciboulette, cerfeuil, persil, estragon)
1 œuf
125 g de chair à saucisse fine
2 cuil. à soupe de porto
Sel, poivre

Menu soigné

Fonds d'artichaut en salade [1]
*Pintade farcie, façon chasseur**
Purée de céleri
Fromages
Pêches Melba (p. 221)

Côte-de-Beaune ou Saint-Emilion
Comté – Pont-l'Évêque
Bleu de Bresse

☐ *Farce :* La veille, faites tremper le pain avec le lait. Pressez-le légèrement avant de le malaxer avec : fines herbes hachées, 1 œuf entier, chair à saucisse, 2 cuil. à soupe de porto, sel, poivre. Tassez dans la pintade. Mettez dans une terrine qui la contienne juste. Arrosez avec 2 autres cuil. de porto, un peu d'huile, bouquet garni, 1 brin de céleri. Laissez mariner la pintade jusqu'au lendemain, en la retournant de temps en temps.

☐ *Le jour même :* égouttez la pintade. Salez et poivrez-la. Faites-la dorer avec 30 g de beurre, dans une cocotte, puis glissez celle-ci dans le four bien chaud (th. 7/8), sans couvrir.

☐ Coupez les champignons en lamelles. Faites-les rapidement sauter à la poêle, sur feu vif, avec un peu de beurre. Ajoutez-y le hachis d'échalotes, de persil, le vin, le concentré de tomates, sel et poivre. Laissez 1 ou 2 minutes sur feu vif et ajoutez le tout dans la cocotte.

☐ Au bout de 30 minutes de cuisson de la pintade, ajoutez-y le liquide (très parcimonieux) de macération et 1 dernière cuil. de porto. Couvrez la cocotte. Laissez mijoter de 20 à 25 minutes supplémentaires dans le four un peu moins chaud (th. 6/7).

1. **Un fond d'artichaut** empli de « citronnette » est déposé dans chaque assiette, sur un lit de laitue tranchée en lanières, feuilles de mâche ou de frisée, assaisonnée de vinaigrette. Le tout étant parsemé de carotte râpée et de persil haché, c'est très joli.

Pintade grand-mère

Facile
Raisonnable
Prép. et cuisson : 1 h 15

Pour 4, il faut :
2 pintades
75 g de beurre
750 g de pommes de terre
250 g de petits oignons
Sel, poivre
250 g de champignons
Persil

Menu réception

Plateau d'huîtres [1]
*Pintade grand-mère**
Salade de cresson
Fromages
Tarte chaude flambée *(p. 321)*

Muscadet sur lie
Saint-Amour
Brie de Meaux – Chabichou
Livarot

☐ Épluchez oignons et pommes de terre. Coupez celles-ci en morceaux réguliers. Plongez le tout 5 minutes dans de l'eau en ébullition. Égouttez.

☐ Salez et poivrez l'intérieur des pintades. Mettez-les à dorer de toute part dans une grande cocotte, avec 50 g de beurre. Retirez-les ensuite de la cocotte. A la place, faites revenir oignons et pommes de terre. Lorsque les légumes sont dorés, remettez les pintades dessus, salez, poivrez. Couvrez. Laissez cuire de 40 à 50 minutes sur feu moyen.

☐ Nettoyez les champignons. Coupez-les. Faites-les sauter rapidement avec une noix de beurre. Salez, poivrez. Ajoutez-les dans la cocotte. Laissez cuire 5 minutes supplémentaires. Parsemez de persil haché avant de servir.

1. **Les huîtres** se conservent vivantes une semaine au moins au frais (4°-5°), rangées serrées dans leur bourriche d'origine. Si vous les recevez chez vous, vous connaissez la date d'expédition puisqu'elle est indiquée sur l'étiquette. Mais si vous achetez les huîtres chez le poissonnier (c'est tout de même le plus courant) regardez la bourriche d'huîtres qui vous intéresse, il y a toujours une étiquette de salubrité indiquant : la date d'expédition, la catégorie d'huîtres, et la taille. Alors, c'est permis, vous pouvez vérifier...

MON AVIS
Vous pouvez préparer un poulet de la même manière. Mais un seul poulet suffit pour 4 et même 6 personnes s'il pèse plus de 1 kg 500. Comptez 1 heure de cuisson car si la pintade est appréciée légèrement rosée, le poulet, lui, doit être bien cuit. C'est, en tout cas, mon avis !

Pissaladière

Facile
Économique
Prép. et cuisson : 1 h
+ repos de la pâte
Thermostat : 6/7

Pour 6 à 8, il faut :

Pâte brisée :
300 g de farine
½ cuil. à café de sel
150 g de beurre
ou de margarine
½ verre d'eau environ
(ou 500 g de pâte surgelée)

Garniture :
400 g d'oignons moyens
50 g de beurre
Sel, poivre
12 filets d'anchois à l'huile
20 olives noires

1 tourtière
de 26 à 28 cm ∅

Menu

*Pissaladière**
Rôti de porc froid
Salade
Fromage blanc aux radis (p. 130)
Fruits

□ *Pâte brisée :* mélangez farine, sel et beurre en morceaux en pressant et frottant les paumes des mains l'une contre l'autre. Ajoutez un peu d'eau à ce mélange granuleux. Pétrissez vivement. Mettez en boule. Écrasez-la avec la paume de la main. Remettez en boule sans insister. Cela trois fois, très rapidement. Étalez la pâte assez finement dans la tourtière, et mettez au réfrigérateur, une heure si possible.

□ Pelez les oignons (sous l'eau froide pour ne pas pleurer). Coupez-les en lamelles fines. Faites-les blondir dans une casserole à fond épais avec 50 g de beurre. Ajoutez ensuite 1 cuil. à soupe d'eau, sel, poivre. Couvrez. Faites mijoter pendant 15 minutes.

□ Étalez les oignons cuits dans la tourtière garnie de pâte. Disposez dessus les filets d'anchois en étoile et les olives. Faites cuire à four chaud (th. 6/7) 30 à 40 minutes. Démoulez et servez chaud ou tiède.

MON AVIS
Vous pouvez cuire la pissaladière à l'avance et la conserver tiède pendant plus d'une heure, enveloppée dans une double épaisseur d'aluminium ménager. C'est intéressant quand on doit l'emporter en pique-nique, par exemple.

Pizza aux tomates et anchois

Très facile
Économique
Prép. et cuisson : 30 mn
Thermostat : 6/7

Pour 4 à 6, il faut :
400 g de pâte à pain [1]
Huile d'olive de préférence
300 g d'anchois au sel [2]
ou à l'huile
1 olive noire
150 g d'olives vertes
dénoyautées
2 ou 3 tomates
Marjolaine ou thym
Poivre

Menu soigné

*Pizza aux tomates et anchois**
Poulet rôti
Pommes sautées
Salade
Fromages
Ananas frais et sorbet au citron

Rosé de Provence
Gorgonzola – Fromage frais à l'ail
Comté

□ Arrosez la pâte avec un peu d'huile. Travaillez-la rapidement. Puis étalez-la en une couche mince. Couvrez-en une plaque ou une tourtière graissée. Arrosez légèrement d'huile. Roulottez le bord sur lui-même.

□ Otez les arêtes des anchois au sel [2]. Disposez-les sur la pizza, en étoile autour d'une olive noire.

□ Hachez grossièrement les olives vertes. Parsemez ce hachis entre les anchois et les rondelles de tomates disposées en couronne. Saupoudrez de marjolaine ou de thym effeuillé, poivre (pas de sel). Arrosez d'un peu d'huile. Mettez à four chaud. Dégustez la pizza tiède (ou réchauffée).

MON AVIS
1. Achetez la pâte à pain chez le boulanger. Commandez-la un peu à l'avance.

2. Les anchois salés doivent être d'abord dessalés rapidement à l'eau froide.

Poires aux chocolat

Très facile
Économique
Prép. et cuisson : 25 mn

Pour 4 à 6, il faut :
1 grande boîte de poires au sirop
½ l de glace à la vanille

Sauce chocolat :
200 g de chocolat amer
40 g de beurre

Décor :
Quelques violettes en sucre (facultatif)

4 à 6 coupelles

Menu soigné

Moules farcies en escargot [1] *(p. 182)*
Rognons d'agneau vert pré (p. 267)
Pommes sautées
Salade
Fromages
*Poires au chocolat**

Muscadet – Beaujolais Villages
Chevrotin de Mâcon – Brie de Meaux
Bleu d'Auvergne

☐ Égouttez les poires. Conservez le sirop.

☐ *Sauce chocolat :* faites fondre au bain-marie le chocolat cassé en petits morceaux, sans y toucher. Quand il est ramolli, incorporez-y le beurre très mou, puis 2 ou 3 cuil. à soupe de sirop de poires. Mélangez vigoureusement au fouet pour obtenir une crème lisse.

☐ Répartissez la glace dans des coupelles. Déposez les morceaux de poires dessus ou autour. Arrosez avec le chocolat très chaud et servez aussitôt.

1. **Les moules farcies,** préparées à l'avance, placées dans le réfrigérateur, seront mises à gratiner un peu avant de passer à table. C'est donc un premier plat sans souci.

MON AVIS
J'ai parfois servi de la crème fouettée, en plus, et je vous assure que c'était très bon !

Pois cassés en « purée Saint-Germain »

Très facile
Économique
Prép. et cuisson : 1 h 30
en autocuiseur : 5 mn
+ 15 mn

Pour 4, il faut :
500 g de pois cassés
50 g de lard maigre
30 g de beurre
1 petite carotte
1 oignon
2 ou 3 feuilles de laitue
Bouquet garni
Sel, poivre

Menu

Assiette de mâche/ betterave rouge

Crépinettes à la poêle

*Purée Saint-Germain**

Œufs au lait (p. 197)

□ Mettez les pois cassés dans une grande casserole d'eau froide non salée. Portez lentement à ébullition. Laissez bouillir 15 minutes (en autocuiseur : 5 minutes). Égouttez-les et passez-les sous l'eau froide.

□ Coupez le lard en très petits morceaux. Faites-les dorer dans une cocotte avec une noix de beurre. Ajoutez-y carotte et oignon en rondelles, pois cassés, feuilles de laitue, bouquet garni, eau bouillante à hauteur. Couvrez. Laissez cuire doucement 1 heure environ (en autocuiseur : 15 minutes). Salez à mi-cuisson seulement. Remettez un peu d'eau si l'évaporation est trop rapide.

□ Égouttez les pois très soigneusement. Retirez-en le bouquet garni. Puis réduisez-les en purée, au mixer ou au moulin à légumes. Poivrez. Incorporez-y une noix de beurre et servez cette purée assez épaisse.

MON AVIS
J'ajoute souvent, dans ma purée de pois, 1 ou 2 pincées de muscade râpée ainsi que 2 bonnes cuil. de crème fraîche. Je supprime, dans ce cas, les lardons.

Prenez garde, la purée de pois cassés attache facilement au fond du récipient. Tenez celui-ci au bain-marie pour garder la purée bien chaude ; ou alors utilisez une casserole à revêtement antiadhésif pour éviter tout désagrément.

Pois chiches provençale (salade de)

Très facile
Économique
Prép. : 10 mn

Pour 4, il faut :
1 boîte de pois chiches
1 gousse d'ail

Vinaigrette :
4 cuil. a soupe d'huile (olive, de préférence)
1 cuil. à soupe de vinaigre
1 cuil. à café de moutarde forte
1 petit oignon
½ poivron vert
Muscade
Fines herbes
Sel, poivre

Pour décorer :
Olives noires
Filets d'anchois

Menu

*Salade de pois chiches provençale**
Steak de jambon aux épices
Tomates grillées
Crème renversée

☐ Rincez les pois chiches à l'eau froide et égouttez-les bien.

☐ Frottez un saladier avec la gousse d'ail épluchée. Mélangez-y la vinaigrette avec moutarde, oignon et poivron finement coupés, fines herbes hachées et 2 pincées de muscade râpée.

☐ Ajoutez-y les pois chiches. Remuez délicatement. Parsemez de persil haché. Décorez avec des olives noires et filets d'anchois. Laissez macérer si possible une heure ou deux avant de servir.

Les pois chiches (cuisson en autocuiseur seulement, le temps étant extrêmement long) :
– à l'eau froide non salée, une première cuisson de 15 minutes en autocuiseur sous pression ;
– une deuxième cuisson, à l'eau bouillante, avec carotte, oignon, girofle, bouquet garni, environ 1 heure 30 toujours en autocuiseur. Ouvrez celui-ci à mi-cuisson, pour saler et poivrer.

MON AVIS
Il est évident que, si le cœur vous en dit et le temps vous le permet, vous pouvez cuire des pois chiches vous-même (voir note en marge). Vous les trouverez encore plus savoureux.

Pommes bonne femme

Très facile
Économique
Prép. et cuisson : 30 mn
Thermostat : 6/7

Pour 4, il faut :
4 grosses pommes
30 g de beurre
4 morceaux de sucre
4 cuil. à café
de confiture (facultatif)

Menu

Poireaux vinaigrette

Tendron de veau aux carottes

Yaourt

*Pommes bonne femme**

☐ Lavez et essuyez les pommes. Otez-en les pépins en les creusant, sans les briser, avec un vide-pomme ou un couteau pointu. Pelez-les ou, avec la pointe du couteau, entaillez-en la peau en décrivant une spirale autour de la pomme pour éviter qu'elle n'éclate en cuisant.

☐ Disposez-les dans un plat à feu. Dans chacune, enfoncez une grosse noix de beurre, un morceau de sucre et une petite cuil. de confiture (facultatif). Versez quelques cuil. d'eau au fond du plat. Faites cuire à four chaud (th. 6/7) 25 minutes environ. Arrosez en cours de cuisson.

MON AVIS
Vous pouvez également faire des **pommes meringuées** pour utiliser un reste de blanc d'œuf. Battez celui-ci en neige ferme en le sucrant à mi-opération (2 cuil. à soupe par blanc). Étalez cette meringue sur les pommes justes cuites et remettez au four quelques minutes pour faire blondir.

Pommes en charlotte

Très facile
Économique
Prép. et cuisson la veille : 1 h 15
Thermostat : 6/7

Pour 4, il faut :
1 kg de pommes (acides, de préférence)
50 g de beurre
150 g de sucre
100 g de raisins secs
½ cuil. à café de cannelle
½ citron

1 moule à charlotte ou à soufflé

Menu

Consommé en tasse (p. 241)
Pot-au-feu et ses légumes
Fromage
*Pommes en charlotte**

☐ Pelez et coupez les pommes en lamelles fines.

☐ Beurrez généreusement le moule. Versez-y, par couches successives, ⅓ des pommes, ⅓ du sucre, la moitié des raisins, la moitié du beurre en morceaux, ½ cuil. à café de cannelle. Puis, à nouveau, ⅓ des pommes, ⅓ du sucre, le reste des raisins et des pommes. Terminez avec le reste du sucre, du beurre et le jus de citron. Tassez bien.

☐ Couvrez et mettez à four chaud (th. 6/7) pendant 1 heure. A mi-cuisson, tassez bien les pommes dans le moule à l'aide d'une cuiller.

☐ Laissez refroidir jusqu'au lendemain avant de démouler cette charlotte qui sera prise en gelée plus ou moins ferme selon la variété des pommes utilisées.

MON AVIS
Les pommes peu mûres, de goût acide prennent mieux en gelée car elles sont plus riches en pectine que les pommes douces.
Les plus indiquées pour la préparation de cette charlotte sont donc à choisir parmi les variétés acides, telles que : reinette clochard, reine des reinettes, boskoop.

Pommes marmiton

Très facile
Économique
Prép. et cuisson : 1 h 30
Thermostat : 5/6

Pour 4, il faut :
1 kg de pommes de terre
800 g d'oignons doux
2 cuil. à soupe d'huile
50 g de beurre
1 tablette de bouillon de poule
Sel, poivre

Menu

Chou rouge vinaigrette

Côtes de veau poêlée

*Pommes marmiton**

Beignets aux pommes (p. 27)

☐ Pelez les pommes de terre et les oignons. Tranchez-les en fines rondelles, à l'aide de votre robot.

☐ Faites-les dorer, en plusieurs fois, dans une grande poêle contenant l'huile et le beurre.

☐ Étalez-les dans un plat à four creux (genre « sabot »). Délayez la tablette de bouillon dans 1 petit bol d'eau bouillante. Poivrez. Ne salez pas ou très peu. Versez sur les légumes. Glissez à mi-hauteur du four chaud (th. 5/6) de 45 minutes à 1 heure.

MON AVIS
Si le dessus colore trop vite, placez une feuille d'aluminium pour le protéger.

Des oignons un peu forts devront être plongés quelques instants dans de l'eau en ébullition (blanchis) avant d'être tranchés en rondelles. Cela suffira pour atténuer leur saveur excessive.

Pommes de terre en robe d'argent

Très facile
Économique
Prép. et cuisson : 1 h 15
Thermostat : 6/7
ou en autocuiseur : 15 mn

Pour 4, il faut :
4 grosses pommes de terre
Feuille d'aluminium
Sel, poivre

Sauce « a » :
1 tasse de crème fraîche
Ciboulette hachée
1 cuil. à café de raifort râpé

Sauce « b » :
1 tasse de gruyère râpé
30 g de beurre fondu
½ tasse de crème fraîche
1 ou 2 oignons crus finement hachés
Sel, poivre

Menu

Salade niçoise (p. 286)
Brochettes de porc (p. 390)
*Pommes de terre en robe d'argent**
Fromage blanc et pruneaux

☐ Lavez et brossez les pommes de terre. Déposez chacune sur une feuille d'aluminium assez grande. Salez, poivrez. Tordez à chaque extrémité de la feuille pour enfermer la pomme de terre hermétiquement.

☐ Mettez à cuire à four chaud (th. 6/7) 1 heure environ ou 15 minutes dans l'autocuiseur.

☐ Au moment de servir, fendez en deux les pommes de terre, toujours entortillées de papier. Présentez dans une saucière, la sauce de votre choix « a » ou « b ».

MON AVIS
Avant d'envelopper la pomme de terre, je la fends parfois en deux et j'y glisse deux demi-gousses d'ail. Je referme et je cuis. Excellent ! Mais dans ce cas, ne présentez pas de raifort qui s'associe mal avec l'ail.

En autocuiseur, les pommes de terre, préparées et enveloppées d'aluminium comme dans la recette, sont déposées au fond avec 1 verre d'eau (une petite quantité d'eau étant indispensable pour la mise sous pression). Comptez de 12 à 15 minutes de cuisson.

Porc Le choix des morceaux

1 Jambon ou cuisse
2 Filet ou côtes-filet
3 Carré de côtes
4 Pointe
5 Palette
6 Épaule
7 Échine
8 Jambonneau
9 Poitrine
10 Travers de côtes
11 Plat de côtes

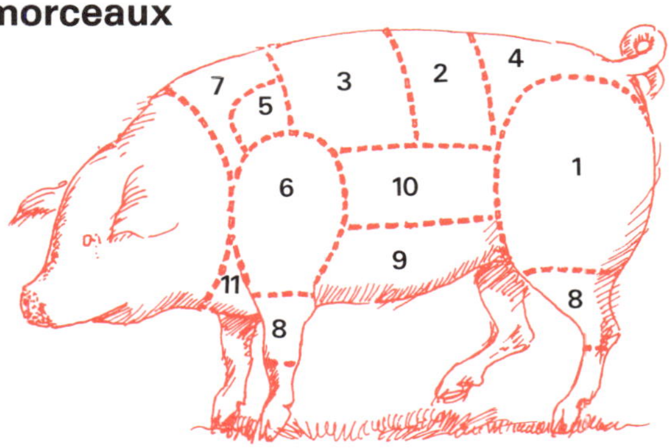

Destination	Morceaux	Caractéristiques	Temps de cuison
Rôti	carré avec filet	Belle présentation avec ses manches de côtelette	30 mn par livre
	pointe de filet	Plus avantageux Plus goûteux Se découpe mieux froid que chaud	
	palette	Tendre, assez maigre	
	échine	Moelleuse, économique	
Poêlé	carré (côtes 1res)	Assez maigre	6 à 8 mn de chaque côté
	basses côtes	Plus moelleuses	
	échine	Très savoureuse Un peu grasse	
Ragoût	poitrine fraîche	grasse	1 h 45 40 mn en autocuiseur
	échine		
Potée	palette plat de côtes échine jarret petit salé		3 h à 3 h 30 1 h 30 en autocuiseur

Le porc peut être vendu frais, salé, demi-sel ou fumé.
Frais : il est parfois moins cher.
Salé : il cuit plus vite.
Fumé : il communique son goût particulier aux aliments cuisinés en même temps.
Le porc de qualité est pâle et nacré. Le grain de sa chair est fin et serré. Son lard est blanc et ferme. Exception toutefois pour l'échine et les tranches de grillades nettement plus rouges et plus molles.
Un rôti long et étroit est plus avantageux parce que plus facile à découper.

Potage « ox-tail »

Très facile
Raisonnable
Prép. et cuisson :
en autocuiseur : 1 h 45

Pour 6, il faut :
1 queue de bœuf en tronçons
3 l d'eau froide
1 carotte
1 navet
2 poireaux
1 oignon
5 clous de girofle
Bouquet garni
Sel
10 grains de poivre
Quelques fines tranches de pain grillé

Garniture :
1 carotte
1 navet
Blanc des poireaux
1 branche de céleri
1 noix de beurre
1 cuil. à café de fécule de pomme de terre
1 verre à liqueur de madère

Menu soigné

*Potage « ox-tail »**
Rôti de dindonneau
Cœurs de céleri braisés [1]
Fromages
Pêches Melba (p. 291)

Bordeaux rouge
Saint-Nectaire – Vacherin
Bresse bleu

□ *Consommé :* plongez les morceaux de queue de bœuf 5 minutes dans de l'eau en ébullition. Égouttez-les et remettez-les dans 3 l d'eau froide avec carotte, navet, les feuilles vertes des poireaux, oignon, clous de girofle, bouquet garni, sel, poivre en grains. Faites bouillir 1 heure en autocuiseur.

□ Égouttez la queue de bœuf. Retirez-en la chair et coupez-la en petits morceaux.

□ Épluchez et coupez les légumes de la garniture en petits dés. Faites-les revenir doucement avec 1 noix de beurre dans une casserole couverte. Puis ajoutez-y la viande déchiquetée et le bouillon passé. Laissez mijoter ensemble 30 mn en casserole normale.

□ Avant de servir, incorporez au potage bouillant 1 cuil. à café de fécule délayée avec 1 verre à liqueur de madère. Présentez l'ox-tail en soupière ou, mieux, dans des bols individuels, avec le pain grillé à part.

MON AVIS
Quand la queue de bœuf est suffisamment cuite, sa chair se détache facilement de l'os à l'aide de deux fourchettes. Ce potage se réchauffant très bien le lendemain, vous pouvez sans hésiter en préparer pour deux jours.

1. **Les cœurs de céleri** en boîte font un excellent accompagnement pour une viande rôtie. Les maîtresses de maison y pensent rarement, alors que les cuisiniers professionnels y ont souvent recours. Après avoir égoutté et épongé ces cœurs de céleri, laissez-les mijoter avec du beurre ou, mieux encore, avec du jus de viande. Au bout d'une demi-heure, ils seront prêts à servir.

Pot-au-feu

Très facile
Raisonnable
Prép. et cuisson : 3 h 30
en autocuiseur : 1 h 30

Pour 4 à 6, il faut :
1,500 kg à 2 kg de bœuf (macreuse, plat-de-côte ou griffe, par exemple)
4 à 6 blancs de poireaux
4 carottes
3 navets
1 oignon piqué de 3 clous de girofle
1 gousse d'ail
1 branche de céleri
Bouquet garni
Sel
1 os à moelle
4 à 6 pommes de terre
Quelques tranches de pain grillé (ou biscottes)
Gros sel
Cornichons
Moutarde

Menu

Bouillon en tasse

*Pot-au-feu**

Chicorée de Trévise et pommes-fruits

Fromage

Clafoutis aux poires *(p. 64)*

☐ Nettoyez les légumes. Versez de l'eau froide à mi-hauteur du faitout. Faites chauffer avec : oignon piqué de clous de girofle, ail, céleri, bouquet garni, sel.

☐ Plongez la viande dans l'eau en ébullition. Couvrez et laissez cuire doucement.

☐ Au bout d'une heure et demie de cuisson (en autocuiseur : 45 minutes), ajoutez les légumes dans le pot-au-feu (sauf les pommes de terre qui cuiront à part) et l'os à moelle. Remettez à bouillir doucement. Comptez une cuisson totale de 2 heures 30 à 3 heures (en autocuiseur : 1 heure 30).

☐ 30 minutes avant la fin, faites cuire à l'eau salée les pommes de terre pelées (ou dans l'autocuiseur, dans le panier perforé placé au-dessus du bouillon : elles cuiront à la vapeur, pendant 15 minutes sous pression).

☐ Présentez sur un grand plat chaud la viande, les légumes et la moelle en tranches. A part, gros sel, cornichons et moutarde.
(Le bouillon sera servi en premier, avec du pain grillé.)

MON AVIS
Pour un très bon pot-au-feu, réunissez, ficelés ensemble, 3 morceaux de bœuf :

- un gras (plat-de-côtes, tendron, poitrine, flanchet) ;
- un maigre (griffe, macreuse) ;
- un moelleux (gîte-gîte, jumeau, queue).

La viande bouillie perd près de 40 p. 100 de son poids. Tenez-en compte. Trop de légumes pour peu de viande donnent un pot-au-feu médiocre.

Pour que la **moelle** ne disparaisse pas dans le bouillon en cuisant, frottez de citron les extrémités de l'os à moelle. Ou, plus efficace encore, maintenez une rondelle de citron à chaque bout, en les ficelant.

Et pour changer des cornichons et du gros sel, préparez une vinaigrette additionnée d'une bonne quantité de persil ou de cerfeuil, pour accompagner le pot-au-feu.

Si vous voulez un énorme pot-au-feu, digne d'un festin sans protocole, vous ajouterez aux morceaux de bœuf : 1 jarret de veau, 1 petit collier de mouton pas trop gras et même une poule. Vous retirez les viandes au fur et à mesure de leur cuisson et les garderez au chaud dans le four tiède. Vous les remettrez dans le bouillon vers la fin, pour bien les réchauffer.

Poule-au-pot béarnaise

Très facile
Raisonnable
Prép. et cuisson : 3 h 30
en autocuiseur : 1 h
environ

Pour 6, il faut :
1 poule pas trop grasse
1 petit jarret de veau
4 carottes
4 navets
6 blancs de poireaux
1 oignon
2 clous de girofle
1 branche de céleri
Bouquet garni
1 citron
Sel, poivre
6 tranches de pain grillé
ou 6 biscottes

Farce :
100 g de mie de pain rassis
1 verre de lait
150 g de jambon cru (Bayonne)
100 g d'épaule de veau
3 à 5 gousses d'ail
Persil
100 g de chair à saucisse
30 g de pâté de foie
1 pincée de thym effeuillé
2 ou 3 pincées de muscade râpée
1 œuf
Sel, poivre

Menu soigné

Bouillon
*Poule-au-pot béarnaise**
et ses légumes
Fromages
Sorbet cassis et crème fraîche

Irouléguy ou Madiran
Laguiole – Chabichou
Saint-Gorlon

□ Faites bouillir le jarret de veau 5 minutes et égouttez-le. Nettoyez tous les légumes. Liez les poireaux en botte.

□ Dans un faitout d'eau froide mettez : jarret de veau, gésier, cœur et abattis de la poule, oignon piqué de clous de girofle, branche de céleri, bouquet garni, sel, poivre. Faites bouillir doucement. Écumez de temps en temps, si possible.

□ *Farce :* arrosez le pain avec le lait chaud. Hachez ensemble, à la moulinette électrique : jambon, veau, foie de la poule, ail et persil. Malaxez énergiquement cette préparation avec : chair à saucisse, pâté de foie, thym effeuillé, muscade, mie de pain pressée, œuf, sel et poivre, pour obtenir un mélange lié, bien épicé.

□ Tassez cette farce dans la poule. Cousez l'ouverture et maintenez ailes et cuisses avec un long morceau de très gros fil, de façon à en laisser suffisamment dépasser pour pouvoir l'attacher à une anse du faitout. Pour que la poule reste bien blanche, frottez-la entièrement de citron. Plongez-la dans le bouillon en ébullition. Laissez-la bouillir à petit feu de 2 heures 30 à 3 heures suivant sa fermeté (en autocuiseur : 1 heure environ).

□ Au bout d'une heure, mettez les légumes à cuire avec la poule (en autocuiseur : 25 minutes avant la fin).

□ Au moment de servir, disposez le pain grillé dans une soupière ou les assiettes. Versez dessus le bouillon très chaud. Servez dans un grand plat creux les légumes égouttés, la poule et le jarret coupés en morceaux et, dessus, la farce en tranches.

MON AVIS

Si vous ne pouvez pas introduire toute la farce dans la poule, enfermez le reste dans une feuille d'aluminium bien repliée et faites cuire dans le bouillon, en même temps que la poule.

Quelques pommes de terre cuites à part compléteront les légumes du bouillon.

Enfin, votre poule-au-pot, farcie ou non, sera toujours parfaite si vous suivez ces quelques conseils :
- une volaille suffisamment ferme pour supporter une douce cuisson prolongée, sans que sa chair s'effiloche ;
- pas trop d'eau pour la cuire ;
- un bouillon bien dégraissé ;
- pour que la poule reste bien blanche, frottez-la entièrement de citron avant de la plonger dans le bouillon ;
- et pour que le bouillon ait une couleur dorée : faites colorer un gros oignon, sans matière grasse, jusqu'à ce qu'il soit très brun. Il teintera le bouillon auquel il sera joint, en début de cuisson.

Potage velouté d'avocat

Très facile
Raisonnable
Prép. et cuisson : 15 mn

Pour 4, il faut :
1 avocat
1 l de bouillon de poulet (tablette)
Quelques feuilles d'estragon
Poivre, peu de sel
1 cuil. à soupe de crème fraîche
2 jaunes d'œufs
Petits dés de pain frais (facultatif)

Menu soigné

*Potage velouté d'avocat**
Cailles rôties
Pommes rissolées
Salade
Fromages
Crêpes Suzette (p. 93)

Saint-Amour ou Bourgueil
Boursin – Morbier – Pont-l'Évêque

☐ Pendant que chauffe le bouillon de poulet, épluchez l'avocat et coupez-le en dés. Mettez dans le bocal du mixer avec l'estragon, un peu de sel, poivre. Couvrez juste avec du bouillon bouillant. Mixez en donnant 2 ou 3 impulsions.

☐ Versez, en plusieurs fois, le reste du bouillon très chaud dans le mixer. Mixez par à-coups. Terminez en ajoutant la crème fraîche et les jaunes d'œufs. Mixez en continu, le temps d'obtenir une crème parfaitement homogène. Servez aussitôt en soupière ou en tasses, accompagné ou non de petits dés de pain de mie sautés au beurre.

MON AVIS
L'estragon peut être remplacé par du cerfeuil ou de la ciboulette. Et pour obtenir une saveur beaucoup plus accentuée, vous ajouterez ¼ de gousse d'ail seulement.

Poulet au citron vert et à l'orange

Très facile
Économique
Prép. et cuisson : 1 h
Marinade : la veille

Pour 4, il faut :
1 poulet de 1,400 kg environ
50 g de beurre
Sel, poivre

Marinade :
½ orange (jus)
½ citron vert (jus)
1 petit oignon ou
1 échalote en rondelles
1 cuil. à café d'huile
Quelques gouttes de tabasco

Menu soigné

Saladier de crudités
*Poulet au citron vert et à l'orange**
Pâtes à la crème [1]
Tarte flambée *(p. 321)*

Tavel ou Chusclan

☐ *La veille :* aplatissez complètement le poulet après l'avoir ouvert par le dos à l'aide d'un grand couteau (c'est facile, mais vous pouvez demander au marchand de le faire à votre place). Mettez le poulet à mariner, bien à plat dans un large récipient, avec le jus d'orange et de citron, rondelles d'oignon ou d'échalote, huile et tabasco. Couvrez d'une feuille d'aluminium et laissez macérer dans le réfrigérateur jusqu'au lendemain.

☐ *Le jour même :* chauffez le four. Égouttez le poulet. Placez-le à plat (peau dessus) dans un grand plat creux. Parsemez de sel, poivre et tartinez de beurre. Glissez dans le four très chaud (th. 7/8) pendant 40 minutes environ. Arrosez souvent avec un peu de marinade.

☐ Placez le poulet cuit à plat sur la planche à découper. Coupez-le en 4 portions. Mettez-les sur les assiettes de service. Tenez au chaud dans le four éteint.

☐ Videz l'excès de gras resté dans le plat de cuisson. Puis délayez-y le reste de marinade et un peu d'eau (3 cuil. en tout) sur feu doux. Laissez bouillir quelques instants. Versez sur le poulet dans les assiettes.

1. **Pâtes à la crème :** frottez d'ail tout l'intérieur du plat de présentation (très chaud) dans lequel vous mélangerez les pâtes bien égouttées mais brûlantes avec quelques grosses cuil. de crème. Servez aussitôt.

Poulet sauté aux raisins frais

Très facile
Économique
Prép. et cuisson : 1 h
en autocuiseur : 12 mn

Pour 4, il faut :
1 poulet de 1,500 kg en morceaux
2 tomates
1 échalote hachée
50 g de beurre
Sel, poivre
Un peu de farine
1 cuil. à soupe d'huile
1 verre de banyuls
24 grains de raisins (muscat)

Riz pilaff :
200 g de riz long
1 oignon haché
25 g de beurre
Eau (2 fois le volume du riz)
Sel, poivre
Bouquet garni

Cuisson en autocuiseur : il vaut mieux la faire un peu trop courte, quitte à prolonger de 5 ou 10 minutes la cuisson du poulet, sans mettre la pression. Vous obtiendrez ainsi un très bon résultat : le poulet cuira en un temps record mais sa chair ne s'effilochera pas.

Menu soigné

Melon au porto
*Poulet sauté aux raisins frais**
Riz pilaff
Salade
Clafoutis aux fruits de saison (p. 64)

Côtes-de-Provence rosé ou Jurançon (original)

☐ Pelez les tomates. Coupez-les et pressez-les légèrement pour les épépiner. Hachez l'échalote.

☐ Jetez échalote et tomates dans une cocotte contenant 25 g de beurre chaud. Laissez cuire doucement, sans couvrir. Mélangez de temps en temps. Salez et poivrez.

☐ Farinez légèrement les morceaux de poulet. Faites-les dorer, dans une grande poêle, avec l'huile et 25 g de beurre, sur feu vif. Déposez-les ensuite sur les tomates, dans la cocotte. Arrosez de banyuls. Couvrez et laissez mijoter 40 minutes environ (en autocuiseur : 12 minutes).

☐ *Riz pilaff :* faites revenir légèrement l'oignon haché dans 25 g de beurre. Mélangez-y le riz préalablement lavé et égoutté. Puis ajoutez-y l'eau (2 fois le volume du riz), sel, poivre et bouquet garni. Couvrez et laissez cuire doucement de 17 à 20 minutes.

☐ Pelez le raisin. Mettez-le dans la cocotte 5 minutes avant la fin, juste pour réchauffer.

☐ Tassez le riz cuit dans un moule préalablement beurré (savarin ou soufflé). Retournez-le sur un plat chaud. Garnissez le centre ou le pourtour avec les morceaux de poulet et sa sauce. Servez aussitôt.

Poulet sauté brésilienne

Très facile
Raisonnable
Prép. et cuisson : 1 h 15
en autocuiseur : 25 mn

Pour 4, il faut :
1 poulet en morceaux
Farine
3 cuil. à soupe d'huile d'olive
1 oignon
½ bouteille de vin blanc sec
Sel
2 petits piments forts
3 gousses d'ail
250 g de tomates
250 g de champignons
150 g d'olives vertes dénoyautées
50 g d'amandes effilées

1 boîte de maïs en grains
Un peu de beurre

Menu exotique

Potage velouté d'avocat (p. 246)
*Poulet sauté brésilienne**
Maïs en grains
Salade de tomates/poivrons/laitue
Sorbet à la noix de coco
Petits sablés (p. 225)

Vin rosé de Béarn ou de Corse

☐ Passez les morceaux de poulet dans la farine. Faitez-les dorer dans une cocotte, sur feu vif, avec de l'huile d'olive. Lorsqu'ils sont colorés de toute part, ajoutez l'oignon haché. Laissez revenir un peu.

☐ Versez dessus ½ bouteille de vin blanc, autant d'eau, un peu de sel, piments, ail. Couvrez et laissez mijoter de 30 à 35 minutes (en autocuiseur : 12 minutes).

☐ Coupez les tomates en morceaux. Nettoyez les champignons sans les couper. Ajoutez le tout ainsi que les olives et les amandes dans la cocotte. Laissez mijoter 25 minutes supplémentaires (en autocuiseur : 10 minutes). Servez avec le maïs préalablement égoutté et réchauffé avec du beurre et relevé de sauce pimentée de la cuisson du poulet.

MON AVIS
Pour atténuer l'excès de saveur (sel et âcreté) des olives, mettez-les dans une casserole d'eau froide et portez-les juste à ébullition avant de les joindre à votre plat.

Poulet sauté provençale

Très facile
Économique
Prép. et cuisson : 1 h
en autocuiseur :
20 à 25 mn

Pour 4, il faut :
1 poulet en morceaux
1 cuil. à soupe d'huile
20 g de beurre
1 cuil. à soupe rase de farine
3 tomates
1 gousse d'ail
5 ou 6 feuilles de basilic frais ou ¼ de cuil. à café de basilic en poudre
½ bouteille de vin blanc sec
Bouquet garni
Sel, poive
Persil

Garniture
2 tranches de pain de mie
30 g de beurre
125 g de champignons
100 g d'olives noires dénoyautées

Menu soigné

Melon et jambon de Parme
*Poulet sauté provençale**
Riz nature
Fromages
Pêches au sirop et glace

Rosé de Bandol
Cantal – Chabichou
Gorgonzola

☐ Faites dorer le poulet de toute part, dans une cocotte, avec 1 cuil. d'huile et 20 g de beurre. Saupoudrez de farine. Mélangez. Ajoutez les tomates en morceaux, ail, feuilles de basilic coupées, vin blanc, ¼ de litre d'eau, bouquet garni, sel, poivre. Couvrez. Laissez mijoter 30 minutes (en autocuiseur : 12 minutes).

☐ Nettoyez les champignons. Coupez-les en lamelles. Ajoutez-les dans la cocotte avec les olives. Laissez cuire 15 minutes supplémentaires (en autocuiseur : 6 ou 7 minutes).

☐ Coupez les tranches de pain en triangle. Faites-les dorer des deux côtés, à la poêle, avec 30 g de beurre, sur feu moyen.

☐ Retirez le bouquet garni de la cocotte. Versez le poulet et sa sauce dans un plat creux. Parsemez de persil haché. Décorez avec les croûtons frits et servez.

MON AVIS
Pressez toujours légèrement les tomates avant de les ajouter à une cuisson (viande ou poisson). Sinon vous obtiendriez une sauce trop liquide.
Si, malgré cela, le jus de cuisson vous paraît trop allongé, découvrez la cocotte pendant le dernier quart d'heure de cuisson, au moment, par exemple, où vous ajoutez les champignons et les olives, comme dans cette recette.

Poulet Vallée d'Auge

Très facile
Raisonnable
Prép. et cuisson : 1 h 15
en autocuiseur :
20 à 25 mn

Pour 4, il faut :
1 poulet coupé en 8 ou 10
1 cuil. à soupe d'huile
40 g de beurre
Sel, poivre
1 verre à liqueur de calvados
2 jaunes d'œufs
200 g de crème fraîche

Menu soigné

Salade frisée aux lardons
*Poulet Vallée d'Auge**
Riz nature/pommes-fruits sautées
Fromages
Diplomate à la confiture (p. 104)

Saumur Champigny ou Bouzy
Feuille de Dreux [1] – Pavé d'Auge
Neufchâtel

☐ Faites revenir les morceaux de poulet dans une sauteuse avec 1 cuil. d'huile et une noix de beurre, sans laisser dorer. Puis retirez les morceaux et égouttez toute la graisse de cuisson.

☐ Remettez à fondre 25 g de beurre dans la sauteuse. Ajoutez-y les morceaux de poulet, sel, poivre. Couvrez hermétiquement et laissez mijoter sur feu doux 1 heure environ (en autocuiseur : de 20 à 25 minutes).

☐ Le poulet étant cuit, arrosez-le de calvados et faites flamber aussitôt sur le feu. Déposez-le dans un plat. Tenez au chaud.

☐ Délayez jaunes d'œufs et crème fraîche à l'aide du fouet à sauce. Incorporez au jus resté sur feu doux sans laisser bouillir (comme pour une crème anglaise). Dès que la sauce est légèrement onctueuse, versez-la sur le poulet. Servez aussitôt dans des assiettes chaudes.

MON AVIS
Si la sauce du poulet est très grasse, dégraissez-la à l'aide d'une cuiller avant d'y incorporer le mélange crème/jaunes d'œufs car la liaison se fait mal avec une sauce huileuse.
Les pommes-fruits accompagnant le poulet Vallée d'Auge sont coupées en tranches épaisses et rapidement sautées au beurre, sans assaisonnement du tout.

1. **Feuille de Dreux :** fromage rond, assez large et plat, enveloppé de feuilles de châtaignier et préparé avec du lait de vache. Sa saveur se rapproche de celle du brie de Melun, en plus accentuée. Choisissez-le bien souple au toucher mais d'aspect sympathique sous ses feuilles sèches et bien collées, d'odeur assez forte mais pas ammoniaquée.

Profiterolles au chocolat

Facile
Raisonnable
Prép. et cuisson : 1 h
Thermostat : 5/6

Pour une trentaine de profiterolles, il faut :

Pâte à choux :
¼ de l d'eau (250 g)
1 cuil. à café de sucre en poudre
¼ de cuil. à café de sel
80 g de beurre ou de margarine
125 g de farine (4 cuil. à soupe bombées)
4 gros œufs

Sauce au chocolat chaude :
50 g de chocolat noir amer extra
¼ de cuil. à café de café soluble
30 g de beurre
250 à 300 g de lait condensé, non sucré
3 cuil. à soupe de miel

Menu soigné

Fonds d'artichauts garnis
de haricots verts vinaigrette
Carré d'agneau persillade (p. 51)
Jardinière de légumes
Salade
Fromages
*Profiterolles au chocolat**

Saint-Nicolas de Bourgueil
Sainte-Maure – Monsieur Fromage
Pithiviers au foin

☐ *Pâte à choux :* dans une casserole, faites chauffer l'eau avec sucre, sel, beurre en morceaux. Dès que celui-ci est fondu, retirez la casserole du feu. Jetez-y la farine d'un seul coup. Mélangez vigoureusement à la spatule. Reportez sur le feu en travaillant jusqu'à ce que la pâte n'adhère plus ni à la cuiller ni à la casserole. Hors du feu, ajoutez les œufs, un à un, en battant toujours vigoureusement.

☐ Allumez le four à thermostat 5/6.

☐ Beurrez la plaque à pâtisserie. Déposez dessus des noisettes de pâte suffisamment espacées pour gonfler. Faites cuire à four moyen (thermostat 5/6) de 20 à 25 minutes. Sortez les choux du four lorsqu'ils sont assez durs pour résister à la pression du doigt.

☐ *Sauce au chocolat chaude :* mettez à mijoter tous les ingrédients dans une petite casserole, sur feu très doux, pendant 4 à 6 minutes. Mélangez de temps en temps jusqu'à ce que la sauce soit onctueuse et suffisamment épaisse.

☐ Dressez les profiterolles en pyramide dans une coupe. Arrosez avec la sauce au chocolat chaude et servez.

MON AVIS
Vous pouvez utiliser des profiterolles achetées toutes préparées (chouquettes) chez votre pâtissier et les garnir comme il est dit dans la recette.

1. Pour réussir à coup sûr **la pâte à choux,** il est important de respecter scrupuleusement les proportions : mesurez le volume des œufs dans un verre gradué. Il doit être égal à ¼ de l. Suivez les autres quantités indiquées pour ce volume d'œufs.

Pudding aux pêches et aux amandes

Très facile
Raisonnable
Prép. et cuisson : 1 h 15
+ refroidissement
Thermostat : 6/7

Pour 5 ou 6, il faut :
400 g de pêches
1 noix de beurre
⅓ l de lait
125 g de raisins secs
150 g de sucre
1 sachet de sucre vanillé
1 pincée de sel
75 g de pain rassis ou de brioche
(1 grand bol)
100 g d'amandes entières
2 cuil. à soupe de rhum [1]
ou
1 gousse de vanille
3 œufs
2 cuil. à soupe
de confiture
(pêches ou abricots)

Pour décorer :
Quelques cerises confites et amandes entières

1 moule à soufflé
ou 1 bol à mixer

1. Le rhum peut toujours être supprimé dans un entremets destiné aux enfants. Une gousse de vanille, placée dans le lait et retirée après ébullition, le remplace avantageusement dans ce cas.

Menu soigné maigre

Quiche aux moules *(p. 259)*
Soufflé de poisson *(p. 310)*
Salade César *(p. 278)*
Fromages
*Pudding aux pêches et aux amandes**

Côtes-du-Rhône, blanc ou rosé (Laudun, Tavel, etc.)
Poivre d'âne – La Bouille
Saint-Florentin

☐ *Compote de pêches :* pelez et coupez les pêches. Otez les noyaux. Mettez-les à cuire doucement dans une petite casserole avec une noix de beurre, 15 minutes environ, sans y ajouter d'eau. Quand elles sont cuites, mixez-les en purée.

☐ Faites chauffer le lait avec les raisins secs, sucres, pincée de sel, pain ou brioche émietté. Dès l'ébullition, retirez du feu et travaillez le mélange en bouillie.

☐ A l'aide d'un grand couteau, hachez grossièrement les amandes étalées sur une planche (sauf 4 ou 5 pour le décor). Incorporez-les au mélange précédent ainsi que le rhum, les œufs battus en omelette, la confiture et la compote.

☐ Beurrez le moule. Tassez la préparation à pudding dedans. Placez dans la plaque creuse du four emplie d'eau (bain-marie). Faites cuire à four chaud (th. 6/7) 40 minutes environ.

Démoulez le pudding complètement froid. Décorez-le de cerises confites et d'amandes entières.

MON AVIS
Cette recette permet d'utiliser des restes de pain, de brioche et même quelques fruits, pêches et autres, sur le point de s'abîmer.
Des pêches au sirop conviennent également. Il suffit de les presser en purée, sans cuisson préalable.

Purée de pommes de terre

Très facile
Economique
Prép. et cuisson : 50 mn
en autocuiseur : 15 mn

Pour 4, il faut :
1 kg de pommes de terre
Sel
2 ou 3 verres de lait
50 g de beurre
Bouquet garni (facultatif)

Menu

Carottes et céleri râpés

Boudin grillé

*Purée de pommes de terre**

Œufs au lait (p. 197)

☐ Faites bouillir les pommes de terre épluchées, dans de l'eau salée, avec bouquet garni, pendant 30 minutes (en autocuiseur : 15 minutes).

☐ Dès qu'elles sont cuites, égouttez-les, écrasez-les au moulin à légumes (jamais avec un fouet électrique : trop rapide).

☐ Incorporez-y, en battant énergiquement à la spatule, un bon morceau de beurre, puis 2 ou 3 verres de lait bouillant.

☐ Servez la purée autant que possible dès qu'elle est terminée ; sinon, tenez-la au chaud au bain-marie.

MON AVIS
Surtout pas de pommes de terre nouvelles pour la purée qu'elles rendent élastique ! Rien ne vaut, pour faire une bonne purée, les pommes de terre à chair farineuse, telles que les « Bintje » ou les « Esterling ».

10 idées pour varier la purée

Préparez votre purée, puis ajoutez :

☐ ciboulette hachée, 1 œuf battu, 30 g de beurre.
Servez-la telle quelle.

☐ 1 cuil. à soupe de gruyère râpé et autant de crème fraîche.
Saupoudrez de gruyère râpé.
Faites gratiner au four.

☐ 1 œuf battu, 1 bon morceau de beurre et 2 ou 3 pincées de muscade râpée.
Servez-la telle quelle.

☐ 125 g de lardons fumés, sautés à la poêle.
Présentez la purée en dôme. Parsemez de lardons.

☐ 1 cuil. à soupe de crème fraîche, 2 jaunes d'œufs et les blancs battus en neige.
Faites « souffler » au four chaud 20 minutes.

☐ 1 couche d'épinards au fond d'un plat, purée, chapelure, beurre fondu, sel, poivre.
Faites gratiner 5 minutes.

☐ Gruyère râpé sur toute la surface de la purée, assez ferme, montée en dôme.
Faites gratiner à four chaud.

☐ 1 œuf battu et 1 boîte de sauce tomate.
Servez-la telle quelle.

☐ Poivron coupé en fines lanières préalablement passé à l'eau bouillante et jambon cuit haché.
Servez-la telle quelle.

☐ 1 ou 2 oignons hachés, blondis dans un peu de beurre, et 2 pincées de muscade râpée.
Faites gratiner 5 minutes.

Queue de bœuf en gelée

Très facile
Raisonnable
Prép. : 30 mn
Marinage : 1 nuit
Cuisson :
en autocuiseur : 1 h 30

Pour 4 à 6, il faut :
1 queue de bœuf, en tronçons
1 pied de veau fendu
1 cuil. à soupe d'huile
30 g de beurre
2 ou 3 tomates
2 gousses d'ail
Sel, poivre

Marinade :
1 bouteille de vin blanc sec
1 cuil. à soupe d'huile
1 verre à liqueur de cognac
1 échalote
1 oignon
1 clou de girofle
1 carotte
Thym
Laurier
1 pincée de muscade
Romarin
1 petit piment fort

Menu froid

Pizza (p. 232)
Queue de bœuf en gelée
Salade verte
Fromage frais aux herbes
Fruits

☐ *La veille,* mettez à macérer dans la marinade la viande et le pied de veau.

☐ *Le lendemain,* égouttez-les et épongez-les. Faites-les bien dorer dans l'autocuiseur contenant l'huile très chaude, en plusieurs fois si nécessaire. Égouttez la graisse de cuisson.

☐ Remettez la viande et du beurre dans l'autocuiseur, sur feu moyen. Ajoutez les tomates épluchées, l'ail, la marinade et ses ingrédients. Salez et poivrez bien. Fermez hermétiquement. Laissez mijoter 1 heure 30 pour obtenir une viande très cuite.

☐ Laissez tiédir avant de désosser les viandes. Coupez le pied de veau en dés. Tassez le tout dans 1 ou 2 terrines. Recouvrez avec la sauce et laissez au froid. Quand la viande sera prise en gelée, dégraissez la surface et démoulez sur un plat garni de feuilles de salade et de cornichons.

MON AVIS
Vous vous impatienterez moins si vous utilisez 2 fourchettes pour détacher la chair des os de la queue.

Quiche au fromage fribourgeoise

Très facile
Raisonnable
Prép. et cuisson : 1 h
Thermostat : 6/7

Pour 4 à 6, il faut :
1 grand fond de tarte surgelée (ou 250 g de pâte brisée maison)
1 oignon
100 g de lard fumé
300 g de gruyère râpé (Fribourg, si possible)
3 œufs
250 de crème fraîche
Sel, poivre
Muscade

Menu

*Quiche au fromage frigourgeoise**
Croquettes milanaise (p. 106)
Salade endives et pommes de terre
Compote de pommes

☐ Faites dorer, sur feux doux, l'oignon haché et le lard coupé en dés.

☐ Etalez-les sur le fond de tarte (encore gelé ou non).

☐ Séparez le blanc des jaunes d'œufs. Mélangez ces jaunes d'œufs avec la crème, gruyère râpé, sel, poivre et 2 ou 3 pincées de muscade rapée.

☐ Battez les blancs d'œufs en neige ferme. Incorporez-les au mélange au fromage. Versez aussitôt sur le fond de tarte. Mettez à four chaud (th. 6/7) de 30 à 40 minutes. Démoulez au sortir du four et servez chaud.

MON AVIS
C'est le fromage de Fribourg qui donne un caractère particulier à cette quiche. Mais il est évident qu'un bon gruyère de chez nous pourra le remplacer.

Quiche lorraine

Facile
Raisonnable
Prép. et cuisson : 1 h
Thermostat : 6/7

Pour 6 à 8, il faut :

Pâte brisée :
300 g de farine
½ cuil. à café de sel
150 g de beurre
ou de margarine
½ verre d'eau environ
ou 500 g de pâte surgelée

Garniture :
150 g de lard de poitrine
(ou jambon cuit)
400 g de crème fraîche
ou 4 verres de lait
5 œufs
Un peu de sel, poivre
Muscade (facultatif)

1 tourtière
de 26 à 28 cm ∅

Menu

*Quiche lorraine**
Croquettes de merlan tunisienne (p. 97)
Salade
Pommes au four

☐ *Pâte brisée :* voir « Quiche aux moules ». Piquez soigneusement toute la surface avec une fourchette pour éviter qu'elle ne gonfle en cuisant.

☐ Coupez le lard en dés. Plongez-les dans de l'eau en train de bouillir. Dès que l'eau est revenue à ébullition, égouttez les lardons. Mettez-les dans la tourtière garnie de pâte (le jambon doit être mis sur la pâte, sans être ébouillanté au préalable).

☐ Battez ensemble œufs, crème (ou lait et crème), un peu de sel, poivre, 2 ou 3 pincées de muscade (facultatif). Versez sur la tarte. Mettez à four chaud (th. 6/7) 40 mn environ. Démoulez au sortir du four et servez.

MON AVIS
Le dessus est souvent doré avant que la quiche soit suffisamment cuite. Couvrez d'une feuille d'aluminium pour qu'il ne dore pas davantage.

Quiche aux moules

Facile
Raisonnable
Prép. et cuisson : 1 h 15
Thermostat : 6/7

Pour 4, il faut :

Pâte brisée :
150 g de farine
½ cuil. à café de sel
75 g de beurre
ou de margarine
environ ½ verre d'eau
ou 250 g de pâte surgelée

Garniture :
1 l ou 1 ½ l de moules
½ verre de vin blanc sec
1 oignon haché
2 œufs
50 g de crème fraîche
(3 ou 4 cuil. à soupe)
1 cuil. à soupe
de persil haché
Sel, poivre

1 tourtière de 22 cm ∅

Menu soigné

*Quiche aux moules**
Poulet sauté grand-mère (p. 230)
Salade verte
Fromages
Poires aux amandes (p. 47)

Montlouis ou Vouvray
Beaujolais Villages
Rigodon
Brie de Meaux – Cantal

☐ *Pâte brisée :* mélangez farine, sel, beurre ou margarine en morceaux, en frottant les paumes des mains l'une contre l'autre. Ajoutez l'eau à cette pâte granuleuse. Pétrissez vivement. Mettez en boule. Écrasez-la avec la paume de la main. Remettez en boule. Cela trois fois. Tapissez-en l'intérieur de la tourtière beurrée. Piquez-en tout le fond de nombreux coups de fourchette.

☐ Faites ouvrir les moules, sur feu vif, avec le vin blanc et l'oignon haché. Retirez-les des coquilles. Etalez-les dans la tourtière garnie de pâte. Passez leur jus de cuisson à travers une passoire fine.

☐ Battez 2 œufs entiers avec la crème fraîche, un grand verre de jus de cuisson des moules, persil haché. Poivrez, et ne salez que si nécessaire. Versez sur les moules. Faites cuire à four chaud (th. 6/7) de 30 à 40 minutes.

MON AVIS
Une quiche aux coques, c'est très bon aussi. Mais prenez garde au sable. Passez donc leur jus de cuisson à travers une passoire fine garnie d'un linge fin ou d'un grand filtre de papier (à café). C'est la meilleure précaution.

Quiche aux noix et fromage blanc

Très facile
Raisonnable
Prép. et cuisson : 45 mn
Thermostat : 6/7

Pour 4, il faut :
300 g de fromage blanc
1 cuil. à soupe bombée de farine
3 œufs
1 cuil. à café rase de sel
50 g de cerneaux de noix
250 g de pâte brisée surgelée

1 tourtière de 22 cm ∅

Menu soigné maigre

*Quiche aux noix et fromage blanc**
Truites à la crème ciboulette (p. 335)
Pommes vapeur
Mousse de cresson (p. 185)
Tarte aux fruits

Saumur blanc
ou Menetou-Salon

□ Laissez dégeler la pâte et étalez-la au rouleau. Garnissez-en la tourtière préalablement beurrée.

□ Dans une terrine, fouettez au batteur électrique le fromage blanc avec la farine, les jaunes d'œufs et le sel. Ajoutez-y ensuite les noix.

□ Fouettez les blancs d'œufs en neige très ferme. Incorporez-les délicatement à la préparation précédente.

□ Etalez sur la pâte. Faites cuire à four chaud (th. 6/7) de 35 à 40 minutes.
Présentez la quiche au sortir du four ou tiédie.

MON AVIS
Choisissez de préférence du fromage blanc moulé « à la louche », bien égoutté.

Quiche au roquefort

Facile
Raisonnable
Prép. et cuisson : 1 h
Thermostat : 6/7

Pour 4, il faut :

Pâte brisée à l'œuf :
150 g de farine
¼ cuil. à café de sel
100 g de beurre mou
ou de margarine
1 petit œuf entier

Garniture :
100 g de roquefort
3 œufs
3 ou 4 cuil. à soupe
de crème fraîche
Poivre

1 tourtière
de 22 à 24 cm ∅

Menu soigné

*Quiche au roquefort**
Lapin aux pruneaux (p. 160)
Pâtes fraîches
Salade
Œufs à la neige

Pécharmant (rouge)
ou Monbazillac (original)

☐ *Pâte brisée à l'œuf :* mélangez farine, sel et beurre en morceaux, en pressant et frottant les paumes des mains l'une contre l'autre pour obtenir une pâte granuleuse. Ajoutez l'œuf. Pétrissez vivement et mettez en boule. Ecrasez-la avec la paume de la main. Remettez en boule. Faites cela trois fois. Si la pâte s'agglomère difficilement, aspergez-la d'une cuil. d'eau en travaillant toujours très rapidement. Etendez-la au rouleau. Garnissez-en la tourtière beurrée.

☐ Emiettez finement le roquefort avec une moulinette ou un tamis.

☐ Battez ensemble : œufs entiers, crème fraîche et roquefort écrasé. Poivrez mais ne salez pas. Versez sur la pâte. Mettez à four chaud (th. 6/7) 30 minutes environ. Servez aussitôt cuit comme entrée ou présentez la quiche froide, en amuse-gueule, avec l'apéritif.

MON AVIS
Couvrez la quiche d'une feuille d'aluminium dès que vous jugez le dessus suffisamment coloré. La cuisson continuera à s'effectuer normalement sauf en surface.

Raie à l'italienne (*joues de*)

Très facile
Raisonnable
Prép. et cuisson : 30 mn

Pour 4, il faut :
800 g de joues de raie
1 cuil. à soupe d'huile
25 g de beurre
Un peu de farine
2 verres de lait
Sel, poivre
Thym
½ feuille de laurier
2 clous de girofle
1 gousse d'ail
50 g de gruyère râpé

Menu maigre

Bigorneaux au naturel [1]

*Joues de raie à l'italienne**

Pommes à l'anglaise

Clafoutis aux poires (*p. 64*)

□ Dans un plat allant au four, faites fondre huile et beurre. Mettez-y le poisson à revenir légèrement. Saupoudrez d'une cuil. à café bombée de farine. Mélangez en retournant le poisson dans le plat resté sur le feu.

□ Ajoutez le lait, sel, poivre, thym, laurier, girofle, gousse d'ail. Faites chauffer lentement (10 minutes environ). Retirez du feu dès l'ébullition.

□ Otez les aromates avec une fourchette. Saupoudrez le poisson de fromage râpé. Mettez sous le grilloir pour dorer légèrement. Servez aussitôt.

1. **Les bigorneaux,** bien vivants, sont abondamment lavés et plongés dans une casserole d'eau froide, fortement salée, poivrée et aromatisée de thym, laurier, persil, céleri, clous de girofle et d'un petit piment si vous ne le craignez pas. Portés lentement à petite ébullition, ils doivent frémir 10 minutes sans bouillir vraiment.

MON AVIS
Les ailerons de raie peuvent, à la rigueur, se préparer de la même façon, mais ils exigent davantage de manipulations puisqu'il faut en ôter la peau et les cartilages avant de les faire gratiner.

Ramequins savoyards

Très facile
Économique
Prép. et cuisson : 30 mn
Thermostat : 6/7

Pour 4, il faut :
25 g de beurre
4 tranches de pain de mie
4 lamelles de gruyère
2 œufs
½ l de lait
Sel, poivre
Muscade

Menu maigre

Sardines/beurre

*Ramequins savoyards**

Salade de scarole et pommes de terre

Pamplemousses caramélisés au miel *(p. 214)*

☐ Beurrez généreusement un plat à gratin. Déposez dedans les tranches de pain et les lamelles de gruyère en les intercalant.

☐ Battez ensemble au fouet : œufs, lait, sel, poivre et 2 pincées de muscade râpée. Versez lentement le tout sur le pain. Laissez-lui le temps de s'imbiber un peu avant de mettre à four chaud (th. 6/7) 25 minutes environ. Servez aussitôt.

MON AVIS
Les ramequins savoyards peuvent être préparés dans des plats à œufs individuels en plaçant 1 tranche de pain et de gruyère dans chaque plat beurré et en répartissant le mélange lait/œufs dessus. Le service sera ainsi facilité.

Ris de veau au Chablis

Facile
Cher
Prép. et cuisson : 50 mn

Pour 4, il faut :
2 ris de veau (environ 800 g)
1 petite truffe en boîte (facultatif)
1 petite carotte
1 oignon
30 g de beurre
1 cuil. à soupe rase de farine
⅓ de bouteille de Chablis
Bouquet garni
Sel, poivre
100 g de crème fraîche

Menu réception

Potage velouté d'avocat (p. 246)
*Ris de veau au Chablis**
Canard rôti
Fonds d'artichauts garnis de petits pois
Laitue aux fines herbes
Fromages
Mousse glacée aux fraises (p. 186)

Chablis – Saint-Emilion
Rigotte – Chèvre frais – Chaource

☐ Plongez les ris de veau dans une casserole d'eau froide salée. Portez-les lentement à ébullition. Laissez-les frémir 5 minutes. Egouttez et passez-les sous l'eau froide. Détachez les déchets, puis épongez bien avec un linge. Placez ces ris de veau sous un récipient assez lourd pendant 1 heure, pour les aplatir. Piquez-les de petits morceaux de truffe (facultatif). Gardez le jus.

☐ Coupez en dés carotte et oignon. Faites-les cuire doucement 10 minutes dans une cocotte avec 30 g de beurre. Ne laissez pas colorer. Saupoudrez ensuite de farine. Mélangez sur le feu. Ajoutez le chablis en tournant et éventuellement le jus de la truffe, puis les ris de veau, bouquet garni, sel, poivre. Couvrez. Laissez mijoter sur feu doux, 20 minutes environ.

☐ Retirez les ris de veau de la cocotte. Déposez-les dans le plat de service, au chaud. Passez la sauce. Remettez-la sur le feu. Incorporez-y la crème fraîche en laissant bouillir quelques instants. Versez sur les ris et servez.

MON AVIS
La première qualité des abats doit être la fraîcheur, que les tripiers nous garantissent à coup sûr ! Les diététiciens, de leur côté, garantissent la qualité nutritive des abats. Elle est remarquable car les abats sont très riches en protéines, fer, graisses, vitamines A, B et C.

Riz meringué, fourré aux fruits

Très facile
Économique
Prép. et cuisson : 1 h
+ au four : 5 mn
Thermostat : 8/9

Pour 4, il faut :
200 g de riz rond
¾ l de lait
1 sachet de sucre vanillé ou 1 gousse
Sel
8 cuil. à soupe de sucre
3 pommes ou poires
25 g de beurre
2 cuil. à soupe de cognac (facultatif)
2 œufs
Quelques fruits confits

Menu soigné

Tomates bruxelloises (p. 332)
Pintade grand-mère (p. 230)
Pommes dauphine
Cresson
*Riz meringué, fourré aux fruits**

Fleurie ou Saint-Amour

☐ *Riz au lait :* lavez le riz à grande eau. Faites-le bouillir 5 minutes dans une grande casserole d'eau. Égouttez-le aussitôt. Mettez-le dans une casserole avec le lait bouillant, sucre vanillé (ou gousse), pincée de sel. Couvrez à demi et laissez cuire, sur feu doux, jusqu'à absorption presque complète du lait (de 30 à 35 minutes). Ajoutez-y 6 cuil. de sucre, 5 minutes avant la fin.

☐ Pendant ce temps, épluchez et coupez les fruits en lamelles. Dans une poêle, faites fondre le beurre. Mettez-y les pommes à cuire 10 minutes environ, à feu moyen. Arrosez-les de cognac (facultatif).

☐ Au riz cuit et très chaud incorporez, hors du feu, 2 jaunes d'œufs en tournant vivement. Etalez dans un plat à gratin. Recouvrez des pommes cuites.

☐ *Meringue :* battez les blancs d'œufs en neige très ferme. A mi-opération, ajoutez-y 2 cuil. à soupe de sucre en poudre. Recouvrez-en les pommes. Mettez 5 minutes en haut du four très chaud (th. 8/9). Servez tiède ou froid. Décorez avec les fruits confits.

MON AVIS
D'autres fruits peuvent « fourrer » le riz, principalement : les abricots et les prunes qui lui donnent beaucoup de goût. Cuisez-les en marmelade auparavant. Pruneaux, abricots secs, et même ananas en boîte, conviennent également.

Rizotto de fruits de mer

Facile
Raisonnable
Prép. et cuisson : 45 mn

Pour 4, il faut :
2 l de moules
Sel, poivre
1 oignon
30 g de beurre
200 g de riz
1 tablette de bouillon de poulet
30 g de gruyère râpé
1 boîte de crabe

Sauce :
1 cuil. à soupe rase de farine
30 g de beurre
1 ½ verre de jus de cuisson de moules (ou d'eau)
½ g de safran
125 g de champignons
1 cuil. à soupe de crème fraîche

Menu

Soupe chinoise (p. 312)
*Rizotto de fruits de mer**
Yaourt
Compote de pommes et poires

☐ Faites ouvrir les moules préalablement nettoyées dans une grande cocotte, avec sel et poivre, 5 minutes. Passez très soigneusement le jus. Gardez-le.

☐ Dans une grande casserole, faites revenir l'oignon haché avec 30 g de beurre. Lorsqu'il est juste doré, ajoutez-y le riz. Mélangez. Puis ajoutez 2 bols d'eau, tablette de bouillon, sel, poivre. Couvrez. Laissez mijoter jusqu'à absorption complète du liquide (17 à 20 minutes). Hors du feu, incorporez le gruyère râpé.

☐ *Sauce :* délayez, sur feu doux, 1 cuil. à soupe rase de farine avec 30 g de beurre. Ajoutez ensuite 1 ½ verre de jus de cuisson des moules (ou d'eau), safran. Mélangez jusqu'à ébullition et laissez mijoter. Coupez les champignons en lamelles. Ajoutez-les à la sauce. Laissez cuire ensemble 10 minutes.

☐ Découquillez les moules. Débarrassez le crabe de ses cartilages. Ajoutez moules et crabe à la sauce. Laissez sur le feu très doux. Incorporez 1 cuil. de crème fraîche, à la dernière minute.

☐ Tassez le riz bien chaud dans un moule à savarin. Démoulez. Au milieu, versez la sauce aux moules et au crabe.

Rognons d'agneau vert pré

Très facile
Raisonnable
Prép. et cuisson : 20 mn

Pour 4, il faut :
8 rognons de mouton
Un peu d'huile
Sel, poivre

Beurre maître d'hôtel :
50 g de beurre ramolli
Persil haché
¼ de citron
Sel, poivre

Cresson, pommes chips

4 ou 8 brochettes

Menu soigné

Terrine de foies de volaille (p. 325)
*Rognons d'agneau vert pré**
Cresson/pommes chips
Fromages
Entremets Félicie aux poires (p. 110)

Côtes-de-Beaune ou Bouzy
Monsieur Fromage – Coulommiers Sainte-Maure

☐ Otez la pellicule qui entoure les rognons. Ouvrez-les avec un grand couteau. Transpercez-les de part en part avec une brochette afin de les maintenir ouverts, bien à plat.

☐ Badigeonnez-les d'huile. Placez-les sous le gril très chaud, pendant 5 ou 6 minutes. Retournez-les à mi-cuisson. Salez et poivrez à la fin. (Sur un gril de contact chauffant dessus et dessous, 3 ou 4 minutes de cuisson suffiront.)

☐ *Beurre maître d'hôtel :* pendant ce temps, malaxez à la fourchette quelques noix de beurre ramolli avec persil haché, jus de citron, sel et poivre.

☐ Présentez les rognons sur un plat chaud garni de bouquets de cresson non assaisonné et de pommes chips. Mettez une noix de beurre maître d'hôtel sur chacun.

MON AVIS
Attention, les rognons trop cuits durcissent.

Les pommes chips seront meilleures si vous les faites rapidement tiédir dans le four chaud, éteint (après y avoir grillé les rognons) ou entre deux assiettes creuses, au-dessus d'une casserole d'eau bouillante.

Rognons de porc aux chipolatas

Très facile
Raisonnable
Prép. et cuisson : 20 mn

Pour 4, il faut :
4 rognons de porc
Un peu de farine
30 g de beurre
Sel, poivre
4 saucisses chipolatas
8 champignons de Paris

Menu

Salade de chou râpé (blanc et rouge)

*Rognons de porc aux chipolatas**

Endives braisées

Pain perdu (p. 212)

☐ Ouvrez les rognons en deux, dans l'épaisseur. Farinez-les légèrement. Faites-les dorer dans une poêle, sur feu assez vif, avec une noix de beurre. Salez et poivrez. Puis placez-les sur une grille posée sur une assiette et tenez au chaud.

☐ Dans la poêle, remettez 2 noix de beurre et faites-y sauter ensemble chipolatas et champignons pendant quelques minutes, sur feu vif. Poivrez et salez-les légèrement.

☐ Disposez les rognons (sans jus) sur le plat de service chaud, avec la garniture de champignons et de chipolatas.

MON AVIS
Tous les rognons sautés – qu'ils soient de porc, de veau, de mouton – rendent, au bout de quelques minutes, un jus clair, peu agréable. C'est pour cela que je vous conseille de les déposer sur une grille pour qu'ils s'égouttent pendant la préparation des autres éléments de la recette.

Rôti de porc à la suédoise

Facile
Raisonnable
Prép. et cuisson : 1 h 30
Thermostat : 6/7

Pour 4, il faut :
1 rôti de porc de 1 kg
50 g de beurre
15 pruneaux
1 kg de pommes-fruits
Sel, poivre

Menu soigné

Salade de laitue
pamplemousse/avocat
*Rôti de porc à la suédoise**
Pommes-fruits au four
Pont-l'Évêque
Marquise au chocolat (p. 173)

Anjou blanc moelleux
ou Saint-Amour

☐ Quelques heures à l'avance, mettez les pruneaux à tremper dans de l'eau tiède. Dénoyautez-les au besoin. Glissez-en quelques-uns à l'intérieur du rôti.

☐ Faites-le dorer de toute part, dans une poêle, sur feu vif, avec 30 g de beurre. Salez, poivrez.

☐ Déposez-le ensuite dans un plat à feu avec quelques noix de beurre. Mettez à four chaud (th. 6/7). Au bout de 10 minutes, versez un verre d'eau bouillante dans le plat. Arrosez de temps en temps pendant la cuisson (de 1 heure à 1 heure 15 suivant l'épaisseur du rôti).

☐ Épluchez les pommes sans les couper. Retirez-en le cœur avec un vide-pomme. Glissez-y un ou deux pruneaux et une noisette de beurre. Disposez les pommes ainsi farcies autour du rôti en train de cuire, 30 à 45 minutes avant la fin.

MON AVIS
Demandez au boucher de transpercer le rôti dans toute sa longueur avec son « fusil ». Vous y introduirez ainsi facilement les pruneaux en les poussant avec un manche de cuiller en bois.

Rôti de veau en portefeuille

Facile
Cher
Prép. et cuisson : 1 h 30
Thermostat : 6/7

Pour 6 ou 7, il faut :
1,500 kg de sous-noix de veau
50 g de beurre
1 cuil. à soupe d'huile
1 carotte
1 oignon
Bouquet garni
Sel, poivre

Garniture :
250 g de gruyère
½ verre de vin blanc sec

Le veau : les morceaux à rôtir sont à choisir parmi les suivants :
- noix et sous-noix : tendre mais un peu sèche ;
- quasi, épaule : plus moelleuse ;
- longe (rognonnade, si le rognon est resté attaché à l'intérieur) : très moelleuse.

(Les os cuisant autour d'un rôti désossé communiqueront de la saveur à son jus de cuisson.)

Menu soigné

Champignons à la grecque (p. 166)
*Rôti de veau en portefeuille**
Épinards braisés
Salade
Fromages
Tarte chaude flambée (p. 321)

Saumur – Champigny
Côtes-de-Bordeaux moelleux (tarte)
Edam – Bondon de Neufchâtel
Coulommiers

□ *Cuisson du rôti :* dans une cocotte avec 15 g de beurre et 1 cuil. d'huile, mettez le rôti à dorer sur feu vif. Videz la graisse surchauffée. Remettez, à la place, 30 g de beurre dans la cocotte. Puis ajoutez les morceaux de carotte et d'oignon, bouquet garni, sel, poivre. Couvrez et laissez cuire à feu moyen de 1 heure à 1 heure 15. Retournez le rôti en cours de cuisson. Laissez-le reposer 10 minutes avant de le découper.

□ Tranchez le gruyère en fines lamelles (une par tranche de viande prévue). Placez le rôti sur la planche de cuisine. À l'aide d'un grand couteau très aiguisé – ou d'un couteau électrique – découpez-le en tranches d'½ cm d'épaisseur, sans les détacher de la base. Intercalez une lamelle de gruyère entre chaque tranche. Salez et poivrez. Mettez à gratiner une dizaine de minutes dans le four chaud.

□ Pendant ce temps, remettez sur le feu la cocotte contenant le jus de cuisson. Ajoutez-y ½ verre d'eau et ½ verre de vin blanc. Laissez bouillir doucement, pendant quelques minutes, sans couvrir. Grattez le fond pour délayer les sucs de viande. Ce jus, passé, sera servi en saucière en même temps que le rôti.

Rouelle de jambon en gelée

Très facile
Économique
Prép. et cuisson :
2 h à 2 h 30
au froid : 12 h
en autocuiseur : 45 mn à 1 h

Pour 4 à 6, il faut :
1 rouelle[1] de porc de 1,500 kg à 2 kg (jambon frais)
1 cuil. à soupe d'huile
30 g de beurre
200 g de couenne
500 g d'os de veau fendus
2 carottes
4 gros oignons
1 branchette de céleri
2 ou 3 gousses d'ail
Gros bouquet garni
2 clous de girofle
Sel, poivre
1 verre de vin blanc sec

Cornichons
Salade

Menu froid

Soupe glacée au concombre (p. 313)
*Rouelle de jambon en gelée**
Salade de coquillettes méli-mélo (p. 281)
Fruits

☐ Faites dorer la rouelle des deux côtés, dans une large poêle, avec l'huile et le beurre, sur feu vif.

☐ Mettez les morceaux de couenne et d'os dans une casserole d'eau froide. Portez à ébullition 5 minutes. Égouttez et passez sous l'eau froide.

☐ Tapissez le fond de la cocotte avec les morceaux de couenne. Disposez dessus carottes et oignons en rondelles, puis la rouelle. Mettez autour : os, branchette de céleri, gousses d'ail, bouquet garni, clous de girofle. Salez et poivrez. Arrosez d'1 verre de vin blanc. Portez à ébullition. Au bout de quelques instants, ajoutez 2 verres d'eau. Couvrez. Laissez cuire très doucement 2 heures environ (en autocuiseur : de 45 minutes à 1 heure).

☐ Déposez la viande désossée et en morceaux dans un plat assez profond et pas trop grand. Recouvrez de jus de cuisson tamisé et de carottes. Laissez prendre en gelée jusqu'au lendemain. Présentez avec des cornichons et de la salade.

MON AVIS
Pour les jours plus frais, ce plat peut être présenté chaud, accompagné de pâtes, de haricots, de lentilles... ou d'une bonne purée de pois cassés, vous en faites si rarement !

1. **La rouelle** est une tranche ronde, assez épaisse, coupée dans le jambon ou dans la partie la plus charnue du jarret.

Rouelles de jarret de veau aux fruits secs

Très facile
Raisonnable
Prép. et cuisson : 1 h 30
en autocuiseur :
15 mn + 15 mn
+ macération
des fruits : 24 h

Pour 4, il faut :
1,500 kg de jarret de veau, en rondelles
250 g de pruneaux
50 g de gros raisins secs
½ bouteille de vin rouge
Un peu de farine
30 g de beurre
1 cuil. à soupe d'huile
2 oignons
2 carottes
Sel, poivre
Bouquet garni
Brin de romarin

Menu

Salade suisse au gruyère (p. 295)

*Rouelles de jarret de veau aux fruits secs**

Riz nature

Compote

☐ La veille, mettez à macérer les pruneaux et les raisins secs dans le vin.

☐ Le lendemain, farinez légèrement les morceaux de viande. Faites-les bien dorer de toute part dans une cocotte avec le beurre et l'huile, en compagnie des oignons coupés en quatre et des carottes en rondelles. Salez et poivrez bien.

☐ Ajoutez-y ensuite le vin de macération (sans les fruits), bouquet garni, romarin, encore un peu de sel et poivre. Couvrez et laissez mijoter 40 minutes à feu doux (en autocuiseur : 15 minutes).

☐ Au bout de ce temps, ajoutez les fruits dans la cocotte. Laissez cuire 30 minutes supplémentaires (en autocuiseur : 15 minutes). Disposez la viande dans un plat creux avec sa sauce de cuisson (sans le bouquet garni), les pruneaux et les raisins. Accompagnez de riz nature ou de semoule à couscous cuite à la vapeur.

MON AVIS
Ce plat d'inspiration orientale, étant de saveur un peu sucrée, exige d'être assez relevé.

Rouelles de veau en cocotte

Très facile
Raisonnable
Prép. et cuisson : 1 h 30
en autocuiseur : 30 mn

Pour 4, il faut :
1,800 kg de jarret de veau, en rondelles
75 g de beurre
1 cuil. à soupe d'huile
1 gros oignon
1 carotte
1 cuil. à soupe de farine
2 verres de vin blanc sec
1 verre d'eau
Bouquet garni
1 ou 2 gousses d'ail
Sel, poivre
250 g de champignons
250 g de lard de poitrine maigre
1 boîte de marrons entiers, au naturel

Menu

Velouté aux herbes du jardin (p. 339)

*Rouelles de veau en cocotte**

Coquillettes au jus

Fromage blanc/confiture

□ Dans une cocotte (ou en autocuiseur), faites dorer la viande de toute part avec 25 g de beurre et 1 cuil. d'huile, sur feu vif. Joignez-y l'oignon et la carotte en rondelles, à mi-opération.

□ Quand tout est bien revenu, saupoudrez de farine. Mélangez sur le feu pour qu'elle colore à son tour. Délayez-le vin et l'eau en tournant jusqu'au premier bouillon. Ajoutez-y le bouquet garni, ail, sel et poivre. Couvrez et laissez mijoter doucement pendant 1 heure 15 environ (en autocuiseur : 30 minutes).

□ Pendant ce temps, nettoyez les champignons. Coupez-les en quatre. Faites-les sauter vivement à la poêle ainsi que le lard en dés, avec 25 g de beurre. Ajoutez-les dans la cocotte.

□ Pendant la cuisson de la viande, faites chauffer dans une casserole couverte les marrons préalablement égouttés et rincés, avec un peu de beurre, sel et poivre.

□ Disposez les rouelles de veau dans un plat. Recouvrez de sauce et entourez avec les champignons, lardons et marrons.

1. Les **rouelles de veau** sont sciées dans le jarret, en tranches épaisses de 2 ou 3 cm. Elles comportent une rondelle d'os à mœlle au centre. Elles servent à préparer l'osso-buco (p. 208).

Roussette en cocotte à la provençale

Très facile
Economique
Prép. et cuisson : 30 mn

Pour 4, il faut :
1 kg de roussette
4 oignons hachés
1 cuil. à soupe d'huile
50 g de tomates
2 gousses d'ail
Sel, poivre
1 g de safran
4 tranches de pain de mie

Menu maigre

Petits flans Helvétia (p. 224)

*Roussette en cocotte à la provencale**

Riz nature

Compote de pommes

□ Faites dorer les oignons hachés dans une cocotte, avec un peu d'huile et la moitié du beurre.

□ Coupez grossièrement les tomates en les pressant légèrement pour les épépiner. Ajoutez-les dans la cocotte ainsi que l'ail haché, sel et poivre. Laissez cuire 5 minutes sans colorer.

□ Coupez la roussette en 4 tronçons. Ajoutez-les dans la cocotte, en les enfonçant dans les légumes. Parsemez de safran, noix de beurre, sel et poivre. Couvrez et laissez cuire de 10 à 15 minutes sur feux doux.

□ Faites griller les tranches de pain. Placez-en une dans chaque assiette. Versez dessus 1 tronçon de poisson et de la fondue de légumes. Servez aussitôt.

MON AVIS
Vous pouvez simplifier en supprimant les tranches de pain de mie grillées.

Salade arabe

Très facile
Economique
Prép. : 30 mn

Pour 5, il faut :
1 petit concombre
Sel
1 poivron
1 échalote
4 feuilles
de menthe fraîche
Persil
4 petites tomates fermes
2 tranches de pain de mie

Vinaigrette :
4 cuil. à soupe d'huile
1 cuil. à soupe de vinaigre
Paprika
Sel, poivre

Menu froid maigre

*Salade arabe**
Thon braisé à l'espagnole (p. 330)
Fromage
Poires au sirop (p. 131)

☐ Pelez le concombre avec un couteau-économe. Tranchez-le en fines rondelles. Salez-le abondamment. Laissez-le dégorger, si possible.

☐ Epépinez le poivron et coupez-le en fines lanières. Hachez : échalotes, menthe et persil. Coupez les tomates en quartiers. Essorez le concombre dans un linge ou pressez-le à la main, pour ôtez le plus d'eau possible. Mélanger le tout.

☐ Coupez le pain de mie en petits dés. Disposez-les sur la salade. Versez dessus la vinaigrette très aromatisée de 2 ou 3 pincées de paprika. Servez aussitôt.

MON AVIS
Si le concombre contient beaucoup de pépins – ce qui est courant quand la saison est avancée – ôtez-lez, avant de le couper en rondelles. C'est très facile avec votre couteau économe ou avec une petite cuiller.

Salade bernoise

Très facile
Economique
Prép. : 30 mn

Pour 4, il faut :
1 petite laitue
4 pommes de terre cuites à l'eau
4 œufs durs
1 pomme-fruit
1 quartier de citron
200 g de comté
Persil
1 cuil. à café de paprika doux

Vinaigrette :
5 cuil. à soupe d'huile
1 cuil. à café de moutarde forte
1 ½ cuil. à soupe de vinaigre
Sel, poivre

Menu maigre

Moules marinière

*Salade bernoise**

Riz au lait (p. 265)

□ Lavez et secouez la laitue. Coupez les pommes de terre et les œufs durs en rondelles, la pomme-fruit en minces quartiers (citronnez-les pour qu'ils ne s'oxydent pas), le comté en fins bâtonnets. Hachez le persil.

□ *Vinaigrette :* dans un bol, fouettez le vinaigre avec sel, poivre, moutarde, huile et quelques gouttes d'eau. Si vous fouettez énergiquement (au mixer ou batteur électrique) vous obtiendrez une sauce liée.

□ Garnissez le fond d'un grand plat de feuilles de laitue. Disposez dessus, en les alternant, pommes de terre, œufs durs, pomme-fruit et comté. Arrosez d'un peu de vinaigrette et servez le reste en saucière. Parsemez les pommes de terre de persil haché, et le comté de paprika.

Salade canaillou

Très facile
Raisonnable
Prép. et cuisson : 30 mn

Pour 4 à 6, il faut :
½ boîte de haricots blancs
½ boîte de haricots verts
1 boîte de sardines
Quelques cornichons
1 boîte d'anchois
½ boîte de piments doux
Olives vertes dénoyautées
4 ou 6 œufs
Quelques radis
2 ou 3 tomates fermes
1 laitue

Vinaigrette :
1 échalote
1 gousse d'ail
Persil
5 cuil. à soupe d'huile
1 ½ cuil. de vinaigre
Sel

4 ou 6 tranches
de pain de mie
2 gousses d'ail
Huile d'olive

Menu soigné froid

Terrine de foie de porc (p. 324)
*Salade canaillou**
Fromages
Coupes royales [1]

Côtes-de-Provence rosé
ou Cabernet d'Anjou
Picodon – Coulommiers
Sancerre

☐ *Vinaigrette :* hachez l'échalote, 1 seule gousse d'ail et le persil. Mélangez-les avec l'huile, vinaigre et sel.

☐ Ouvrez toutes les boîtes. Rincez les olives à grande eau pour les dessaler un peu. Faites durcir les œufs.

☐ Rincez et égouttez bien les haricots. Ajoutez-y olives, radis et cornichons en rondelles, piments coupés en dés. Mélangez avec la vinaigrette. Mettez au frais.

☐ Faites griller le pain. Frottez-le aussitôt d'ail, des deux côtés. Enduisez-le, encore chaud, d'huile d'olive. Coupez chaque tranche en 2 triangles. Tartinez-les d'anchois écrasés à la fourchette.

☐ Garnissez le saladier de feuilles de laitue. Disposez la salade de haricots au centre. Décorez de quartiers d'œufs durs, de tomates et des sardines disposées en étoile. Plantez enfin les croûtons tout autour.

1. **Les coupes royales** sont composées de macédoine de fruits, en boîte, parfumée de kirsch et recouverte de glace à la vanille un peu molle. Quelques raisins, pelés ou non, y ajouteront, à la saison, une note de fraîcheur. C'est un dessert vite fait, très agréable.

Salade César

Très facile
Économique
Prép. et cuisson : 20 mn

Pour 4 à 6, il faut :
4 à 6 œufs
2 tranches de pain de mie
1 gousse d'ail
2 cuil. à soupe d'huile
1 salade romaine
6 filets d'anchois
50 g de parmesan râpé

Vinaigrette :
4 cuil. à soupe d'huile
1 cuil. à soupe de vinaigre
1 gousse d'ail
Sel, poivre

Menu maigre

*Salade César**

Soufflé au fromage (p. 309)

Tarte aux fruits

☐ *Vinaigrette :* préparez-la 1 heure à l'avance dans le saladier et laissez macérer dedans une gousse d'ail écrasée.

☐ Faites cuire les œufs de 3 à 4 minutes seulement pour les obtenir « mollets ». Plongez-les dans l'eau froide aussitôt cuits.

☐ Frottez le pain avec 1 gousse d'ail. Tranchez-le en petits dés à l'aide d'un grand couteau. Faites-les sauter vivement à la poêle, sur feu modéré, avec un peu d'huile.

☐ Otez la gousse d'ail de la vinaigrette. Disposez dessus les feuilles de salade coupées en tronçons. Décorez avec les œufs mollets coupés en deux, les filets d'anchois. Parsemez de croûtons et de parmesan râpé. Vous mélangerez, à table, jusqu'à ce que la salade soit enrobée d'un mélange crémeux.

MON AVIS
En remplaçant le parmesan par la même quantité de roquefort finement émietté à la moulinette, vous obtiendrez un mélange encore plus crémeux.

La romaine sera plus croquante si elle a été remise dans le réfrigérateur jusqu'au moment du repas. Ne la mélangez qu'à table.

Salade du chef

Très facile
Raisonnable
Prép. : 30 mn

Pour 4 à 6, il faut :
1 petit concombre
Sel
200 g de poulet cuit (reste)
200 g de jambon
200 g de gruyère
1 cœur de laitue
Quelques feuilles de romaine
1 cœur de céleri-branches
2 petites tomates
2 œufs durs

Vinaigrette :
1 cuil. à café de moutarde
4 cuil. à soupe d'huile
Sel, poivre
1 cuil. à soupe de vinaigre

4 ou 6 bols ou saladiers individuels

Menu froid

*Salade du chef**
Clafoutis aux fruits (p. 64)

☐ Pelez le concombre. Coupez-le en très fines lamelles. Mettez-les à dégorger avec beaucoup de sel.

☐ *Vinaigrette :* dans un saladier, délayez la moutarde avec l'huile, puis sel, poivre et vinaigre pour obtenir une sauce légèrement onctueuse.

☐ Coupez en bâtonnets le poulet, le jambon et le gruyère dans le saladier. Laissez macérer avec la vinaigrette pendant une petite demi-heure en remuant de temps en temps.

☐ Épluchez et lavez les diverses crudités. Disposez-les harmonieusement dans les bols. Répartissez dedans les rondelles de concombre bien essorées et le contenu du saladier. Garnissez de quartiers de tomates et d'œufs durs. Chacun mélangera sa salade.

MON AVIS
Cette salade est un vrai plat complet. Tout y est, même le fromage. Il suffira d'un bon dessert assez copieux pour finir en beauté.

Salade de choucroute crue

Très facile
Économique
Prép. : 30 mn

Pour 4 à 6, il faut :
500 g de choucroute crue nature (fraîche ou en boîte)
3 carottes
4 pommes de terre cuites
3 tomates fermes

Vinaigrette :
6 cuil. à soupe d'huile
2 cuil. à soupe de vinaigre de vin
1 cuil. à soupe de moutarde douce
4 cornichons en rondelles
1 échalote hachée
Sel, poivre

Menu

*Salade de choucroute crue**

Côtes de porc à la poêle

Endives au gratin (p. 106)

Marmelade de pommes et poires

□ Lavez la choucroute rapidement sous l'eau courante en la désenchevêtrant. Égouttez-la. Pressez-la pour l'essorer le plus possible.

□ *Vinaigrette :* mélangez tous les ingrédients indiqués dans les proportions. Versez-en la moitié sur la choucroute. Mélangez celle-ci et disposez-la au centre d'un plat creux.

□ Râpez les carottes. Coupez en rondelles les pommes de terre cuites et les tomates crues, non pelées. Disposez ces légumes, en les alternant, autour de la choucroute. Arrosez avec le reste de vinaigrette. Mettez cette salade au froid jusqu'au moment de servir, sans trop attendre toutefois car elle rendrait du jus.

MON AVIS
Quand j'ai à satisfaire de solides appétits, j'ajoute dans cette salade des rondelles de saucisse de Francfort ou des tranches de cervelas.

Salade de coquillettes méli-mélo

Très facile
Raisonnable
Prép. et cuisson : 30 mn

Pour 4, il faut :
250 g de coquillettes
Sel
2 cuil. à soupe d'huile
Quelques cornichons
Quelques radis
20 olives vertes dénoyautées
Fines herbes
3 petites tomates
4 œufs durs
1 boîte de fonds d'artichauts
2 tranches de jambon

Mayonnaise :
½ bol
1 cuil. à café de paprika
1 cuil. à café de ketchup

Menu

Gazpacho (p. 135)
*Salade de coquillettes méli-mélo**
Fromage
Compote de fruits

☐ Faites cuire les coquillettes le temps indiqué sur le paquet, dans beaucoup d'eau bouillante salée. Egouttez-les aussitôt et mélangez-les avec un peu d'huile (pour gagner du temps – mais exceptionnellement dans le cas de la salade – vous pouvez rafraîchir les coquillettes cuites en faisant couler beaucoup d'eau dessus, sans les y laisser tremper).

☐ Hachez les cornichons, radis, olives vertes dénoyautées, fines herbes. Coupez en quartiers les tomates et œufs durs.

☐ Utilisez de la mayonnaise toute prête ou faite « maison ». Elle doit être relevée et assez fluide. Au besoin, incorporez-y, à la fin, un peu d'eau froide ou de vinaigre, puis ketchup et paprika. Mélangez-la avec les coquillettes refroidies, fonds d'artichauts coupés, hachis de cornichons, radis, olives et fines herbes. Disposez-la dans un saladier ou un grand plat creux. Décorez avec des dés de jambon, quartiers d'œufs durs et de tomates.

MON AVIS
Cette salade peut être enrichie de blanc de poulet, coquillages, crabe, crevettes, langoustines ; et de légumes tels que : maïs, cœurs de palmiers, concombre, etc.

Les pâtes de petite taille : coquillettes, torsades, macaroni courts, sont les plus indiquées pour la salade car elles conservent mieux leur forme quand elles sont brassées avec l'assaisonnement.

Salade de coquillettes en niçoise

Très facile
Raisonnable
Prép. et cuisson : 30 mn
+ au froid : 30 mn

Pour 4, il faut :
125 g de coquillettes
Sel
1 cuil. à soupe d'huile
1 bulbe de fenouil
1 grosse boîte de thon à l'huile
200 g d'olives noires ou vertes
1 boîte de filets d'anchois
1 verre de vinaigrette
½ cuil. à café de paprika

Décor :
Feuilles de laitue
4 œufs durs
2 tomates

Menu froid

*Salade de coquillettes en niçoise**

Poulet froid mayonnaise

Laitue

Clafoutis aux fruits de saison (p. 64)

☐ Faites cuire les coquillettes dans une grande casserole pleine d'eau bouillante salée, le temps indiqué sur le paquet. Égouttez-les aussitôt cuites et mélangez-les avec 1 cuil. d'huile pour qu'elles ne collent pas ensemble en refroidissant.

☐ Grattez le bulbe de fenouil. Coupez-le en deux dans l'épaisseur. Faites-le bouillir 2 minutes. Égouttez et coupez en lanières fines.

☐ Mélangez dans un saladier : coquillettes, fenouil, thon, olives (sauf 10 pour le décor), filets d'anchois coupés (sauf 5 pour le décor), vinaigrette et paprika. Comprimez sous une assiette garnie d'un poids. Laissez macérer au frais.

☐ Démoulez sur un grand plat garni de feuilles de laitue. Déposez dessus 4 filets d'anchois et une olive encerclée d'un anchois au centre. Sur le pourtour : des rondelles d'œufs durs, de tomates et les olives.

MON AVIS
Pour transformer cette entrée en plat principal, pour un pique-nique par exemple, comptez 200 g de coquillettes, 2 boîtes de thon et 1 ½ tasse de vinaigrette. Les éléments du décor augmentent peu.

La **vinaigrette** d'une salade de pâtes demande à être bien relevée. Sont tout indiqués : paprika, piment, safran, et toutes les fines herbes, ciboulette principalement. Échalote, oignon blanc et ail (un soupçon seulement...).

Salade fraîche aux artichauts crus

Très facile
Raisonnable
Prép. : 30 mn

Pour 4, il faut :
6 petits artichauts poivrades
ou 3 artichauts moyens, très fermés
1 cuil. de vinaigre
Un peu de farine
20 radis
2 oignons blancs
2 branchettes de céleri
4 petites tomates fermes
50 g d'olives noires

Vinaigrette :
3 cuil. à soupe d'huile
1 cuil. à café de moutarde
Sel, poivre
1 cuil. à soupe de vinaigre ou de citron

Menu maigre

*Salade fraîche aux artichauts crus**

Omelette fines herbes

Fromage

Pain perdu (p. 212)

□ Épluchez et lavez tous les légumes.

□ Préparation des fonds d'artichauts : coupez la queue des artichauts au ras des feuilles, à l'aide d'un grand couteau. Tranchez les feuilles à peu près au niveau du fond. Puis pelez celui-ci, comme une orange, pour le débarrasser de la base des feuilles. Grattez les foins. Pour que les fonds ne noircissent pas, plongez-les au fur et à mesure dans un récipient d'eau froide mélangée avec un peu de farine et de vinaigre.

□ Coupez les fonds d'artichauts égouttés en fines lamelles, les radis et les oignons en rondelles, le céleri en bâtonnets et les tomates en quartiers.

□ Mélangez le tout dans un saladier avec la vinaigrette bien relevée. Garnissez cette salade avec des olives noires.

MON AVIS
Cette salade peut être mise à macérer sans dommage, pendant 1 heure ou 2, dans le réfrigérateur. Surtout si vous avez pris soin, au préalable, de bien frotter les fonds d'artichauts avec du citron afin qu'ils ne s'oxydent pas.

Salade hollandaise

Très facile
Economique
Prép. et cuisson : 30 mn

Pour 4, il faut :
100 g de riz
1 pomme-fruit
¼ de citron
6 filets de harengs prêts à l'emploi

Vinaigrette :
5 cuil. à soupe d'huile
1 cuil. à soupe de moutarde forte
1 ½ cuil. à soupe de vinaigre
½ cuil. à café de sel
Poivre

Menu

*Salade hollandaise**
Steak tartare (p. 319)
Pommes sautées
Flan de poires (p. 123)

□ *Cuisson du riz :* après l'avoir bien lavé, faites-le cuire de 15 à 17 minutes dans beaucoup d'eau bouillante salée. Rincez-le à l'eau froide aussitôt et égouttez à fond. Epongez-le pour gagner du temps.

□ Pendant la cuisson du riz, pelez la pomme. Coupez-la en petits dés. Citronnez aussitôt. Coupez les filets de harengs épongés avec soin.

□ Préparez une vinaigrette relevée avec les ingrédients indiqués. Mélangez tous les éléments de la salade avec la vinaigrette. Tenez au frais jusqu'au moment de servir.

MON AVIS
On trouve facilement des filets de harengs conservés sous vide, donc peu salés et prêts à consommer. Si ce n'était pas le cas, faites-les dessaler pendant 1 heure dans de l'eau ou du lait. Retournez-les plusieurs fois.

Salade de maïs aux couleurs de l'été

Très facile
Economique
Prép. : 15 mn

Pour 4, il faut :
1 boîte « demi » de maïs
2 poivrons
3 tomates fermes
8 olives farcies au piment
Laitue

Vinaigrette :
½ cuil. à café de paprika doux
3 cuil. à soupe d'huile
1 cuil. à soupe de vinaigre
Sel, poivre

Menu soigné maigre

*Salade de maïs aux couleurs de l'été**
Calmars à la niçoise[1] *(p. 43)*
Riz nature
Fromages
Coupes de glace

Bandol ou Cassis rosé
Mimolette – Monsieur Fromage
Tomme au marc

□ Égouttez le maïs très soigneusement sur du papier absorbant. Essuyez bien les poivrons. Ouvrez-les en deux pour retirer graines et côtes intérieures. Tranchez en fines lanières.

□ Mélangez maïs, poivrons et vinaigrette dans un grand saladier. Laissez macérer si possible au frais.

□ Au dernier moment : coupez les tomates en quartiers et les olives farcies en rondelles. Lavez et secouez la laitue. Disposez-en quelques feuilles au fond d'un plat creux. Etalez la salade de maïs dessus, tout en y incorporant les quartiers de tomates et rondelles d'olives.

1. **Les calmars à la niçoise** peuvent être cuits la veille et réchauffés au dernier moment, pendant la cuisson du riz (17 minutes dans beaucoup d'eau bouillante salée). Ce repas est donc pratiquement faisable d'avance, au prix d'un petit effort d'organisation.

MON AVIS
Pour trancher facilement en fines lanières les poivrons, ouvrez-les et posez-les à plat, côté brillant sur la planche, afin d'entailler la partie interne de la chair en premier.

Salade niçoise

Très facile
Raisonnable
Prép. : 20 mn

Pour 4, il faut :
4 pommes de terre cuites
4 œufs durs
1 boîte de thon à l'huile
1 boîte de filets d'anchois
4 tomates fermes
2 oignons blancs
1 concombre
1 poivron vert
20 olives

Vinaigrette :
4 cuil. à soupe d'huile d'olive
1 cuil. à soupe de vinaigre
Un peu de moutarde
Sel, poivre

Menu froid maigre

Pizza (p. 232)

*Salade niçoise**

Riz au lait et marmelade de fruits

☐ Épluchez les pommes de terre. Écalez les œufs. Ouvrez les boîtes de thon et d'anchois.

☐ Coupez les tomates et les œufs en quartiers, les oignons, concombre et pommes de terre en rondelles, le poivron en lanières fines après l'avoir vidé de ses pépins.

☐ *Présentation « sans façon » :* mélangez tous ces ingrédients arrosés de vinaigrette.

☐ *Présentation « du chef » :* dans un saladier, disposez les pommes de terre en dôme, les rondelles de concombre autour. Parsemez de quartiers de tomates et d'œufs, de morceaux de thon, de lanières de poivron, d'olives et d'anneaux d'oignons. Disposez les filets d'anchois en étoile. Arrosez de vinaigrette. Servez aussitôt (à la rigeur, la salade peut rester un court moment au réfrigérateur, mais elle rendra du jus à la longue).

MON AVIS
Vous pouvez faire une salade niçoise plus simple en diminuant la quantité d'œufs et de thon. Mais vous pouvez aussi l'enrichir en y ajoutant : cœurs de laitue et d'artichauts, haricots verts. Et surtout, je vous le recommande, de longues croûtes de pain imbibées d'huile d'olive, frottées d'ail nouveau et tartinées de crème d'anchois. Plantez-les dans la salade après l'avoir assaisonnée et « brassée ». C'est sympathique et savoureux !

Salade de pâtes gitane

Très facile
Economique
Prép. et cuisson : 30 mn

Pour 4 à 6, il faut :
200 g de gros coudes
Sel
1 cuil. à soupe d'huile
1 petit poivron vert
6 ou 8 cornichons
Petits oignons blancs
1 boîte d'anchois
1 boîte de ratatouille
Fines herbes hachées
100 g de gruyère
4 ou 6 œufs durs
2 tomates fermes
100 g olives noires

Vinaigrette :
6 cuil. à soupe d'huile
2 cuil. à soupe de vinaigre
1 gousse d'ail hachée
Sel, poivre

Menu

Crevettes/beurre

*Salade de pâtes gitane **

Fromage

Coupes de glace et fruits frais

☐ *Cuisson des pâtes :* jetez-les dans une grande casserole d'eau salée en ébullition. Laissez-les bouillir sur feu vif le temps indiqué sur le paquet. Remuez-les. Quand elles vous semblent à point, goûtez-les : elles doivent être encore un peu fermes. Passe-les aussitôt sous l'eau froide et égouttez-les. Arrosez-les d'une cuil. d'huile aussitôt.

☐ Pendant la cuisson des pâtes, videz le poivron de ses pépins sans le fendre afin de pouvoir le découper ensuite en anneaux. Coupez les cornichons. Hachez finement les oignons. Coupez les anchois en dés.

☐ Préparez la vinaigrette bien relevée. Versez-la sur les pâtes ainsi que le contenu de la boîte de ratatouille, anchois et hachis d'oignons, fines herbes, gruyère coupé en bâtonnets. Mélangez bien. Transvasez dans un saladier ou un plat creux. Décorez de quartiers d'œufs durs, de tomates, anneaux de poivron et olives noires.

Salade de poulet

Facile
Economique
Prép. : 45 mn

Pour 8, il faut :
1 poulet cuit
100 g de riz
Sel
1 bol de mayonnaise
(ou 1 pot, tout préparé)
½ cuil. à café de paprika
2 pincées de cayenne
Citron, vinaigre ou eau
3 petites branches
de cœur de céleri
1 bulbe de fenouil
2 poivrons vert et rouge
Fines herbes

Pour décorer :
Laitue
3 tomates
5 œufs durs
Radis
Olives

8 coupelles
ou assiettes à dessert

Menu froid

Biscuits salés

Gazpacho (p. 135)

*Salade de poulet**

Tarte à la fourchette (p. 323)

☐ Faites bouillir le riz de 15 à 17 minutes dans beaucoup d'eau salée. Rincez aussitôt à l'eau froide et égouttez. Laissez refroidir complètement.

☐ Coupez la chair d'un poulet cuit en petits dés.

☐ Relevez une mayonnaise de paprika et de cayenne. Allongez-la de citron, vinaigre ou eau pour l'obtenir assez molle. Mélangez-en la moitié avec les dés de poulet.

☐ Coupez en bâtonnets : céleri-branche, fenouil, poivrons épépinés. Mélangez le tout dans une terrine avec riz, mayonnaise, fines herbes, sel. Mettez au froid un moment.

☐ Au dernier moment, ajoutez le poulet/mayonnaise à la salade de riz. Placez 1 feuille de laitue dans chaque coupelle. Répartissez dessus salade de poulet, quartiers de tomates, d'œufs durs, puis radis et olives pour décorer.

MON AVIS
Le poulet peut être acheté tout rôti. C'est parfois bien pratique, en vacances par exemple (n'achetez qu'un demi-poulet, si vous n'êtes que 4 convives). La mayonnaise en pot peut vous dépanner également.

La salade de poulet étant le plat de résistance de votre repas, vous pouvez encore la compléter de pommes de terre et de tout ce que la saison vous offre : concombre, cornichons, piments doux, etc.

Salade de riz harengère

Très facile
Economique
Prép. et cuisson : 45 mn

Pour 4, il faut :
200 g de riz
Sel
1 carotte
1 oignon doux
½ poivron vert
½ poivron rouge
4 filets de harengs
100 g d'olives dénoyautées
2 œufs durs

Sauce d'anchois :
3 œufs durs
8 filets d'anchois
1 cuil. à soupe de moutarde
2 verres d'huile
Sel, poivre

Menu froid maigre

Pamplemousse

*Salade de riz harengère**

Yaourt

Far aux pruneaux *(p. 116)*

☐ Faites bouillir le riz à grande eau salée, pendant 15 à 17 minutes. Égouttez-le dans une passoire, plongez celle-ci dans l'eau froide pour stopper net la cuisson et retirez-la aussitôt pour que le riz s'égoutte à fond.

☐ Pendant la cuisson du riz, râpez la carotte, tranchez l'oignon et les poivrons finement. Essuyez les filets de harengs et coupez-les en petits dés.

☐ *Sauce d'anchois :* écalez 3 œufs durs (gardez-en 2 pour le décor). Pilez les jaunes avec les filets d'anchois (dans un bol ou mixer). Incorporez-y la moutarde, puis l'huile en filet, comme pour une mayonnaise. Salez très légèrement mais poivrez généreusement.

☐ Étalez le riz sur le plat de service ou dans un saladier évasé. Disposez les crudités râpées dessus ainsi que les dés de harengs, les olives, les blancs d'œufs non utilisés pour la sauce, grossièrement hachés. Versez la sauce d'anchois sur cette salade. Décorez avec les 2 œufs durs restants, coupés en rondelles.

MON AVIS
Choisissez des filets de harengs prêts à l'emploi. Ils sont conservés sous vide et très peu salés. Ne mettez quand même pas trop de sel dans l'assaisonnement de votre salade.

Salades composées

Avec	Ajoutez au choix	Assaisonnement
ENDIVES	• Œufs durs • Betteraves – pommes-fruits • Betterave – céleri – jambon – pommes • Céleri – pommes • Champignons crus – reste volaille	vinaigrette ou vinaigrette + moutarde * persil * cerfeuil * ail
MACHE	• Céleri – betterave • Noix	vinaigrette + échalote
CRESSON	• Pommes de terre – œufs durs • Chou-fleur	vinaigrette ou vinaigrette + échalote
LAITUE ROMAINE BATAVIA	• Pamplemousse • Orange – noix • Céleri – œufs durs • Orange – raisin – bananes	vinaigrette ou crème fraîche + citron * ciboulette * cerfeuil * estragon
FRISÉE	• Tomates – œufs durs • Croûtons (ail) • Croûtons (tartinés crème d'anchois) • Pommes – noix • Pommes – raisin	vinaigrette + moutarde * ail * échalote
SCAROLE CORNETTE	• Céleri – pommes – piment doux • Céleri-rave – betterave • Poires – pommes de terre – céleri	vinaigrette ou vinaigrette + muscade râpée * ail * échalote
PISSENLIT	• Pommes de terre • Lardons sautés chauds	vinaigrette

Salades de riz plat-de-résistance

Très facile
Économique
ou raisonnable

Pour 4 à 5 personnes (base) :
200 g de riz

Menu

Quiche au fromage (p. 257)

*Salade de riz plat-de-résistance**

Compote de fruits

☐ Riz cuit à grande eau salée, 15 à 17 minutes, égoutté aussitôt cuit, rincé à l'eau froide et assaisonné avec beaucoup de vinaigrette bien relevée, plus ou moins moutardée, contenant énormément d'huile (1 ½ cuil. de vinaigre pour 5 cuil. d'huile).

Vous y ajouterez au choix :

☐ Lamelles de champignons de Paris crus (citronnés), carottes râpées, gruyère ou jambon cuit en bâtonnets, céleri-branche haché.

☐ Saumon fumé finement coupé (petite pochette), rondelles d'olives, piment doux en lanières.

☐ Chorizo en rondelles, omelette froide finement coupée, oignon haché, quartiers de tomates.

☐ Crabe, olives et céleri-branche hachés, anchois, moutarde forte, un peu de curry ou de safran, cornichons en rondelles, gousses d'ail écrasées, quartiers d'œufs durs et de tomates.

☐ Moules cuites ou coques décoquillées, crevettes, tomates et fines herbes en abondance.

☐ Thon à l'huile, poivron et échalote hachés, olives noires, œufs durs et pointe de cayenne.

☐ Tomates, concombre, poivron et oignons en rondelles, olives, persil haché et œufs durs.

En pique-nique, emportez les tomates entières, vous les couperez sur la salade au moment de servir seulement.

Salade russe

Facile
Raisonnable
Prép. : 15 à 30 mn

Pour 6, il faut :
1 grande boîte de macédoine de légumes
1 petite boîte de champignons de Paris
1 boîte de fonds d'artichauts
Quelques cornichons
1 tranche épaisse de jambon maigre
1 laitue
3 œufs durs
2 tomates
1 betterave rouge cuite
1 bol de mayonnaise (ou 1 pot)
1 cuil. à café de moutarde forte

Menu

*Salade russe**
Steaks tartare (p. 319)
Pommes chips
Clafoutis aux fruits

☐ Égouttez soigneusement la macédoine, les champignons et les fonds d'artichauts coupés en quatre.

☐ Préparez un bol de mayonnaise comme d'habitude, ou utilisez de la mayonnaise en pot. Aromatisez-la, au besoin, avec 1 cuil. à café de moutarde forte. Mélangez-la avec les légumes en boîte bien asséchés, les cornichons en rondelles et le jambon coupé en bâtonnets. Tassez dans un moule profond. Mettez au réfrigérateur 1 heure ou davantage si cela vous arrange.

☐ Tapissez le fond d'un plat rond de feuilles de laitue. Démoulez la salade russe au centre. Décorez le tour avec des rondelles ou des quartiers d'œufs durs, tomates et dés de betterave rouge.

MON AVIS
Il est important d'égoutter parfaitement les légumes en boîte avant de les mélanger à la mayonnaise, sinon ce bel assemblage s'écroulerait vite. Pour cela, terminez l'égouttage en épongeant avec un linge ou du papier absorbant.

Salade suédoise

Très facile
Raisonnable
Prép. : 20 mn

Pour 4, il faut :
100 g de champignons
½ citron
1 concombre
2 ou 3 tomates
50 g de gruyère
1 cœur de laitue
150 à 200 g de crevettes décortiquées
Fines herbes (persil, cerfeuil, ciboulette)

Vinaigrette :
5 cuil. à soupe d'huile
1 ½ cuil. à soupe de vinaigre
Sel, poivre

Menu soigné

*Salade suédoise**
Pintade grand-mère (p. 230)
Tomates provençales
Fromages
Tourte aux fruits

Graves rouge ou Médoc
Chaource – Bleu de Bresse
Monsieur Fromage

□ Nettoyez les champignons. Coupez-les en lamelles. Aspergez-les de citron aussitôt pour qu'ils restent blancs. Pelez le concombre.

□ Coupez en tout petits morceaux, dans un saladier, les champignons, concombre, tomates, gruyère, laitue. Mélangez avec les crevettes et la vinaigrette. Parsemez de fines herbes finement coupées.

MON AVIS
Cette salade doit, pour rester croquante, être préparée à la dernière minute. Il n'y a guère que les champignons qui pourraient attendre un peu, dans le réfrigérateur, après avoir été coupés en lamelles et généreusement citronnés.

Choisissez des champignons assez petits et bien fermés.

Salade suédoise aux crevettes

Très facile
Cher
Prép. : 30 mn

Pour 4 à 6, il faut :
200 g de crevettes décortiquées
Sel, poivre
1 cuil. à soupe d'huile
½ citron
Feuilles de laitue
1 concombre
3 petites tomates fermes
100 g de gruyère (morceau)
100 g de champignons
Fines herbes
Feuilles fraîches d'aneth ou de fenouil (facultatif)

Vinaigrette :
5 cuil. à soupe d'huile
1 ½ cuil. à soupe de vinaigre
Sel, poivre

4 à 6 bols individuels

Menu soigné

*Salade suédoise aux crevettes**
Rôti de veau cocotte
Épinards à la crème
Fromages
Tarte au citron (p. 322)

Mâcon blanc
Bordeaux rouge
Carré de l'Est
Saint-Marcellin – Picodon

□ Faites dégeler les crevettes, s'il y a lieu (pour aller plus vite, plongez le sachet fermé dans l'eau à peine tiède). Arrosez-les ensuite avec sel, poivre, huile et citron.

□ Préparez la vinaigrette.

□ Lavez les feuilles de salade. Roulez-les serrées sur elles-mêmes. Tranchez-les en fines lanières sur la planche à découper

□ Pelez le concombre. Coupez-le en petits dés ainsi que les tomates et le gruyère. Salez et poivrez-les Nettoyez les champignons. Coupez-les en lamelles. Arrosez de citron.

□ Au fond de chaque bol, disposez la laitue ciselée. Parsemez dessus les différents éléments de la salade. Terminez par les crevettes et les fines herbes. Arrosez de vinaigrette. Présentez sans mélanger. Cette salade peut aussi être disposée dans un saladier ou un plat à hors-d'œuvre assez creux.
Servez très froid.

MON AVIS
Choisissez des champignons bien fermés, au chapeau parfaitement attaché au pied par sa peau blanchâtre.

Salade suisse au gruyère

Très facile
Raisonnable
Prép. et cuisson : 30 mn

Pour 4 à 6, il faut :
4 pommes de terre
4 œufs
1 pomme-fruit
200 g de gruyère
Persil
1 cuil. à café de paprika
1 laitue

Vinaigrette :
5 cuil. à soupe d'huile
1 cuil. à café de moutarde
Sel, poivre
1 cuil. à soupe de vinaigre
2 cuil. à soupe de vin blanc sec

Menu maigre

*Salade suisse au gruyère**

Tian de merlans aux courgettes (p. 331)

Yaourt

Marmelade de fruits frais

□ Faites cuire les pommes de terre avec leur peau et durcir les œufs.

□ *Vinaigrette :* délayez d'abord huile et moutarde pour obtenir une sauce liée, puis sel, poivre, vinaigre et vin blanc.

□ Coupez les pommes de terre et les œufs durs en rondelles, la pomme-fruit en lamelles, le gruyère en bâtonnets. Hachez le persil.

□ Garnissez un grand plat de feuilles de laitue. Disposez dessus, en les alternant, pommes de terre, œufs durs, pomme-fruit et gruyère. Arrosez d'un peu de vinaigrette. Servez le reste en saucière. Parsemez les pommes de terre de persil haché. Saupoudrez le gruyère de paprika.

Salade de « torsades » au crabe

Très facile
Raisonnable
Prép. et cuisson : 30 mn
+ au frais : 1 h

Pour 4 à 6, il faut :
1 boîte de cœurs de palmiers
1 tasse de vinaigrette
50 g de roquefort
½ gousse d'ail
1 pincée de cayenne
125 g de pâtes « torsades »
Sel
1 cuil. à soupe d'huile
1 boîte de crabe (220 g)

Sauce :
½ bol de mayonnaise (ou 2 tubes)
1 cuil. à soupe de vinaigre
Poivre
Tabasco (ou cayenne)
Sel

Décor :
1 œuf dur
4 olives noires
1 citron

Cette riche salade peut devenir le plat principal d'un repas de jardin ou de pique-nique, à condition d'en doubler les proportions et de mettre 1 œuf au moins par personne.

Menu soigné

*Salade de « torsades » au crabe**
Escalopes panées
Ratatouille niçoise
Fromages
Mousse glacée aux fraises (p. 186)

Côtes-de-Provence (ou Côtes-du-Rhône) rosé
Triple crème – Emmental
Chèvre frais

☐ Faites macérer les cœurs de palmiers coupés en rondelles avec 1 tasse de vinaigrette relevée de roquefort finement émietté, ail haché et cayenne.

☐ Faites cuire les pâtes dans une grande casserole d'eau bouillante salée, en ébullition, pendant le temps indiqué. Remuez. Dès qu'elles sont à point, encore un peu fermes, égouttez-les. Passez-les sous l'eau froide et mélangez-les avec un peu d'huile. Ajoutez-y le crabe débarrassé de ses cartilages (ne jetez pas le jus).

☐ *Sauce :* délayez 4 cuil. à soupe de mayonnaise avec le vinaigre et un peu de jus de crabe, pour fluidifier. Épicez avec du poivre et quelques gouttes de tabasco (ou cayenne).

☐ Au moment du repas, réunissez les deux préparations dans un saladier. Décorez avec de très fines tranches de citron et des rondelles d'œuf garnies d'un morceau d'olive.

MON AVIS

Les « torsades », roulées sur elles-mêmes, étant assez épaisses, restent fermes après cuisson. Elles supportent donc d'être brassées en salade sans se déformer et la sauce pénètre bien dans leurs plis.

La mayonnaise destinée à la salade de pâtes doit être aussi fluide que de la crème fraîche liquide. Au besoin, allongez-la avec un peu d'eau ou de vinaigre.

Sauce à l'ail

Facile
Raisonnable
Prép. : 15 mn

Pour 4, il faut :
3 gousses d'ail
(nouveau de préférence)
1 jaune d'œuf
1 ½ verre d'huile d'olive
Sel, poivre
½ cuil. à soupe
d'eau chaude
½ citron

Menu froid maigre

Pamplemousse

Coquilles de poisson froid
*sauce à l'ail**

Pommes à l'huile/cerfeuil

Pudding aux pommes
et aux amandes (p. 253)

□ Tous les éléments de la sauce doivent être à la même températaure. Pilez l'ail avec un pilon, très finement. Ajoutez-y le jaune d'œuf, sel et poivre Mélangez vigoureusement avec un fouet à sauce, ou au batteur électrique, ou au mixer. Ajoutez peu à peu l'huile. puis, quand la sauce commence à prendre consistance, versez l'huile plus généreusement.

□ Quand la sauce est très épaisse, incorporez-y ½ cuil. à soupe d'eau chaude et le jus de citron, sans cesser de fouetter. La sauce devient alors plus fluide et brillante.

MON AVIS
Cette sauce, de la famille « mayonnaise », est particulièrement savoureuse avec de l'ail nouveau, du début de l'été. En revanche, le goût de l'ail d'hiver étant beaucoup plus accentué, diminuez-en la quantité.

La sauce à l'ail accompagnera bien du poisson, de la viande froide et des œufs durs.

Sauce béarnaise

Moins facile
Raisonnable
Prép. et cuisson : 30 mn

Pour 4, il faut :
2 échalotes
Estragon
3 cuil. à soupe
de vinaigre de vin
2 jaunes d'œufs
2 cuil. à soupe d'eau
Sel, poivre
100 g de beurre mou

Menu soigné

Soufflé au fromage *(p. 309)*
*Tournedos béarnaise**
Pommes sautées
Cresson
Fromages
Pommes en charlotte *(p. 237)*

Touraine-Mesland blanc
Madiran
Reblochon – Bleu de Bresse
Caillou du Rhône

☐ Hachez finement échalotes et feuilles d'estragon. Mettez-les dans une petite casserole épaisse et faites-les bouillir très doucement avec le vinaigre, jusqu'à évaporation complète du liquide. Laissez refroidir.

☐ Hors du feu, ajoutez les jaunes d'œufs, 2 cuil. à soupe d'eau, sel, poivre. Reportez sur feu très doux. Fouettez vigoureusement jusqu'à ce que le mélange épaississe et tienne aux branches du fouet. Veillez à ce que la casserole ne soit jamais assez chaude pour brûler la main.

☐ Retirez du feu. Incorporez-y le beurre noix par noix, en fouettant sans cesse. Servez aussitôt ou tenez dans un bain-marie tiède.

MON AVIS
La sauce béarnaise ne peut se réchauffer sans tourner. S'il en reste, consommez-la froide, étalée, par exemple, sur des canapés ou avec des œufs durs.

La sauce béarnaise accompagne :
– viandes : grillades, tournedos ;
– poissons : grillés, frits et pochés au court-bouillon ;
– œufs : durs et pochés ;
– légumes : fonds d'artichauts.

Sauce épicée à l'avocat

Très facile
Raisonnable
Prép. : 15 mn

Pour 4 à 6, il faut :
1 tomate
1 avocat
1 oignon
1 citron
Sel
Cayenne ou tabasco
1 tasse de crème fraîche

Menu

*Fonds d'artichauts et sauce épicée à l'avocat**

Omelette fines herbes

Petits pois

Fromage

□ Épluchez la tomate. Pressez-la un peu pour l'épépiner. Coupez-la dans le mixer.

□ Ajoutez-y la chair de l'avocat, jus de citron, oignon coupé, ½ cuil. à café de sel, pincée de cayenne ou quelques gouttes de tabasco, crème fraîche. Mixez suffisamment pour obtenir un mélange homogène. Gouttez pour vérifier si c'est assez relevé. Servez tartiné sur toasts, dans fonds d'artichauts ou avec des crudités, céleri-branches, tomates et même avocats.

MON AVIS
Préparez cette sauce peu avant de la servir et de la disposer sur les fonds d'artichauts (comme dans le menu suggéré) car, à cause de l'avocat, elle risque de noircir assez rapidement.

Sauce maltaise

Moins facile
Cher
Prép. et cuisson : 15 mn

Pour 4, il faut :
2 jaunes d'œufs
2 cuil. à soupe d'eau froide
Sel, poivre
¼ de citron
100 g de beurre mou
1 orange

Menu réception

Asperges tièdes [1]
*sauce maltaise**
Épaule d'agneau rôtie
Fonds d'artichauts aux petits pois
Fromages
Tutti frutti (p. 134)

Cabernet d'Anjou – Cahors
Brie de Melun – Bleu de Bresse
La Bouille

□ Pressez le jus de l'orange. Grattez un peu de zeste.

□ Dans un poêlon épais, mettez 2 jaunes d'œufs, 2 cuil. à soupe d'eau froide, un peu de sel, de poivre et quelques gouttes de citron.

□ Sur feu très doux – ou au bain-marie – travaillez au fouet électrique jusqu'à ce que le mélange épaississe et tienne un peu aux branches du fouet. Veillez à ce que le poêlon ne soit jamais trop chaud pour la main.

□ Hors du feu, incorporez délicatement le beurre très mou, noix par noix, puis, quand le mélange a pris de la consistance, ajoutez-y 2 cuil. de jus d'orange et un peu du zeste gratté. Versez dans une saucière juste tiède. Présentez aussitôt avec les asperges.

1. Pour être savoureuses, les **asperges** doivent être cuites au dernier moment, ou presque. Il faut les égoutter aussitôt cuites et, au besoin, les garder tièdes dans l'ustensile de cuisson (vidé de son eau, bien sûr) muni de son couvercle. (Pour mémoire, 20 minutes de cuisson à l'eau bouillante salée.)

MON AVIS
Si vous utilisez une orange très sanguine, vous obtiendrez une sauce rose du plus bel effet ! La sauce maltaise ne supporte pas d'être réchauffée. Si elle doit attendre, une seule solution : le bain-marie tiède.

Sauce mayonnaise au poivre vert

Facile
Raisonnable
Prép. : 15 mn

Pour une saucière, il faut :
1 cuil. à soupe de poivre vert (en saumure)
1 jaune d'œuf
Sel
¼ l d'huile
1 cuil. à soupe de jus de citron
1 cuil. à soupe de crème fraîche

Menu réception

*Saumon froid et mayonnaise au poivre vert**
Canard rôti
Salade
Fromages
Marquise au chocolat (p. 173)

Côtes-du-Rhône blanc
Haut-Médoc ou Madiran
Roquefort – Brie de Meaux
Chabichou

☐ Pilez finement le poivre vert préalablement rincé et égoutté.

☐ Mettez-le dans le bol avec jaune d'œuf et sel. Fouettez quelques instants. Sans cesser de battre, versez alors un peu d'huile, puis davantage au fur et à mesure que la sauce prend de la consistance.

☐ Quand la mayonnaise devient très épaisse, ajoutez-y la moitié du jus de citron pour la ramollir. Continuez d'incorporer le reste d'huile et, à la fin, la crème fraîche. Enfin, goûtez avant d'ajouter tout ou partie du jus de citron restant.

MON AVIS
Tous les éléments devant servir à la préparation d'une mayonnaise doivent être à la même température ; peu importe qu'ils soient tous tièdes ou tous froids !

Important : avec un **batteur électrique,** la mayonnaise se fait avec le **jaune de l'œuf** seulement. Mais dans le **mixer,** elle se prépare obligatoirement avec l'**œuf entier**.

Sauce piquante

Très facile
Economique
Prép. et cuisson : 30 mn

Pour 4, il faut :
½ tablette de bouillon
½ l d'eau chaude
1 tomate fraîche
30 g de beurre
1 cuil. à soupe bombée de farine
1 cuil. à soupe de concentré de tomate
Sel
1 échalote hachée
1 verre de vin blanc sec
1 verre de vinaigre
Poivre en grains
3 cornichons
Persil
Estragon

Menu maigre

Salade de tomates et haricots verts

*Œufs durs sauce piquante**

Pommes vapeur

Riz au lait

☐ Délayez la ½ tablette de bouillon avec ½ litre d'eau chaude. Laissez refroidir. Pelez et coupez la tomate. Pressez-la légèrement pour l'épépiner.

☐ Mélangez sur feu doux 30 g de beurre et la farine jusqu'à ce que la préparation blondisse. Puis, ajoutez-y : concentré de tomate, petits dés de tomate fraîche et bouillon. Salez légèrement. Remuez jusqu'à ébullition. Couvrez à demi. Laissez mijoter sur feu très doux 15 mn.

☐ Mettez dans une petite casserole : échalote hachée, vin blanc, vinaigre, poivre. Laissez réduire de moitié, sur feu moyen, sans couvrir. Ajoutez dans la sauce. Laissez cuire le tout 10 minutes supplémentaires. Passez. Avant de servir, ajoutez les cornichons en rondelles, persil et estragon hachés.

MON AVIS
La sauce piquante peut faire passer bien des mets ! Mais je vous la conseille plus spécialement pour les préparations suivantes :
– viande : porc, bœuf bouilli ;
– abats : langue, tête et pieds de veau ;
– œufs : durs et pochés ;
– légumes : pommes de terre, riz.

Saucisson chaud/pommes à l'huile

Très facile
Raisonnable
Prép. et cuisson : 40 mn

Pour 4, il faut :
4 pommes de terre, à chair ferme
Sel
1 saucisson à cuire de 400 g (fumé ou non)
2 verres de vin blanc sec
Persil haché

Vinaigrette :
1 ½ cuil. à soupe de vinaigre
5 cuil. à soupe d'huile
Sel, poivre
1 petit oignon
1 échalote

Menu

*Saucisson chaud/ pommes à l'huile**

Tranches de lieu meunière

Fromage frais

Fruits

□ Faites cuire les pommes de terre non épluchées, dans une grande casserole d'eau salée, 30 minutes environ.

□ Pendant ce temps, dans une autre casserole, couvrez le saucisson avec le vin blanc allongé d'eau. Portez doucement à ébullition. Couvrez et laissez « frémir », sans bouillir vraiment, pendant 20 minutes.

□ Préparez la vinaigrette dans le saladier. Ajoutez-y oignon et échalote hachés, ½ verre de jus de cuisson du saucisson, les pommes de terre en rondelles, encore chaudes, et le saucisson en tranches épaisses. Mélangez. Servez cette salade tiède, parsemée de persil haché.

MON AVIS
Ce plat est encore meilleur s'il est préparé avec des pommes de terre nouvelles. Sinon, choisissez des pommes de terre à chair ferme (B.F.15 – Belle-de-Fontenay ou Viola, par exemple). Laissez-les tiédir avant de les peler pour qu'elles ne se défassent pas.

Saumon froid en Bellevue

Facile
Cher
Prép. et cuisson : 2 h (dont cuisson du poisson : la veille)
+ temps de décongélation

Pour 8 à 10, il faut :
1 saumon prêt à cuire de 2,500 kg à 3 kg (frais ou surgelé)

Court-bouillon :
2 l d'eau
1 bouteille de vin blanc sec
2 oignons
2 carottes
Bouquet garni
Sel, poivre

Garniture :
1 sachet de gelée en poudre
12 petites tomates fermes
Sel
1 boîte de macédoine « extra »
Estragon
10 œufs durs

Mayonnaise :
2 jaunes d'œufs
½ l d'huile
2 cuil. à café de vinaigre
1 cuil. à café de moutarde forte
Sel, poivre

1 poissonnière

Menu réception

*Saumon froid en Bellevue**
Gigot d'agneau rôti
Mousse de champignons (p. 187)
Salade
Fromages
Ananas en gondole (p. 18)

Pouilly-Fuissé
Haut-Médoc
Beaufort – Picodon – Roquefort

☐ La veille, cuisez le poisson. Dans une poissonnière, faites bouillir 1 litre d'eau avec vin blanc, oignons et carottes en rondelles, bouquet garni, sel, poivre, pendant 30 minutes. Hors du feu, ajoutez-y 1 litre d'eau très froide (ou même des glaçons) pour accélérer le refroidissement. Déposez le saumon (frais ou congelé) sur la grille de la poissonnière. Plongez le tout dans le court-bouillon froid. Au besoin, rajoutez un peu d'eau pour couvrir juste le poisson. Portez lentement à ébullition. Faites frémir sans bouillir réellement, pendant 10 minutes et laissez dans le bouillon jusqu'au lendemain.

☐ Plusieurs heures avant le repas : préparez la gelée selon le mode d'emploi du sachet.

☐ Découpez une calotte sur chaque tomate (côté pédoncule). Creusez-les avec une petite cuiller. Salez l'intérieur et retournez-les sur une grille. Égouttez à fond la macédoine.

☐ *Décor :* placez le poisson sur une planche. Décollez soigneusement la peau du dessus pour réaliser le décor. Badigeonnez avec la gelée froide mais encore liquide. Trempez les feuilles d'estragon dans la gelée avant de les disposer avec goût sur le poisson. Badigeonnez-les une seconde fois de gelée pour les fixer et les faire briller.

☐ Faites glisser le saumon sur un très grand plat ou un plateau habillé d'une serviette blanche. Mettez-le au frais.

☐ Préparez la mayonnaise. Incorporez-y, à la fin, 2 cuil. de gelée froide mais encore fluide. Mélangez-en la moitié avec la macédoine. Garnissez-en les tomates. Rangez celles-ci autour du saumon en les alternant avec des demi-œufs durs.

☐ La gelée non utilisée étant solidifiée, écrasez-la grossièrement à la fourchette pour en décorer le plat. Présentez une saucière de mayonnaise à part.

MON AVIS

Le **saumon surgelé** est avantageux et bon quand il est de bonne qualité. Mettez-le la veille dans le réfrigérateur pour le faire dégeler lentement et, au besoin, quelques heures supplémentaires dans la cuisine. A la rigueur, vous accélérerez l'opération en plongeant le saumon dans un bac d'eau froide, sous un filet d'eau courante. Mais c'est assez long tout de même.

Saumon sauce mousseline

Moins facile
Cher
Prép. et cuisson : 1 h 30
+ temps de décongélation :
de 12 à 24 h

Pour 10 ou 12, il faut :
1 saumon frais ou surgelé de 3 kg
1 bouteille de vin blanc sec
2 oignons
2 carottes
Bouquet garni
Sel, poivre
2 citrons
Persil

Sauce mousseline :
5 jaunes d'œufs
4 cuil. à soupe d'eau
Sel, poivre
2 citrons
250 g de beurre
200 g de crème fraîche

Pour accompagner :
Petites pommes de terre cuites à l'eau

Menu réception

Avocats citronnette
*Saumon sauce mousseline**
Gigot rôti
Haricots panachés
Fromages
Aspics de fruits au Riesling (p. 22)

Pouilly-Fuissé
Châteauneuf-du-Pape
Poivre d'âne – Brie de Melun
Bleu des Causses

□ Faites décongeler le saumon, s'il y a lieu.

□ Dans une poissonnière, faites bouillir : 2 litres d'eau, vin blanc, oignons et carottes en rondelles, bouquet garni, sel, poivre, ½ heure. Laissez refroidir. Déposez le saumon sur la grille de la poissonnière. Plongez le tout dans le court-bouillon. Portez doucement à ébullition et laissez frémir 10 minutes.

□ *Sauce mousseline :* dans un poêlon épais, mettez jaunes d'œufs, eau, sel, poivre et le jus d'un citron. Fouettez vigoureusement sur feu très doux – ou au bain-marie – jusqu'à ce que le mélange épaississe et tienne aux branches du fouet. Veillez à ce que le poêlon ne soit jamais assez chaud pour brûler la main. Retirez du feu. Incorporez en tournant sans cesse le beurre, noix par noix, le jus du deuxième citron, puis la crème fraîche. Maintenez au chaud dans un bain-marie tiède.

□ *Présentation :* ôtez délicatement toute la peau du poisson, sauf celle de la tête. Déposez-le sur un plat garni d'une serviette blanche pliée (pour absorber l'eau). Décorez de fines rondelles de citron et de persil. Servez avec une saucière de sauce mousseline et quelques petites pommes de terre cuites à l'eau.

Et s'il vous reste du saumon froid, peu présentable, vous l'utiliserez, le lendemain, pour la préparation d'une **mousseline de saumon** (p. 187), d'un **soufflé de poisson** (p. 310), ou pour de très simples **coquilles gratinées** (p. 75).

Sauté de dinde jardinière

Très facile
Raisonnable
Prép. et cuisson : 1 h 15
en autocuiseur : 20 à 25 mn

Pour 4 à 5, il faut :
1 kg de dinde
(en morceaux)
30 g de beurre
1 cuil. à soupe d'huile
1 gros oignon
Thym
Sel, poivre
1 cuil. à soupe rase
de farine
1 cuil. à soupe de cognac
(facultatif)
1 gousse d'ail
¼ verre de vin blanc sec
(ou eau)
1 cuil. à soupe de Ketchup
(fort)
1 paquet de jardinière
de légumes surgelée
Quelques petits oignons
blancs
25 g de beurre
1 goussse d'ail
Bouquet garni
Hachis de persil
ou cerfeuil
Noix de beurre

Menu

Tomates vinaigrette

*Sauté de dinde jardinière**

Pommes noisettes

Far aux pruneaux (p. 116)

☐ Dans une cocotte contenant l'huile et le beurre chauds, faites dorer les morceaux de dinde de tous côtés. Ajoutez-y l'oignon coupé en 4. Laissez-le roussir.

☐ Parsemez le tout de thym effeuillé, sel, poivre, et farine. Mélangez sur feu vif. Arrosez de cognac (facultatif). Flambez sur le feu. Puis ajoutez : ail, vin (ou eau) et Ketchup. Tournez jusqu'à ébullition. Couvrez. Laisser mijoter à feu doux (ou à four doux) pendant 1 heure (en autocuiseur : 20 à 25 minutes).

☐ *Jardinière de légumes :* faites revenir doucement les petits oignons avec le beurre, sans laisser colorer. Couvrez et laissez sur feu très doux 5 minutes (ajoutez, au besoin, 1 cuil. d'eau pour qu'ils ne roussissent pas). Joignez-y ensuite les légumes surgelés, 1 verre d'eau, sel, poivre, gousse d'ail, bouquet garni. Couvrez. Faites cuire doucement de 20 à 30 minutes.

☐ Présentez le sauté de dinde et sa sauce de cuisson avec, à part, la jardinière de légumes parsemée de noix de beurre et d'un hachis de persil ou de cerfeuil.

MON AVIS
De petites pommes de terre nouvelles, doucement rissolées (30 à 40 minutes) complèteront agréablement la jardinière de légumes. Des morceaux de poulet peuvent être traités en sauté, comme dans cette recette.

Sauté de veau à l'oseille crémée

Facile
Cher
Prép. et cuisson : 1 h 30
en autocuiseur : 25 mn

Pour 4, il faut :
800 g à 1 kg d'épaule de veau
30 g de beurre
2 oignons
1 cuil. à soupe rase de farine
2 verres de vin blanc sec
Bouquet garni
2 gousses d'ail
Sel, poivre
500 g d'oseille
100 g de crème fraîche épaisse

Menu

Consommé au vermicelle

*Sauté de veau à l'oseille crémée**

Purée de pommes de terre gratinée (p. 254)

Compote de pruneaux au thé

☐ Coupez la viande en gros cubes. Dans une cocotte (ou autocuiseur) faites chauffer 30 g de beurre. Mettez-y la viande à dorer avec les oignons coupés en quatre. Saupoudrez de farine. Mélangez. Joignez-y vin blanc, bouquet garni, ail écrasé, sel et poivre. Faites bouillir un instant avant de couvrir. Laissez cuire doucement 1 heure environ (en autocuiseur : 25 minutes).

☐ Otez les grosses queues de l'oseille. Lavez-la. Coupez-la en lanières et épongez-la avec du papier absorbant. Faites-la cuire doucement, sans rien, dans une casserole couverte, pendant 5 minutes. Comme elle rend beaucoup d'eau, pressez-la encore après cuisson.

☐ Ajoutez au sauté de veau cuit à point l'oseille bien égouttée et la crème fraîche. Mélangez délicatement sur le feu doux. Laissez bouillir 1 ou 2 minutes et servez.

Soufflé au fromage

Facile
Raisonnable
Prép. et cuisson : 45 mn
Thermostat : 5/6

Pour 4, il faut :
4 œufs
75 g de gruyère râpé

Sauce Béchamel épaisse :
30 g de farine
(1 cuil. à soupe bombée)
30 g de beurre
¼ l lait
Sel, poivre

Menu soigné

*Soufflé au fromage**
Poulet cocotte
Jardinière de légumes
Salade
Coupe de fruits exotiques [1]

Côtes-du-Jura
Bordeaux

☐ *Béchamel épaisse :* faites fondre le beurre sur feu doux. Ajoutez-y la farine. Délayez sur le feu jusqu'à ce que le mélange soit légèrement mousseux. Puis versez d'un seul coup le lait froid, sel, poivre. Mélangez jusqu'à ébullition pour obtenir une sauce très épaisse.

☐ Allumez le bas du four (th. 5/6). Beurrez un moule à soufflé.

☐ Séparez les jaunes d'œufs des blancs. Ajoutez 1 pincée de sel dans ces derniers. Battez-les en neige très ferme.

☐ Ajoutez à la Béchamel, hors du feu, le gruyère râpé, les jaunes d'œufs, puis, avec précaution, les blancs battus. Versez dans le moule beurré (aux ¾ de la hauteur). Passez la lame d'un couteau entre le moule et la crème à soufflé pour qu'elle monte mieux. Faites cuire à four moyen (th. 5/6) de 25 à 30 minutes.

MON AVIS
Il est prudent d'attendre que les invités soient tous arrivés pour mettre le soufflé au four. Toutefois, vous pouvez le préparer un peu à l'avance (½ heure au plus), le verser dans son moule et le mettre au réfrigérateur jusqu'au moment de le cuire.

1. Parmi les fruits exotiques les plus appréciés, citons la **papaye** originaire du Mexique, cultivée aussi en Côte d'Ivoire. Certaines variétés de papayes sont grosses comme des melons. Mais les plus courantes sur nos marchés ont la taille et l'apparence de l'avocat.
L'écorce verte jaunit au fur et à mesure que le fruit mûrit. Quand on l'ouvre, la chair d'un rose saumon très accentué est juteuse comme la pêche. Elle ne renferme pas de noyau, mais mille petits grains comme du caviar (on s'y tromperait). Ces grains ne se mangent pas, ils servent à semer d'autres papayes...
Sa saveur se situe entre celle de la mangue et de la pêche abricot. Étant très juteuse, la papaye est tout indiquée pour les salades de fruits.

Soufflé de poisson

Facile
Raisonnable
Prép. et cuisson : 1 h 15
Thermostat : 5/6

Pour 4 à 6, il faut :
400 g de filets de merlan
100 g de mie de pain fraîche
1 verre de lait
4 œufs
20 g de beurre
Sel, poivre
Muscade

1 grand moule à soufflé

Menu maigre

Potage
*Soufflé de poisson**
Jardinière de légumes
Fromage
Fruits

□ Imbibez le pain de lait tiède. Séparez les jaunes des blancs d'œufs. Coupez le poisson cru en morceaux. Beurrez le moule.

□ Dans le mixer, mettez le pain imbibé, les jaunes d'œufs, le poisson, sel, poivre et 2 pincées de muscade. Réduisez en fine purée.

□ Salez légèrement les blancs d'œufs. Battez-les en neige ferme. Incorporez-les délicatement au mélange précédent, à l'aide d'une spatule. Versez dans le moule beurré.

□ Mettez à four moyen (th. 5/6), dans sa plaque creuse emplie d'eau (cuisson au bain-marie), pendant 45 minutes environ. Démoulez le soufflé chaud. Présentez-le aussitôt avec la sauce de votre choix : tomate, Béchamel légère ou, simplement, crème fraîche tiédie.

MON AVIS
Vous obtiendrez un plat un peu plus économique en préparant ce soufflé avec 1 boîte de saumon ou de thon au naturel ou, mieux encore, avec un reste de poisson cuit. Il faudra augmenter légèrement la quantité de pain si ce reste est insuffisant.

Soupe auvergnate

Très facile
Raisonnable
Prép. et cuisson : 1 h 30
en autocuiseur : 15 mn

Pour 6, il faut :
3 blancs de poireaux
4 pommes de terre
2 l d'eau
3 gousses d'ail
200 g de cantal
100 g de pain de campagne
1 cuil. à soupe de crème fraîche
1 verre de lait
Sel, poivre

Soupière ou poêlon allant au four

Menu maigre

*Soupe auvergnate**
Moules marinière (p. 183)
Salade
Beignets aux pommes (p. 27)

☐ Coupez les blancs de poireaux en petits morceaux et les pommes de terre en rondelles minces et régulières. Faites-les cuire dans 2 litres d'eau salée, pendant 45 minutes (en autocuiseur : 15 minutes).

☐ Frottez bien la soupière ou le poêlon avec les gousses d'ail. Déposez au fond : la moitié du cantal râpé ou coupé en fines lamelles, le pain en tranches fines, la crème et le lait bouillant. Salez légèrement, poivrez. Versez la soupe poireaux/pommes de terre dessus. Parsemez avec le reste de cantal. Faites gratiner dans le four, quelques minutes.

Le **cantal** est une pâte pressée, non cuite. Il est affiné plusieurs mois avant d'être offert à la consommation. C'est ce cantal, râpé, qui entre dans la préparation de la « soupe auvergnate ».

MON AVIS
Si vous êtes pressée, utilisez un potage aux poireaux/pommes de terre tout prêt comme base de la soupe auvergnate. Cela fera une bonne demi-heure de gagnée, ce qui n'est pas négligeable.

Soupe chinoise

Facile
Raisonnable
Prép. et cuisson : 30 mn

Pour 4 à 5, il faut :
10 g de champignons noirs séchés
1 ½ l de bouillon de volaille
1 cuil. à café d'huile
1 œuf
2 feuilles de laitue
1 petite tomate
1 petite boîte de germes de soja
100 g de crevettes décortiquées
2 cuil. à soupe de vermicelle fin
Nuoc-Mâm

4 à 5 bols individuels

Menu soigné

*Soupe chinoise**
Brochettes de porc à l'ananas *(p. 39)*
Riz nature
Fromages
Beignets aux pommes *(p. 27)*

Anjou ou Entre-deux-Mers demi-sec (soupe et jambon)
Saint-Amour (fromages)
Camembert – Mimolette – Bleu de Bresse

☐ Faites tremper les champignons noirs à l'eau tiède pendant 10 minutes, puis mettez-les bouillir doucement 20 minutes. Portez à ébullition le bouillon de volaille (frais ou en tablette).

☐ Dans une grande poêle très chaude légèrement huilée, faites cuire une omelette très mince avec un seul œuf battu. Roulez-la serrée sur elle-même et découpez-la en lanières fines. Procédez de même pour les deux feuilles de laitue. Pelez la tomate, pressez-la légèrement et coupez la chair en petits dés.

☐ Dans le bouillon bouillant, versez les germes de soja, crevettes, vermicelle. Remuez. Laissez bouillir 2 minutes. Ajoutez champignons, morceaux d'omelette, de laitue et de tomate. Versez aussitôt dans les bols. Apportez à table ainsi que le Nuoc-Mâm.

Soupe glacée au concombre

Très facile
Economique
Prép. : 10 mn

Pour 4, il faut :
1 concombre de 400 g environ
½ gousse d'ail
Fines herbes
4 yaourts nature
½ citron
Sel, poivre
Quelques glaçons

Menu froid

*Soupe glacée au concombre**
Jambon de campagne
Pommes à l'huile/salade verte
Tarte aux abricots

□ Épluchez, épépinez et coupez le concombre en dés. Salez et, si possible, laissez dégorger 1 heure. Passez ensuite sous l'eau froide. Égouttez et épongez.

□ Mettez dans le mixer : dés de concombre (sauf quelques-uns pour le décor), ail, fines herbes de votre choix (persil, estragon, ciboulette, cerfeuil, basilic), yaourts, jus de citron, poivre, peu de sel. Réduisez en fine purée. Ajoutez à mi-opération des glaçons pas trop gros.

□ Servez dans des bols individuels avec quelques dés de concombre et une pincée de fines herbes dans chacun.

MON AVIS
Si vous remplacez les fines herbes par 5 ou 6 feuilles de menthe fraîche finement coupées, une petite poignée de raisins secs et 2 ou 3 pincées de cumin, vous obtiendrez un plat délicat d'inspiration orientale.

Soupe de moules italienne

Facile
Raisonnable
Prép. et cuisson : 45 mn

Pour 4, il faut :
2 l de moules
2 gousses d'ail
Persil
½ boîte de sauce tomate
½ cuil. à café d'origan
1 verre de vin blanc sec
3 cuil. à soupe d'huile
Sel, poivre

4 tranches de pain
1 gousse d'ail

Menu soigné

*Soupe de moules italienne**
Brochettes
Riz nature
Salade
Tarte à la fourchette (p. 323)

Rosé de Provence

☐ Faites griller de fines tranches de pain de mie ou de baguette. Frottez-les, encore chaudes, avec une gousse d'ail.

☐ Grattez et lavez les moules. Mettez-les dans une grande cocotte avec 2 gousses d'ail et persil haché, sauce tomate, origan (marjolaine séchée), 1 verre de vin blanc, autant d'eau, huile, sel, poivre. Couvrez et laissez ouvrir sur feu vif quelques minutes. Mélangez de temps en temps.

☐ Transvasez les moules dans un légumier ou une soupière. Tenez-les au chaud au-dessus d'une casserole d'eau bouillante. Passez le jus de cuisson à travers un tamis métallique garni de papier absorbant pour éliminer tout le sable. Faites bouillir très fort quelques instants avant de verser sur les moules. Présentez-les accompagnées avec les croûtons aillés.

MON AVIS
Attention, quand je dis « sauce tomate » en boîte, cela ne signifie pas « tomate concentrée »; si vous utilisez cette dernière, il faudra bien diminuer la quantité sinon vous obtiendrez une sauce au goût de tomate beaucoup trop marqué.

Soupe aux moules safranée

Très facile
Raisonnable
Prép. et cuisson : 45 mn

Pour 4, il faut :
2 l de moules
1 échalote
½ verre de vin blanc sec
½ l d'eau
Bouquet garni
Sel, poivre
2 blancs de poireaux
15 g de beurre
1 pincée de safran
50 g de vermicelle
100 g de crème fraîche

Menu soigné

*Soupe aux moules safranée**
Omelette soufflée au fromage (p. 207)
Salade verte
Crème au caramel (p. 110)

Blanc de blancs de Provence ou Bourgogne blanc

☐ Grattez les moules et lavez-les. Faites-les ouvrir rapidement sur feu vif dans une casserole avec l'échalote hachée, le vin blanc, ½ litre d'eau, bouquet garni, un peu de sel, poivre. Retirez-les du jus de cuisson. Passez celui-ci à travers un tamis métallique garni de papier absorbant pour le débarrasser complètement du sable.

☐ Lavez et coupez finement les blancs de poireaux. Faites cuire, à couvert, sur feu très doux, 3 ou 4 minutes avec 15 g de beurre. Ne laissez pas colorer. Puis, versez le jus des moules dessus (1 ½ litre au moins, sinon complétez avec de l'eau). Couvrez et laissez cuire 15 minutes.

☐ Ajoutez alors le safran et le vermicelle dans la soupe bouillante. Mélangez. Au bout de 5 minutes d'ébullition, le vermicelle étant cuit, joignez-y les moules décoquillées et la crème. Mélangez quelques instants sur le feu. Assurez-vous de l'assaisonnement et servez.

Il est inutile – et même déconseillé – de servir du fromage à la fin de ce menu puisque le plat du milieu – l'omelette – utilise pas mal de gruyère et que le dessert est un laitage. Le repas serait donc trop riche en calcium et lassant par le goût. Diététique et gourmandise seront, pour une fois, d'accord !

MON AVIS
Si vous supprimez le safran, votre soupe aura une saveur différente mais excellente tout de même. Vous pouvez aussi remplacer le vermicelle par 1 cuil. à café de fécule ou de Maïzena qui vous donnera un mélange velouté.

Spaghetti à la languedocienne

Très facile
Raisonnable
Préparation et cuisson :
45 mn

Pour 4, il faut :
3 aubergines
Sel
4 tomates
250 g de champignons
½ tasse d'huile
1 gousse d'ail
Poivre
250 g de spaghetti
50 g de gruyère râpé
50 g de beurre

Menu

Assiette de charcuterie
*Spaghetti à la languedocienne**
Salade aux fines herbes
Fromage
Ananas frais

□ Épluchez et coupez les aubergines en rondelles. Salez-les et laissez-les dégorger un moment.

□ Pelez et coupez les tomates en les pressant légèrement pour les épépiner. Lavez les champignons. Coupez-les en dés.

□ Épongez les rondelles d'aubergines. Faites-les dorer à la poêle, des deux côtés, sur feu vif, avec de l'huile. Puis ajoutez les tomates coupées, champignons, ail. Salez et poivrez. Couvrez et laissez mijoter 15 minutes.

□ Pendant ce temps, jetez les spaghetti dans une grande casserole d'eau bouillante salée (environ 15 minutes d'ébullition). Égouttez-les aussitôt cuits. Versez-les dans un plat à gratin. Mélangez avec 30 g de beurre. Étalez les légumes cuits dessus, gruyère râpé et noisettes de beurre. Faites gratiner 10 minutes.

MON AVIS
Utilisez de préférence des champignons frais. Mais si vous ne disposez que d'une petite boîte, n'ajoutez les champignons qu'à la dernière minute, pour les réchauffer.

Ce plat peut être entièrement préparé d'avance et mis au four chaud, un peu avant le repas, pour réchauffer et gratiner.

Spaghetti alla marinara

Facile
Raisonnable
Prép. et cuisson : 45 mn

Pour 4, il faut :
1,500 kg de coquillages variés (praires, palourdes, coques, moules)
Sel, poivre
1 branchette de céleri
250 g de spaghetti
1 boîte de sauce tomate toute préparée

Menu maigre

Salade niçoise (p. 286)
*Spaghetti alla marinara**
Yaourt
Clafoutis (p. 64)

☐ Nettoyez les coquillages soigneusement. Mettez-les sur le feu avec ½ litre d'eau légèrement salée, le céleri haché et pas mal de poivre. Dès qu'ils sont ouverts, égouttez-les en gardant le jus. Otez-les de leur coquille.

☐ Jetez les spaghetti dans beaucoup d'eau bouillante salée. Laissez bouillir 9 minutes seulement pour les obtenir très fermes. Égouttez-les et mélangez-les aussitôt avec la sauce tomate.

☐ Passez le jus des coquillages à travers un tamis métallique garni de papier absorbant pour éliminer le sable. Versez-le sur les spaghetti. Remettez à mijoter à feu doux, sous couvercle, jusqu'à absorption complète du jus. Servez chaud.

Pour un **repas plus soigné** vous garnirez ce plat de quelques langoustines (cuites à l'eau salée 5 minutes, avec leur carapace) et de crevettes-bouquets plantées serrées, en buisson, dans la peau d'un citron que vous poserez au centre.

MON AVIS
Les spaghetti continuant de cuire avec le jus des coquillages, il faut en écourter la première cuisson et les égoutter alors qu'ils sont encore fermes sous la dent.

Steaks Bercy

Facile
Raisonnable
Préparation et cuisson :
20 mn

Pour 4, il faut :
4 beefsteaks
1 cuil. à soupe d'huile
25 g de beurre
1 échalote hachée
¾ de verre de vin (blanc sec, ou rouge)
Tomate concentrée
Sel, poivre
15 g de beurre
1 cuil. à café de farine
Persil haché

Menu

Salade de tomates
*Steaks Bercy**
Cresson/pommes frites
Fromage

□ Saisissez les steaks, des deux côtés, à feu vif avec un peu d'huile. Retirez-les de la poêle et tenez-les au chaud.

□ A la place, mettez dans la poêle 25 g de beurre et l'échalote hachée. Laissez-la « fondre » sur feu doux, sans roussir. Ajoutez ensuite : vin, 1 pois de tomate concentrée, sel, poivre. Mélangez sur le feu en laissant bouillir 1 minute.

□ Malaxez à la fourchette 15 g de beurre et 1 cuil. à café rase de farine. Incorporez, par petits morceaux, à la sauce sur feu moyen. Tournez jusqu'à épaississement. Ajoutez le persil haché et versez sur les steaks.

Parmi les bons morceaux à steak :
– l'araignée : pas très présentable parce que dénervée, donc un peu déchiquetée ; elle est tendre, savoureuse et peu grasse ;
– la bavette et l'onglet : viandes à fibres allongées, très saignantes, juteuses, même, sans déchet ;
– la hampe : fibreuse comme la bavette mais bien plus mince ; très goûteuse ;
– le merlan et la poire : morceaux du boucher, tendres et savoureux comme il se doit ;
– ... et tous les morceaux plus traditionnels tels que : filet, faux-filet, rumsteak.

Steaks hachés américaine

Très facile
Raisonnable
Prép. : 10 mn

Pour 4, il faut :
400 g de steak haché (très frais)
1 oignon haché
1 cuil. à soupe de fines herbes hachées
3 cuil. à soupe de câpres
2 cuil. à soupe de moutarde forte
1 cuil. à soupe de Ketchup (facultatif)
Sel poivre
4 jaunes d'œufs

Menu

Tartelettes au gruyère
*Steaks hachés américaine**
Pommes sautées
Salade verte
Yaourt

□ Si possible, hachez la viande vous-même au moment de l'emploi (c'est si facile avec un robot). Malaxez-la avec tous les ingrédients cités (sauf les jaunes d'œufs) avec la main pour obtenir un mélange homogène, bien épicé.

□ Formez-en 4 boulettes. Déposez-les crues sur les assiettes. Creusez une alvéole au centre de chaque « steak » pour y placer un jaune d'œuf cru.

Steak tartare (variante) : comme le steak haché américaine, mais les œufs sont remplacés par une mayonnaise aux fines herbes.

Steaks minute marseillaise

Très facile
Raisonnable
Prép. et cuisson : 15 mn

Pour 4, il faut :
4 steaks
1 cuillerée à soupe d'huile
Sel, poivre

Garniture :
3 filets d'anchois
60 g de beurre
Poivre
Tomates
Cresson
Pommes chips

Menu

Salade de lentilles
*Steaks minute marseillaise**
Tomates sautées, chips
Fromage

□ Écrasez les anchois en purée en les malaxant avec 30 g de beurre mou et un peu de poivre.

□ Faites cuire les steaks, à feu vif, à la poêle, avec très peu d'huile. Salez et poivrez en fin de cuisson. Déposez les steaks dans un grand plat. Tenez-le au chaud.

□ Mettez 30 g de beurre dans la poêle. Déposez dedans les demi-tomates, sur la face coupée pour saisir la pulpe, 2 ou 3 minutes sur feu très vif. Retournez sur l'autre face et laissez cuire 2 minutes supplémentaires.

□ Tartinez les steaks avec la purée d'anchois. Présentez-les entourés des tomates sautées, de bouquets de cresson et de chips.

MON AVIS
Les anchois étant très salés, il ne faudra saler que très modérément les steaks, ou même pas du tout. C'est selon votre goût, ou votre régime.

Tarte chaude flambée

Facile
Raisonnable
Prép. et cuisson : 1 h
+ repos de la pâte
Thermostat : 6/7

Pour 4, il faut :

Pâte brisée :
150 g de farine
¼ cuil. à café de sel
75 g de beurre
ou de margarine
½ verre d'eau froide
(ou 250 g
de pâte surgelée)

Garniture :
750 g de pommes
2 ou 3 cuil. à soupe
de sucre
2 ou 3 cuil. à soupe
de rhum

1 tourtière de 22 cm ∅

Menu soigné

Soupe chinoise (p. 312)
Épaule d'agneau persillade (p. 51)
Gratin dauphinois (p. 142)
Salade
Fromages
*Tarte chaude flambée**

Côtes-du-Rhône rouge
Fromage aux herbes
Camembert – Munster

☐ *Pâte brisée :* mélangez farine, sel et beurre en morceaux entre les paumes des mains, pressées et frottées ensemble assez longuement pour obtenir une sorte de gros sable. Aspergez avec ½ verre d'eau. Pétrissez alors rapidement, sans trop insister. Mettez en boule. Écrasez avec la paume de la main. Remettez en boule aussitôt. Recommencez cette opération trois fois pour donner de la consistance à la pâte. Avec le rouleau à pâtisserie, étalez la pâte assez finement. Mettez si possible au réfrigérateur pendant 1 heure (la pâte s'étalera ainsi plus facilement, sans se casser). Puis garnissez-en la tourtière beurrée.

☐ Allumez le four à thermostat 6/7. Épluchez les pommes. Coupez-les en fines tranches. Placez-les, se chevauchant très serrées, sur la pâte. Mettez à four chaud (th. 6/7) de 30 à 35 minutes. Démoulez au sortir du four sur le plat à tarte. Sucrez. Arrosez aussitôt avec le rhum bouillant. Enflammez sans attendre et servez.

MON AVIS
S'il y a des petits enfants à table, je vous conseille une autre version gourmande de la tarte aux pommes chaude : 10 minutes avant la fin de la cuisson, je verse sur la tarte un œuf battu avec 2 ou 3 cuil. à soupe de sucre et autant de crème fraîche. Je remets dans le four chaud 10 minutes – ou un tout petit peu plus si le mélange n'est pas complètement pris en crème – et je sers chaud ou tiède. C'est moelleux et excellent !

Tarte au citron meringuée

Facile
Raisonnable
Prép. et cuisson : 1 h 15
Thermostat : 6/7

Pour 4 à 6, il faut :

Pâte brisée à l'œuf :
200 g de farine
150 g de beurre
ou de margarine
1 œuf entier
½ cuil. à café de sel

Crème au citron :
4 cuil. à soupe
de sucre en poudre
80 g de beurre très mou
2 œufs
2 citrons non traités

Meringue :
3 blancs d'œufs
3 cuil. à soupe de sucre
2 pincées de sel

1 tourtière de 24 cm ∅
à fond amovible

Menu soigné maigre

Avocats « diabolic » (p. 24)
Rizotto de fruits de mer (p. 266)
Salade
Fromages
*Tarte au citron meringuée**

Entre-deux-Mers blanc sec
Pont-l'Évêque – Chevrotin – Brie

☐ *Pâte brisée à l'œuf :* mélangez farine, sel et beurre coupé en dés, en pressant et frottant les paumes des mains l'une contre l'autre. Ajoutez l'œuf et un peu d'eau. Mettez en boule. Puis écrasez avec la paume de la main, en étalant la pâte sur la planche farinée. Remettez en boule. Étalez. Remettez en boule. Tout cela très rapidement. Étalez-la finement. Mettez-la dans la tourtière. Piquez le fond partout avec une fourchette. Glissez dans le réfrigérateur.

☐ *Crème au citron :* Battez au fouet électrique le sucre et le beurre très mou jusqu'à ce que le mélange soit blanc et mousseux. Ajoutez-y ensuite les œufs entiers et le zeste râpé des citrons préalablement lavés à l'eau froide. Fouettez quelques secondes. Étalez sur le fond de tarte cru. Mettez à four chaud. Thermostat 6/7 pendant 20 à 25 mn.

☐ *Meringue :* montez 3 blancs d'œufs en neige avec le fouet propre (sinon les blancs ne monteraient pas bien). Incorporez-y 1 cuil. de sucre dès qu'ils moussent, puis quand ils sont très fermes, ajoutez-y le reste du sucre en deux ou trois fois. Battez-les encore jusqu'à ce qu'ils soient brillants. Recouvrez-en la tarte cuite entièrement. Remettez-la au four 10 minutes pour dorer la meringue. Démoulez-la au sortir du four. Présentez-la tiède ou froide.

MON AVIS
La meringue étalée sur la crème au citron ne doit laisser apparaître aucun trou. Elle doit adhérer parfaitement à la croûte, tout autour, sinon elle rétrécira à la cuisson.

Tarte à la fourchette (pour fruits juteux)

Très facile
Économique
Prép. et cuisson : 50 mn
Thermostat : 6/7

Pour 6 à 8, il faut :

Pâte :
200 g de farine
100 g de sucre en poudre
½ paquet de levure en poudre
¼ de cuil. à café de sel
100 g de beurre très mou ou de margarine
2 œufs entiers

Garniture :
750 g de fruits juteux (prunes, abricots)
100 g de sucre en poudre

1 tourtière à fond amovible de 26 à 28 cm ∅

Menu soigné maigre

Tomates (crues) farcies (p. 333)
Thon braisé à l'espagnole (p. 330)
Pommes vapeur
Fromages
*Tarte à la fourchette**

Vin rosé de Béarn
Chaource – Bleu des Causses – Poivre d'âne

□ *Pâte à la fourchette :* dans un grand saladier, mettez farine, sucre, levure et sel. Mélangez le tout au batteur électrique 30 secondes. Ajoutez-y le beurre très mou, en petits dés. Continuez de battre pour obtenir une pâte ressemblant à de la semoule à couscous. Incorporez les œufs entiers à l'aide d'une fourchette ou d'une cuiller en bois (et non au batteur électrique car le brassage trop rapide durcirait la pâte). La pâte terminée est molle et peu homogène.

□ Beurrez généreusement tout l'intérieur de la tourtière. Cette pâte est trop molle pour s'étendre au rouleau ; il suffit de l'étaler dans le moule à l'aide d'une fourchette en la faisant remonter contre le bord. Disposez les fruits dessus, côté peau contre la pâte.

□ Cuisez à four chaud (th. 6/7) 30 minutes environ. A mi-cuisson, couvrez si nécessaire d'une feuille d'aluminium.

□ Démoulez cette tarte en la faisant glisser sur le plat car elle se brise facilement quand elle est chaude. Sucrez-la abondamment. Servez-la tiède ou réchauffée dans le four doux.

MON AVIS
Cette tarte, assez pesante, risque de se casser au démoulage. C'est pour cela que je conseille l'utilisation d'un moule à fond amovible permettant de faire glisser sans risque la tarte sur le plat de présentation.

Terrine de foie de porc

Facile
Raisonnable
Prép. et cuisson : 3 h
(2 ou 3 jours d'avance)
Thermostat : 5/6

Pour 10 à 12, il faut :
1 kg de foie de porc
1 kg de lard gras et (ou) de gorge de porc
50 g d'échalotes
2 gousses d'ail
50 g de sel (25 g par kg du tout)
4 g de poivre (2 g par kg du tout)
2 cuil. à soupe d'eau-de-vie ou de cognac
½ cuil. à café de 4-épices
1 couenne de lard de la taille du couvercle
1 grand morceau de crépine
Bouquet garni
3 clous de girofle

1 terrine de 2 kg

Menu

*Terrine de foie de porc et salade**

Filets de merlan panés

Macaroni au gratin

Fruits

☐ Coupez en morceaux le foie, le lard gras ou la gorge de porc. Passez-les ensemble dans le mixer ou le hachoir avec échalotes et ail.

☐ Mettez le tout dans une terrine avec sel, poivre, eau-de-vie ou cognac et quatre-épices. Malaxez pendant plusieurs minutes.

☐ Ébouillantez la couenne et essuyez-la. Plongez la crépine dans un bol d'eau froide pour la déplier plus facilement sans la déchirer. Étalez-la sur un linge pour l'éponger. puis disposez-la à l'intérieur de la terrine en la laissant dépasser largement.

☐ Versez la chair à pâté dans la terrine ainsi garnie. Tassez en la tapant doucement sur la table. Repliez la crépine sur la chair pour l'envelopper. Déposez dessus le bouquet garni, les clous de girofle puis la couenne. Mettez le couvercle. Déposez dans la plaque creuse du four emplie d'eau.

☐ Glissez dans le four moyen (th. 5/6) pendant 2 h 30 environ. 15 minutes avant la fin, retirez le couvercle pour laisser dorer la surface de la terrine.
Laissez refroidir. Plaquez une feuille d'aluminium à même le contenu de la terrine. Posez le couvercle et laissez dans le réfrigérateur 2 ou 3 jours.

MON AVIS
Si vous souhaitez la conserver plus longtemps, couvrez la terrine de 1 ou 2 cm de saindoux fondu et tenez-la tout de même dans un endroit bien frais.

Terrine de foies de volaille

Facile
Raisonnable
Prép. et cuisson : 1 h 30
+ marinade : la veille
Thermostat : 5/6

Pour 4 à 6, il faut :
500 g de foies de volaille
300 g de porc frais (poitrine très grasse)
300 g de veau (épaule)
100 g de barde de lard
50 g de couenne
Thym
Laurier
2 pincées de Muscade
1 verre de Porto
1 verre à liqueur de Cognac
1 cuil. à soupe d'huile
25 g de sel (1 cuil. à soupe rase)
3 g de poivre

1 terrine de 1 kg

Menu soigné

*Terrine de foies de volaille**
Tranches de lieu meunière
Salade d'endives/pommes de terre
Crème renversée au caramel (p. 110)

Tavel rosé

☐ *La veille :* mettez les foies à macérer avec : porto, cognac, thym, laurier, muscade, poivre, 1 cuil. à soupe d'huile.

☐ *Le lendemain :* passez au hachoir ou au mixer toutes les viandes sauf 4 foies, le jus de la marinade. Salez et poivrez généreusement. Coupez en petits dés les foies restants.

☐ Tapissez l'intérieur de la terrine (fond et tour) avec de la barde. Tassez dedans la moitié du hachis, puis une couche de foies coupés. Terminez avec le reste de hachis. Garnissez le dessus avec laurier, thym et la couenne. Fermez avec le couvercle. Faites cuire dans la plaque creuse du four emplie d'eau, à four moyen (th. 5/6) 1 heure environ.
Gardez la terrine 1 ou 2 jours dans le réfrigérateur avant de la consommer.

MON AVIS
Le foie de toutes les volailles convient pour une terrine : poulet, dinde, canard et foie d'oie, bien entendu.

N'hésitez pas à goûter la préparation crue – une pointe de couteau suffit – pour vous assurer que l'assaisonnement est au point. Elle doit être fortement épicée avant cuisson. La terrine est suffisamment cuite quand une brochette ou un couteau pointu, enfoncé jusqu'au fond, en ressort bien chaud jusqu'à la pointe.

Terrine de Saint-Jacques au poivre vert

Facile
Cher
Prép. et cuisson la veille :
2 h
Thermostat :
5/6, puis 6/7

Pour 10, il faut :
7 ou 8 coquilles
(300 g de chair,
noix et corail)
250 g de filets de merlan
3 œufs
200 g de beurre très mou
100 g de crème fraîche
1 cuil. à soupe
de poivre vert
(en saumure)

Panade épaisse :
1 cuil. à soupe bombée
de farine
1 jaune d'œuf
1 verre à moutarde de lait
(150 g)
1 cuil. à café rase de sel
Poivre
3 pincées de muscade

2 noix de beurre
pour la terrine

1 terrine de 1 kg
de capacité environ

Filets de poisson et noix de coquilles Saint-Jacques surgelés conviennent pour cette recette. N'utilisez le corail des coquilles que s'il est très présentable. Laissez dégeler au préalable.

Menu réception

Terrine de Saint-Jacques
*au poivre vert**
Faisan rôti
Pommes dauphine
Salade
Fromages
Pêches Melba *(p. 221)*

Sancerre – Côte-de-Beaune
Vacherin – Pont-l'Évêque – Bleu de Bresse

□ *Panade épaisse. La veille :* dans une terrine ou un mixer, mélangez la farine et le jaune d'œuf. Puis incorporez-y, peu à peu, le lait bouillant, sel, un peu de poivre et muscade. Reversez dans la casserole ayant contenu le lait et délayez sur le feu, au fouet à sauce, quelques instants (jusqu'à épaississement). Laissez refroidir.

□ Rincez le poivre vert. Épongez-le et écrasez-le à la fourchette ou dans le mixer.

□ Réduisez en fine pulpe (au mixer) la chair crue du poisson et des coquilles (sauf le corail, mis à part). Incorporez 3 œufs entiers, un par un. Battez suffisamment entre chacun pour obtenir une pâte homogène. Mettez cette pâte dans une grande terrine avec la panade.

□ Incorporez-y, en travaillant au batteur, la crème fraîche, puis le beurre très mou par petits morceaux et le poivre vert écrasé, pour obtenir un mélange presque lisse. Épicez-le encore, au besoin (il faut en goûter un tout petit peu pour se rendre compte).

□ Beurrez abondamment l'intérieur de la terrine. Tassez-y la moitié de la préparation. Couchez dessus les langues de corail. Recouvrez avec le reste de préparation. Couvrez d'une feuille d'aluminium. Mettez à reposer au réfrigérateur, 6 heures environ.

□ *Cuisson (toujours la veille du repas) :* mettez la terrine dans la plaque creuse du four emplie d'eau.

Enfournez à four moyen (th. 5/6), puis plus chaud (th. 6/7) de 1 heure à 1 heure 15 en tout. La préparation monte un peu à mi-cuisson. Couvrez alors d'une feuille d'aluminium car le dessus ne doit pas « croûter ».
La terrine est cuite à point lorsque la lame d'un couteau enfoncée à fond en ressort bien chaude, d'une extrémité à l'autre. Laissez au réfrigérateur jusqu'au lendemain.

□ Présentez cette entrée dans sa terrine. Coupez-y de fines tranches. Servez-la telle quelle ou avec de la crème fraîche, salée et poivrée, légèrement battue au fouet, ou une mayonnaise au poivre vert (p. 301).

MON AVIS
La préparation de cette terrine est facile mais longue – une fois n'est pas coutume. Il est préférable de profiter d'un moment où les enfants sont absents pour l'entreprendre, la veille de votre réception. Cela dit, la terrine de Saint-Jacques est une prestigieuse entrée pour un repas de Noël ou de Communion. Et comme vous la réussirez à coup sûr, elle consacrera vos talents de cordon-bleu.

Terrine de lapin en gelée

Très facile
Raisonnable
Prép. et cuisson : 2 h 30
en autocuiseur : 50 mn
+ au frais : 12 h

Pour 6, il faut :
1 lapin de 3 livres, en morceaux
1 pied de veau fendu en 2
1 cuil. à soupe d'huile
20 g de beurre
150 g de lard de poitrine
3 échalotes
3 gousses d'ail
Sel, poivre
2 clous de girofle
Bouquet garni, riche en thym
2 carottes
½ l de vin blanc sec

Menu soigné froid

Pissaladière (p. 231)
*Terrine de lapin en gelée**
Salade
Fromage blanc aux radis roses et fromage rose aux oignons blancs (p. 130)
Glace et fraises des bois

Côtes-de-Provence ou Côtes-du-Rhône rosés

□ Faites bouillir le pied de veau 5 minutes et égouttez.

□ Dans une grande cocotte, faites chauffer 1 cuil. d'huile et 20 g de beurre. Mettez à roussir le lapin (3 ou 4 morceaux à la fois) et le lard coupé en dés. Égouttez toute la graisse de cuisson ensuite.

□ Remettez toute la viande dans la cocotte avec échalotes, ail, sel, poivre, girofle, bouquet garni, carottes coupées en deux, pied de veau avec os. Couvrez aux ¾ avec le vin blanc et un peu d'eau si nécessaire. Portez à ébullition et laissez mijoter, couvert, 2 heures (en autocuiseur : 50 minutes).

□ Quand le lapin est cuit, désossez-le en le déchiquetant un peu. Mettez toute la viande – y compris le pied de veau désossé et coupé en dés – dans 1 ou 2 terrines. Versez dessus la sauce tamisée. Laissez prendre au frais 12 heures au moins. Servez, démoulé, avec des cornichons et de la salade.

Tête de veau à la poulette (ou pieds de veau)

Très facile
Économique
Prép. et cuisson : 2 h 30
en autocuiseur : 45 mn

Pour 4 à 6, il faut :
½ tête de veau roulée
Sel
Bouquet garni
12 grains de poivre
2 cuil. à soupe de vinaigre
1 carotte

Sauce poulette :
1 cuil. à soupe de farine
30 g de beurre
½ l de liquide
(bouillon en tablette +
jus des champignons)
Sel, poivre
½ citron
1 jaune d'œuf
1 petite boîte
de champignons

Menu

Salade de tomates/fines herbes
*Tête de veau à la poulette**
Pommes de terre vapeur
Pain perdu (p. 212)

☐ Plongez la tête de veau dans une casserole d'eau froide salée. Portez à ébullition, maintenez celle-ci 10 minutes. Égouttez et passez sous l'eau froide.

☐ Dans une grande marmite, remettez à chauffer de l'eau avec sel, bouquet garni, poivre, vinaigre, carotte. Dès ébullition, plongez la tête de veau dedans. Laissez cuire à petits bouillons pendant 2 heures (en autocuiseur : 45 minutes).

☐ *Sauce poulette :* sur feu doux, mélangez la farine avec le beurre. Laissez bouillir un instant. Ajoutez-y, en une fois, ½ litre de liquide (jus des champignons + bouillon), très peu de sel, poivre. Mélangez jusqu'à ébullition. Laissez mijoter 5 minutes. Hors du feu, incorporez-y : jus de citron, jaune d'œuf et champignons coupés.

☐ Servez la tête de veau chaude ou tiède, accompagnée de sauce poulette.

Les **pieds de veau** (1 par personne) se préparent de la même manière, avec un temps de cuisson identique.

Thon braisé à l'espagnole

Facile
Raisonnable
Prép. et cuisson : 1 h
La veille : à mariner

Pour 4, il faut :
1 tranche épaisse de thon de 1 kg à 1,200 kg
8 filets d'anchois
2 oignons
3 gousses d'ail
Persil
750 g de tomates
1 poivron
50 g de beurre
⅓ de bouteille de vin blanc sec
1 verre d'eau
Sel, poivre
1 cuil. à café de piment doux
1 cuil. à soupe de câpres

Marinade :
½ verre d'huile
Thym
Laurier
Romarin
8 grains de poivre
1 petit piment fort

Menu maigre

Concombre à la crème
*Thon braisé à l'espagnole**
Riz nature au safran
Œufs au lait (p. 197)

☐ *La veille :* piquez le thon avec les filets d'anchois. Laissez-le mariner au réfrigérateur avec huile, thym, laurier, romarin, poivre en grains, petit piment fort. Couvrez. Retournez la tranche plusieurs fois.

☐ *Le lendemain :* hachez les oignons, l'ail et le persil. Pelez et coupez les tomates en morceaux, pressez-les légèrement. Épépinez le poivron. Coupez-le en lanières.

☐ Égouttez et épongez le thon. Faites-le dorer de toute part, dans une cocotte, avec 50 g de beurre. Ajoutez les oignons. Puis ail, tomates, poivron, vin blanc, 1 verre d'eau, sel, poivre, poudre de piment doux. Couvrez. Laissez mijoter 30 minutes environ sur le feu ou, mieux encore, dans le four moyen (th. 5/6).

☐ Déposez le thon cuit dans le plat de service. Tenez-le au chaud. Reportez la sauce sur le feu pour la laisser réduire si nécessaire. Ajoutez-y câpres et persil haché. Laissez bouillir quelques instants. Versez sur le thon et servez.

1. **Le riz nature** accompagne toujours très bien le poisson. Mais, pour varier un peu, je vous conseille de le parsemer, avant de présenter, de noisettes de beurre et de quelques pincées de safran, paprika ou curry.

Tian de merlan aux courgettes

Très facile
Raisonnable
Prép. et cuisson : 1 h
Thermostat : 7/8

Pour 4, il faut :
4 filets de merlan
1 gousse d'ail
50 g de beurre
Sel, poivre
4 petites courgettes
Farine
4 cuil. à soupe huile
500 g de tomates fermes
Chapelure

Menu

Céleri-branches aux anchois [1]
*Tian de merlan aux courgettes**
Salade frisée aux lardons
Pain de semoule aux fruits (p. 211)

□ Frottez d'ail un plat à four creux (genre « sabot ») et beurrez-le. Allongez les filets de merlan dedans. Salez et poivrez.

□ Lavez et essuyez les courgettes non pelées. Tranchez-les en rondelles de 1 cm. Farinez-les. Faites-les sauter, avec de l'huile, dans une grande poêle sur feu vif. Quand elles sont dorées des deux côtés, salez, poivrez et disposez-les sur les filets.

□ Coupez les tomates en quartiers. Faites-les sauter à la poêle, à la place des courgettes, avec un peu de beurre, sur feu vif. Étalez-les sur les courgettes.

□ Parsemez le plat de chapelure, noisettes de beurre, sel et poivre. Faites cuire à four très chaud (th. 7/8) de 20 à 30 minutes.

1. **Céleri-branches aux anchois :** vous n'utiliserez que les petites branches tendres du céleri après les avoir débarrassées de leurs fils. Présentez-les avec des filets d'anchois mixés avec de la vinaigrette. Chacun prendra une petite cuillerée de cette purée pour y tremper des branchettes de céleri et les croquer afin de s'ouvrir l'appétit.

Tomates bruxelloise (aux crevettes)

Très facile
Raisonnable
Prép. : 15 mn

Pour , il faut :
4 grosses tomates, mûres et fermes
150 à 200 g de crevettes décortiquées (fraîches, surgelées ou en boîte)
½ citron
Sel, poivre
½ bol de mayonnaise (ou tube)
Persil

Menu soigné

*Tomates bruxelloise**
Rôti de dindonneau braisé aux champignons
Gratin dauphinois (p. 142)
Fromages
Glace et macédoine de fruits

Traminer – Touraine rouge
Triple crème – Saint-Paulin – Camembert

☐ Découpez une large rondelle au sommet de chaque tomate, du côté opposé à la tige. Creusez-les avec une cuiller à café, sans abîmer la peau. Salez-les. Retournez-les sur une assiette pour les égoutter.

☐ Faites dégeler les crevettes, s'il y a lieu. Salez, poivrez et aspergez-les de citron.

☐ Préparez une mayonnaise bien relevée (ou utilisez un tube).

☐ Mélangez les crevettes avec les ¾ de la mayonnaise. Emplissez-en les tomates. Terminez avec une touche de mayonnaise et un brin de persil.

Tomates crues farcies (10 suggestions)

Très facile
Économique
à raisonnable
Prép. : 10 à 20 mn

Menu froid

*Tomates crues farcies sur feuilles de laitue**

Jambon de campagne

Salade de pois chiches à la provençale (p. 235)

Tarte

☐ Découpez un couvercle sur chaque tomate du côté opposé à la tige. Évidez-les avec une petite cuiller. Salez l'intérieur et retournez-les sur une assiette pour les égoutter. Puis farcissez-les :

Concombre — ☐ Des rondelles de concombre sont accommodées avec vinaigrette, mayonnaise, ou crème fraîche légèrement vinaigrée, ou encore avec un mélange mi-crème mi-mayonnaise.

Thon — ☐ Du thon en boîte émietté et mélangé avec œufs durs hachés, vinaigrette et fines herbes.

Crabe — ☐ Du crabe, un peu de laitue finement coupée en ruban et mayonnaise.

Poisson — ☐ Du poisson émietté, câpres avec vinaigrette ou mayonnaise.

Anchois — ☐ Des filets d'anchois, coupés menu, mélangés avec œuf dur écrasé, beurre ramolli et jus de citron.

Poulet — ☐ Un reste de poulet haché, laitue finement coupée et mayonnaise.

Brandade — ☐ De la brandade de morue toute préparée, garnie d'une olive noire.

Macédoine — ☐ De la macédoine de légumes très bien égouttée, liée avec une mayonnaise ou crème fraîche épaisse. Hachis de ciboulette, oignon ou ail nouveau, échalote.

Chou-fleur — ☐ De petits bouquets de chou-fleur enrobés de mayonnaise au Ketchup et surmontés d'une olive.

Riz — ☐ Du riz nature avec fin hachis de poivron, fines herbes, olives noires ou vertes, et vinaigrette relevée.

Tomates farcies d'avocat

Très facile
Raisonnable
Prép. : 10 mn

Pour 4, il faut :
4 tomates moyennes
1 avocat
½ citron
Sel
1 tasse de mayonnaise moutardée

Menu

*Tomates farcies d'avocat**
Omelette aux pâtes
Haricots verts
Crème au café *(p. 88)*

☐ Épluchez et videz les tomates crues. Salez l'intérieur. Retournez-les pour les égoutter. Pressez-les légèrement pour les épépiner.

☐ Préparez une tasse de mayonnaise à la moutarde.

☐ Coupez la chair de l'avocat en dés ou écrasez-la en purée. Arrosez-la de citron en même temps pour qu'elle ne s'oxyde pas. Incorporez-y de la mayonnaise très relevée. Introduisez dans les tomates juste avant de servir.

Truites à la crème et à la ciboulette

Facile
Raisonnable
Prép. et cuisson : 45 mn
Thermostat : 7/8

Pour 4, il faut :
4 truites
1 noix de beurre
1 échalote
2 verres de vin blanc sec ou d'eau
Ciboulette
Sel, poivre
½ citron
4 cuil. à soupe de crème fraîche

Menu soigné

Soufflé au fromage *(p. 309)*
*Truites à la crème et à la ciboulette**
Pommes vapeur
Salade de mâche/céleri-rave/noix
Marquise au chocolat *(p. 173)*

Vin blanc du Jura ou de Savoie

☐ Beurrez un plat allant au four. Parsemez le fond d'échalote hachée. Déposez dessus les truites nettoyées et essuyées. Ajoutez le vin blanc, 1 cuil. à soupe de ciboulette coupée, sel, poivre, jus de citron. Faites cuire à four bien chaud (th. 7/8) 10 minutes.

☐ Égouttez parfaitement les truites en conservant le jus de cuisson. Gardez-les au chaud dans le plat de service. Reportez la sauce de cuisson sur le feu, dans une petite casserole. Incorporez-y la crème fraîche tout en laissant bouillir quelques instants pour laisser épaissir un peu. Versez sur les truites et servez aussitôt. Des pommes vapeur légèrement persillées les accompagnent très bien.

Videz les truites (ou faites-les vider) par les ouïes, et non en fendant la peau du ventre. Les poissons ainsi préparés n'éclateront pas en cuisant et seront bien plus présentables.

MON AVIS
Si votre plat de cuisson est suffisamment joli (en porcelaine à feu, par exemple), vous présenterez les truites dedans après avoir essuyé le pourtour du plat avec du papier absorbant, si nécessaire.

Truites au Muscadet

Facile
Raisonnable
Prép. et cuisson : 45 mn
Thermostat : 6/7

Pour 4, il faut :
4 truites
Sel, poivre
1 ½ verre de muscadet
1 cuil. à soupe rase de farine
30 g de beurre
1 citron

Menu soigné

Melon
*Truites au Muscadet**
Lapin à l'estragon (p. 164)
Fromages
Poires au vin rouge (p. 110)

Muscadet de Sèvre-et-Maine [1]
Côtes-du-Rhône
Comté – Carré de l'Est
Selles-sur-Cher

□ Videz et essuyez les truites avec du papier absorbant. Rangez-les, bien serrées, dans un plat à feu assez joli pour être présenté à table. Salez. Arrosez de muscadet. Mettez à four chaud (th. 6/7) 10 minutes.

□ Versez le jus de cuisson des truites dans une casserole en les maintenant dans le plat sans les abîmer. Tenez-les au chaud dans leur plat.

□ Avec une fourchette, malaxez la farine et le beurre mou. Incorporez par petits morceaux dans la casserole de jus en train de bouillir, sur feu doux. Fouettez sans arrêt jusqu'à léger épaississement. Salez et poivrez un peu.

□ Coupez deux fines rondelles dans le citron. Pressez le reste dans la sauce. Mélangez. Versez sur les truites. Déposez ½ rondelle de citron sur la tête de chacune avant de présenter à table.

1. **Les vins blancs,** sauf à de rares exceptions, demandent à être bus très frais mais non glacés. Ainsi, le muscadet de votre menu pourra être mis à rafraîchir dans le réfrigérateur une bonne heure avant d'être servi. Mais jamais dans le freezer ou le congélateur !

MON AVIS
En fin de préparation de la sauce, vous pouvez y incorporer de la crème fraîche. Préférez-la fluide plutôt qu'épaisse car une crème compacte risque de tourner au contact du citron acide.

Veau Le choix des morceaux

1 Quasi ou culotte
2 Noix
3 Sous-noix
4 Longe
5 Bavette
6 Côtes premières
7 Côtes secondes
8 Épaule
9 Travers de côtes
10 Collet
11 Poitrine
12 Tendron
13 Jarret
14 Flanchet

Destination	Morceaux	Caractéristiques	Temps de cuisson
Escalopes, paupiettes et rôtis	noix sous-noix, ou noix pâtissière	Tendre et maigre. Un peu sec parfois. Belles tranches.	**Escalopes :** 4 à 5 mn de chaque côté
	quasi ou culotte	Tendre et moelleux.	**Côtes :** 4 à 5 mn de chaque côté
Rôtis, braisés et rognonnade	longe ou filet	Très moelleux. Cher.	**Rôtis :** en cocotte : 1 h 15 par kg au four : 1 h 15 par kg à la broche : 1 h par kg en autocuiseur : 25 mn par kg
	épaule	Plus ou moins sec selon l'emplacement.	
	roulé ou bas de carré	Assez économique. Maigre.	
Côtelettes (poêle et gril)	carré côtes dans filet côtes premières côtes secondes	Très moelleux. Assez sèches. Plus moelleuses.	**Paupiettes :** 45 mn – (15 mn en autocuiseur)
Sautés, braisés	épaule		**Sautés :** 1 h 45 – (40 mn en autocuiseur) **Ragoûts :** 1 h 45 – (40 mn en autocuiseur)
Blanquettes, fricassées, ragoûts	poitrine, tendron, ou flanchet	Économique. Morceaux avec os, moelleux et goûteux.	
Pot-au-feu, blanquettes, fricassées braisés	jarret entier ou en rondelles	Avantageux. Viande très moelleuse et gélatineuse.	**Blanquette :** 1 h 15 – (20 à 25 mn en autocuiseur)

Vous reconnaîtrez le veau de 1re qualité :
- à sa chair d'un rose très pâle, légèrement nacrée ;
- à sa graisse abondante, ferme et blanche ;
- à la finesse du grain et de sa chair ;
- au bon jus qu'elle rend en abondance, pendant la cuisson.

Veau en gelée

Très facile
Raisonnable
Prép. et cuisson : 1 h 45
en autocuiseur : 35 mn
+ au froid : 12 h

Pour 4, il faut :
1 jarret de veau
de 1,500 kg
200 g de couenne
2 carottes
4 gros oignons
500 g d'os de veau
Bouquet garni
Sel, poivre
1 verre de vin blanc sec
2 verres d'eau
2 clous de girofle

Pour servir :
Cornichons et salade verte

Menu froid

Croustades au roquefort [1]

*Veau en gelée**

Salade

Compote de pommes meringuée

□ Tapissez le fond de la cocotte avec la couenne. Disposez dessus carottes et oignons en rondelles, puis le jarret. Mettez autour les os cassés par le boucher, bouquet garni, clous de girofle. Salez et poivrez généreusement.

□ Arrosez d'1 verre de vin blanc. Portez à ébullition sans couvrir. Au bout de quelques instants, ajoutez 2 verres d'eau. Couvrez. Laissez cuire très doucement 1 heure 30 (en autocuiseur : 35 minutes).

□ Désossez le jarret. Déposez la viande déchiquetée dans un plat profond et pas trop grand. Recouvrez avec le jus de cuisson et ses carottes. Laissez prendre en gelée jusqu'au lendemain. Servez avec cornichons et salade.

1. **Croustades au roquefort :** pilez une vingtaine de cerneaux de noix avec 50 g de roquefort et 3 cuil. à soupe de crème fraîche. Coupez une branchette de céleri en dés minuscules pour les joindre au mélange précédent. Poivrez bien et répartissez dans 4 ou 5 croustades toutes préparées. C'est bon, simple et vite fait !

MON AVIS
La couenne s'achète, prête à l'emploi, chez le charcutier. Les os de veau peuvent être remplacés par 1 pied de veau fendu qui donne une belle gelée.

Velouté aux herbes du jardin

Très facile
Raisonnable
Prép. et cuisson : 1 h
en autocuiseur : 20 mn

Pour 6, il faut :
1 petite laitue
2 poignées d'oseille
2 poignées d'épinards
1 poignée de cerfeuil
1 botte de cresson
1 branche de céleri
30 g de beurre
1 l d'eau
½ l de lait
Sel, poivre
½ verre de riz
1 jaune d'œuf
1 cuil. à soupe de crème fraîche

Menu

*Velouté aux herbes du jardin**
Endives au jambon (p. 106)
Salade de cresson
Marmelade de fruits

☐ Épluchez et lavez tous les légumes (utilisez les tiges du cresson et une partie des feuilles, gardez les plus belles pour la salade). Hachez-les grossièrement.

☐ Dans une grande casserole, mettez à chauffer le beurre. Quand il est juste fondu, jetez-y les herbes hachées. Couvrez et laissez mijoter 10 minutes sur feu doux.

☐ Puis mouillez avec 1 litre d'eau. Couvrez. Laissez bouillir doucement 30 minutes (en autocuiseur : 12 minutes).

☐ Passez ce bouillon de légumes à la moulinette ou au mixer. Remettez sur le feu avec lait, sel, poivre. Quand le mélange bout, versez-y le riz en pluie. Laissez cuire à petits bouillons de 15 à 20 minutes (en autocuiseur : 6 à 8 minutes).

☐ *Liaison :* dans une soupière, délayez au fouet le jaune d'œuf avec la crème et le potage versé dessus peu à peu. Servez immédiatement.

MON AVIS
Voici une bonne façon d'utiliser les diverses ressources d'un petit jardin ou le reste des légumes d'un marché précédent. Avec une poignée de ceci, une poignée de cela... vous obtiendrez un très bon potage.

Volailles (temps de cuisson)

	Four rôtissoire ou gril	Cocotte	Bouillon	Friture
CANARD — de 1 kg + de 1,400 kg	th. 6-7 40 à 50 mn 50 mn à 1 h 15	45 mn à 1 h 1 h 15 env.		
DINDE ET CHAPON	th. 5-6 20 à 25 mn par livre + 30 mn four éteint	en morceaux, braisée : 1 h à 1 h 30		
OIE	th. 5-6 20 à 25 mn par livre + 30 mn four éteint	en morceaux braisée : 1 h à 1 h 30		
PIGEON petit 300-400 g gros 700-800 g	th. 6-7 30 mn gril : 15 mn de chaque côté th. 6-7 30 à 40 mn	25 à 30 mn 35 à 40 mn		
PINTADE 800 g + de 1,200 kg	th. 6-7 25 à 30 mn* 35 à 40 mn*	30 à 35 mn 40 à 50 mn		
POULE		1 h 30 à 2 h 30 selon l'âge	2 h à 3 h selon l'âge (autocuiseur : 50 à 60 mn)	
POULET petit	th. 6-7 25 à 30 mn par livre gril : ouvert et aplati 15 mn de chaque côté	1 h entier 50 mn en morceaux		10 mn morceaux panés

* Pendant le dernier quart d'heure de cuisson, couvrez d'une feuille de papier d'aluminium pour éviter le dessèchement.

Du bon usage du vin

Bien que ce livre soit avant tout consacré à la cuisine, il ne serait pas complet si je n'y parlais pas aussi du vin. Le vin, en effet, n'est pas seulement une boisson permettant de se désaltérer au cours des repas. C'est aussi un *aliment énergétique* dont la consommation, pour être inoffensive, doit demeurer modérée et bien adaptée aux besoins ainsi qu'à la « résistance » de chacun. C'est enfin et surtout, quand il est de bonne qualité, un plaisir, certains diront une volupté ! Agréable par lui-même, il exalte aussi la saveur des plats qu'il accompagne. C'est un merveilleux « metteur en scène » grâce à qui les différents acteurs du repas, des hors-d'œuvre au dessert, sauront jouer parfaitement leur rôle.

Tous les foyers ne sont pas également consommateurs de vin. Environ le quart des familles n'en boit jamais. Un autre quart n'en consomme qu'occasionnellement. Mais une petite moitié le fait figurer sur la table à tous les repas ou presque.

Pour ma part, je n'ai pas préjugé des habitudes de mes lecteurs. Pour les repas de tous les jours je ne conseille pas de vins en particulier. Je suppose que chacun s'en tiendra à ses goûts : eau, bière ou cidre pour les uns, vin de table pour la majorité des autres. M'est-il permis toutefois de suggérer de *bien choisir* son vin de table ? Dans cette catégorie, il existe, à côté des vins de marque, des vins de pays fort agréables et qui vous permettent déjà, à bon compte, de rendre vos menus plus attirants. Certains vins d'appellations V.D.Q.S. et A.O.C. sont également vendus à des prix très abordables.

N'est-il pas raisonnable de boire un peu moins et mieux ? De préférer, à dépense égale, la qualité à la quantité ? C'est d'ailleurs le parti qu'ont adopté de nombreux foyers. Depuis vingt ans, la consommation des vins de table ordinaires a diminué de moitié alors que se développait celle des vins plus recherchés. Cette tendance étant générale, je présume que, de temps en temps, vous aimerez égayer un repas de tous les jours en servant tel ou tel vin à *prix modéré* que je recommande dans mon inventaire des vins pour des repas soignés.

Toutefois, pour l'essentiel, je me borne à traiter du bon usage du vin en tant *qu'accompagnement d'un repas sortant de l'ordinaire,* et cela de trois façons différentes :

1 *Dans le cadre de mes menus recettes, où il peut s'agir :*

– soit d'un repas simplement *soigné*

Celui du dimanche par exemple, ou un petit dîner avec de bons amis, voire la célébration en famille d'un événement ou d'un anniversaire. Dans les menus correspondants je prévois en général *un seul vin* pour l'ensemble du repas : vin honnête et à prix modéré ou éventuellement plus raffiné si tel plat figurant au menu le justifie.

– soit d'un *repas de réception*

Il s'agit là non seulement d'une invitation plus « protocolaire » mais aussi d'une cérémonie familiale ou d'une petite fête gastronomique qu'on décide de se donner un beau jour pour une raison précise, ou simplement parce que c'est l'humeur du moment. Dans ce cas, j'ai indiqué un ou deux vins « distingués » classiques ou un peu plus originaux.

2 *Dans mon chapitre « comment marier les plats et les vins »*

Pour simplifier, j'ai suivi le découpage figurant à la table des matières de ce livre par grandes catégories de plats, c'est-à-dire soupes et potages, entrées, œufs, etc. (sans oublier l'apéritif).

Il va de soi que pour chaque type de plat, je n'indique pas tous les vins qui pourraient convenir, et vos goûts peuvent légitimement différer des miens...

3 *Dans mon inventaire « connaissez les principaux vins »*

A côté d'informations qui sont la carte d'identité des principaux vins disponibles : appellation légale, origine, caractère, prix, je me suis risquée à vous suggérer un ou deux emplois assez classiques du vin considéré. Mais il va de soi que le vin en question ne saurait être limité à ces usages.

Suivant vos goûts, ceux de vos convives ou votre fantaisie, vous pourrez tenter, à partir de cette base, bien d'autres combinaisons plus ou moins audacieuses.

En ce qui concerne les généralités sur le vin lui-même, je me suis délibérément limitée à un petit nombre d'informations qui me semblent avoir pour vous un réel *intérêt pratique.*

En effet, je suis spécialiste de la cuisine, pas de l'œnologie. Si vous êtes désireux – comme je le pense – d'en savoir plus sur le vin, alors vous pouvez vous adresser à l'un des *nombreux ouvrages* que des auteurs hautement qualifiés ont consacrés au vin. Pour vous faciliter la tâche, vous trouverez p. 381 une bibliographie succincte sur la question. Certains ouvrages, simples et très accessibles au profane (comme ceux de Raymond Dumay, de Louis Plessis, ou de Philippe Couderc), guideront utilement vos premiers pas.

D'autres, plus élaborés ou plus techniques, vous permettront d'accéder aux études supérieures... et, qui sait ? d'entrer un jour dans une confrérie vineuse comme le Tastevin...

Cela dit, nous allons maintenant approfondir le bon usage du vin dans les cinq chapitres que voici :

1 Comment s'y retrouver dans les dénominations légales ?
2 Où et comment acheter et conserver son vin ?
3 Comment parler du vin ?
4 Comment marier les plats et les vins ?
5 Inventaire des principaux vins et de leurs usages.

1

Comment s'y retrouver dans les dénominations légales ?

La règlementation du Marché commun regroupe les vins en deux classes : vins de table et vins de qualité produits dans une région déterminée (V.Q.P.R.D.).

En France, il existe quatre catégories :
- vins de table,
- vins de pays,
- V.D.Q.S. (vins délimités de qualité supérieure),
- A.O.C. (vins à appellation d'origine contrôlée).

Une certaine hiérarchie existe entre ces catégories. Mais cela ne veut pas dire médiocrité fatale pour les vins de table, ni d'ailleurs excellence assurée pour les prestigieux A.O.C. Non, les appellations officielles signifient simplement que les vins qui y ont droit répondent à un certain nombre d'exigences légales en ce qui concerne leur provenance et les traitements qu'ils ont subis. Les appellations ne constituent donc pas une assurance tous risques, mais une présomption de qualité.

I LES VINS DE TABLE

Au premier niveau de l'échelle des appellations figurent les *vins de table,* précédemment dénommés « vins de consommation courante ».

Vendu le plus souvent sous *marque* de négociant, en bouteilles d'un litre ou plus, c'est le vin « quotidien » de la majorité des foyers.

L'étiquette vous indiquera sa provenance :

Vin de table français

Ce vin est intégralement d'origine française.

Vin C.E.E.

Il s'agit ou d'un vin d'un pays de la communauté européenne, Italie essentiellement, ou d'un coupage d'un vin français et d'un vin européen.

Vin étranger

Il provient d'un pays tiers (Italie, Grèce, etc.). Le nom de ce pays est précisé sur l'étiquette.

Les autres caractéristiques des vins de table

Quelle qu'en soit l'origine géographique, les vins de table doivent :

1. provenir de cépages autorisés ;
2. offrir un degré minimum d'alcool, variable suivant les régions productrices ;

3. porter des étiquettes mentionnant clairement :
- le degré d'alcool du vin,
- la contenance de la bouteille,
- l'origine géographique du vin.

II LES VINS DE PAYS

Vient ensuite (classée dans les vins de table par l'administration de la C.E.E.) une catégorie qui connaît en France une vogue croissante due à l'effort de qualité accompli par les producteurs : ce sont les *vins de pays.*

Pour eux, les règles sont plus strictes que pour les simples vins de table. Le décret de 1973 qui les a créés prévoit en effet que ces vins doivent :

1. provenir exclusivement de cépages *recommandés,* variant suivant les terroirs, et de territoires délimités dont ils portent le nom ;
2. présenter un degré non inférieur à 9°, 9,5°, 10° ou 11° selon la région de production ;
3. avoir été agréés par un organisme officiel au cours d'un contrôle de dégustation.

Mais à la différence des vins de table, les *vins de pays* n'ont pas à indiquer sur l'étiquette leur teneur en alcool.

Il existe à ce jour environ 127 vins de pays différents. Vin de pays du Val de Montferrand, des Sables du Golfe du Lion, des Marches de Bretagne ou mieux encore de Cucugnan, voilà des noms qui parlent à l'imagination et que vous vous amuserez à faire découvrir à vos amis !

III LES V.D.Q.S.

Montons encore une marche, et nous voici en compagnie des *vins délimités de qualité supérieure.* La réglementation des V.D.Q.S. est un peu plus exigeante que celle des vins de pays, en ce qui concerne les cépages et le traitement du vin. Le label V.D.Q.S. n'est obtenu qu'après un examen de passage sévère effectué par des experts officiels.

Le nom et l'adresse du propriétaire récoltant ou du négociant doivent figurer sur l'étiquette.

Quant aux aires de production, elles sont de dimensions variables. Mais le plus souvent délimitées de façon étroite : picpoul de pinet, châteaumeillant, tursan, etc.

Au total, vous aurez le choix entre soixante-sept appellations différentes représentant la plupart des régions de France.

En dépit des mérites des vins de pays, il faut reconnaître que les V.D.Q.S. nous valent en général de plus grandes satisfactions. Ce sont des appellations anciennes, qui ont subi l'épreuve du temps. La modicité même des quantités produites (à peine le vingtième de la production viticole française) est une présomption supplémentaire de qualité.

Au fil des années, de nombreux V.D.Q.S. ont été promus A.O.C. Ce furent tout d'abord les vins d'Alsace, puis les vins de Savoie, de Cahors, d'Irouléguy, de Provence. En tout cas, pour ma part, je préfère avec certains coquillages un picpoul de pinet à tel anémique muscadet, pourtant fier de son label A.O.C.

IV LES A.O.C.

Les *appellations d'origine contrôlée :* cette catégorie peut être considérée comme « l'aristocratie des vins ». Mais, curieusement, cette aristocratie est cinq fois plus nombreuse que la simple bourgeoisie des V.D.Q.S. En fait, il faut se rappeler que la dénomination A.O.C. ne signifie pas que vous ayez automatiquement affaire à un très grand vin. On trouve pêle-mêle dans les A.O.C., le tout venant des côtes-du-rhône et le rarissime Château-Grillet, le banal muscadet des coteaux de Loire et le précieux Quart-de-Chaume, le bourgogne ordinaire et la merveille d'un Clos-Vougeot. Les prix varient d'ailleurs de un à cent...

Quant aux premiers grands crus classés de Bordeaux, ce sont de minuscules atolls au cœur d'un océan de vin appelé aussi bordeaux.

La caractéristique commune des A.O.C., ce n'est pas leur niveau de qualité, mais leur conformité à une réglementation publique *encore plus exigeante* que celle régissant les trois autres catégories, et ce à tous points de vue :
- aires de production
- cépages autorisés
- conformité aux usages locaux « loyaux et constants »
- limite au rendement de vignoble (par exemple : 50 hectolitres à l'hectare)
- forme de la bouteille,

et j'en passe...

Comment identifier un vin d'A.O.C. ?

Un A.O.C. peut demeurer dans un certain anonymat et ne déclarer que la région dont il provient : Bourgogne, Bordeaux, côtes de Provence.

Mais le plus souvent son étiquette portera d'autres indications vous permettant de mieux connaître sa personnalité. Par exemple :

— *Le secteur particulier de la région*

Pour un bourgogne : côte de Nuits, côte de Beaune, Chablis, etc. Pour un bordeaux : Médoc, Saint-Émilion, Graves, Pomerol, etc.

— *Le cépage*

Bourgogne aligoté, passe-tout-grain, sauvignon ou encore sylvaner, traminer, etc., pour l'Alsace.

— *La commune ou le village*

Par exemple : Juliénas, Fleurie, Brouilly, etc. pour le Beaujolais. Beaune, Montrachet, Meursault, Volnay, etc. pour la côte de Beaune.

— *Les crus, climats ou châteaux (suivant les régions)*

Au nord de la Loire, un « cru » ou un « climat » peuvent être exploités par plusieurs propriétaires différents. Au sud, et dans le Bordelais notamment, un « château » appartient généralement à un propriétaire unique.

— *Le nom du propriétaire-récoltant ou du négociant*

Il peut compléter l'indication du château ou domaine, ou s'y substituer.

— *Le millésime*

Vous allez vous trouver dans ces conditions en face d'un nombre incroyablement élevé de combinaisons entre ces divers éléments. Faisons une évaluation rapide. Il existe au total environ trois cent cinquante appellations d'origine contrôlée.

En Bourgogne, sur la soixantaine d'appellations contrôlées existantes, chacune compte en moyenne une trentaine de climats, soit au total plus de mille cinq cents vins différents.

Le Bordelais, lui, bénéficie d'une cinquantaine d'appellations ce qui, a raison d'une autre cinquantaine de châteaux par appellation conduit à une liste de plusieurs milliers de châteaux.

Si l'on fait le même type d'estimations pour les autres régions en tenant compte des terroirs, des propriétaires – et pourquoi pas des millésimes ? –, on arrive sans doute à plusieurs dizaines de milliers de vins différents. Vous voyez donc que l'inventaire complet de nos vins peut s'inscrire au répertoire des missions quasi impossibles.

De toute façon, dans la pratique, l'éventail de vos choix sera *bien plus réduit.* La carte des vins de notre plus grand spécialiste national, y compris les fines bouteilles, comprend environ trois cents références – ce qui n'est déjà pas mal. Une grande surface vous en proposera une centaine au moins.

2

Où et comment acheter et conserver son vin ?

I L'ACHETER

Le temps n'est plus où les vins devaient être bus « sur place ». Aujourd'hui, il est partout possible de se procurer la quasi-totalité des vins produits en France ainsi que bon nombre de vins étrangers. Les méthodes d'achat que je rappelle ici ne sont pas exclusives et peuvent parfaitement se compléter.

Achat chez le producteur

Vous êtes originaire d'une région viticole et vous connaissez votre producteur. Ici, pas de problème ; vous êtes fidèle, donc satisfait.

Il y a aussi les achats d'impulsion faits au cours d'un voyage, le long de la route ou à l'occasion de la visite d'une cave. Un bon conseil : n'achetez que ce que vous *avez dégusté,* ne vous chargez pas trop, surtout si vous devez encore longtemps rouler sous le soleil. Si le vin est bon, vous pourrez toujours en commander ultérieurement au producteur.

Les *foires exposition* ou des manifestations analogues conduisent les producteurs à se rapprocher des consommateurs. L'avantage dans ce cas, c'est que l'abondance des exposants vous permet de comparer. Mais attention au *forcing* des vendeurs ! Evitez les grandes foires fourre-tout et préférez les salons spécialisés ou, mieux encore, les foires locales du vin, où les viticulteurs sont souvent présents en personne.

Enfin, voici une autre démarche que j'ai souvent pratiquée : *la commande au producteur.* Un vin m'a plu, au restaurant par exemple : je relève alors l'adresse du producteur pour lui passer une commande expérimentale. Ou bien encore je désire acquérir un vin que je n'ai pas l'occasion de trouver dans le commerce (Jasnières, Bellet, par exemple). Je consulte alors une liste de producteurs figurant dans l'un des ouvrages cités (Dumay, Couderc et Patrick Dussert-Gerber). Il ne me reste plus qu'à demander ses tarifs à ce producteur et à passer, éventuellement, commande. Il y a un risque à prendre, mais seulement sur douze, voire sur six bouteilles, risque diminué encore s'il s'agit d'un assortiment.

Le vin ainsi livré à domicile ne revient, en général, guère plus cher qu'acheté dans le commerce.

Mais vérifiez que le prix indiqué au tarif est bien établi *toutes taxes et transport compris* (car le transport peut être coûteux pour de petites quantités). En fait, cette méthode d'approvisionnement est surtout valable si, devenant un fidèle client, vous commandez par quantités plus importantes (quarante-huit bouteilles par exemple) et que votre fournisseur, soucieux de ne pas vous perdre, vous soigne en conséquence...

Achats dans les magasins

Tous les magasins d'alimentation vendent au moins un peu de vin. Mais si vous désirez bénéficier d'un choix plus large, vous vous tournerez vers le magasin spécialisé ou la grande surface.

— ***Le magasin spécialisé***
Si vous avez la chance d'avoir dans votre quartier un détaillant indépendant connaissant bien son métier, vous pourrez pratiquement disposer chez lui de l'équivalent d'une cave exceptionnellement garnie sans avoir les soucis de sa gestion. Peut-être paierez-vous un peu plus cher. Mais service et qualité ont aussi une valeur considérable...

A côté des indépendants, il existe les chaînes succursalistes. La plus connue et sans doute la meilleure est Nicolas dont les magasins se comparent aux « caves » indépendantes. Son catalogue est en lui-même une précieuse initiation aux vins.

— ***Les grandes surfaces***
Hypermarchés, supermarchés, magasins populaires, consacrent des dizaines, voire des centaines de mètres de leurs rayons à l'exposition des vins. C'est un avantage important. Spécialement si vous choisissez une heure creuse, sans bousculade, vous pouvez faire à loisir une sorte de tour de France, voire d'Europe, des vins, regarder et comparer les étiquettes, vous familiariser avec les appellations et les crus. Et, bien entendu, dans la limite de votre porte-monnaie vous pouvez emporter ce qui vous a plu.

Mais il y a un revers à la médaille. En règle générale, vous ne trouverez ni grands crus, ni vins très rares, ni grands millésimes. Pour une appellation donnée, le produit offert sera souvent d'une qualité honnête, mais moyenne. C'est simplement la conséquence du fait que ces grandes surfaces ont besoin d'approvisionnements importants en une même référence pour faire face à des ventes massives. Ajoutez que les prix doivent être assez tirés. Mais le rapport qualité-prix est généralement très convenable ; et, de temps en temps, vous pouvez faire une excellente affaire sur un grand cru en promotion.

Les dépôts

C'est une formule nouvelle : un grand hangar, des caisses rangées sur des palettes ; comme unité de vente : le carton d'au moins six bouteilles ; des possibilités de dégustation. En somme, un croisement entre le supermarché et le stand de la foire. Ces dépôts, apparus il y a sept ou huit ans, sont encore peu nombreux et concernent surtout les grandes villes. Une expérience à faire si vous en avez un dans votre voisinage – prudemment et progressivement.

Les clubs

Ces clubs sont pour la plupart des organisations de *vente par correspondance* spécialisées dans le vin ou proposant une gamme plus large de produits alimentaires. Le plus ancien et le plus réputé est le « Savour Club », qui offre une palette très étendue de vins, des plus courants aux plus prestigieux. Les publications de ces clubs – bien que commercialement orientées – ne sont pas sans intérêt et peuvent contribuer à votre culture en la matière.

II. LE CONSERVER

L'« habitat » idéal du vin est la cave. Faut-il en rappeler les avantages pour la maîtresse de maison ?
– achats moins fréquents, en plus grosses quantités, à meilleur prix ;
– possibilité d'avoir à sa disposition des vins reposés et prêts à être servis ;

– gamme de choix permettant d'assortir ses vins au menu ainsi qu'au goût des convives.

Si, comme la majorité des Français, vous habitez une *maison individuelle* ou un immeuble collectif ancien, vous disposez vraisemblablement d'une cave ou d'un sous-sol frais en tenant lieu. Les habitants de grands immeubles modernes ont aussi des caves, mais ces dernières sont souvent traversées de canalisations de chauffage, soumises à des vibrations, exposées aux tentations... Auquel cas le vin est aussi bien dans votre appartement.

D'ailleurs, vous n'avez peut-être pas envie de descendre à la cave, fût-elle bonne et sûre, simplement parce que votre stock de bouteilles ne le justifie pas. Mais la cave n'est pas forcément un abri souterrain. Vous pouvez avoir dans un autre endroit de votre maison ou de votre appartement une sorte de *« mini-cave »* où vous rangerez le stock de cinquante, cent ou cent cinquante bouteilles qui, combiné avec un réapprovisionnement méthodique, vous permet de faire face à la plupart des situations.

Cette mini-cave peut être un placard spécialement aménagé, un réduit (sous l'escalier par exemple) une armoire transformée, un meuble spécialement conçu, comme il en existe plusieurs modèles dans le commerce, que sais-je ? Chacun saura bien trouver la solution la plus appropriée. L'essentiel est qu'il n'y ait pas de source de chaleur à proximité. Calorifugez cette cave si la température ambiante risque de pousser des pointes...

Il faut surtout éviter les différences de température (se méfier à cet égard des garde-manger en communication avec l'extérieur).

Pour le reste, les règles sont les mêmes que pour les caves classiques :
– atmosphère aérée et légèrement humide. Il faut éviter que les bouchons ne se dessèchent, ou au contraire ne moisissent par excès d'humidité ;
– obscurité, absence de vibrations et d'odeurs parasites (ne pas stocker du fuel ou des produits odoriférants à proximité) ;
– bouteilles couchées horizontalement et manipulées le moins souvent possible.

Comment garnir votre cave

Son contenu doit être le reflet de vos habitudes et de vos goûts.

Certains y garderont les *bouteilles les plus nobles,* afin de faire face dignement à la réception imprévue ou à la fête improvisée.

D'autres y verront avant tout un *stock tampon* permettant de régulariser les réapprovisionnements : la cave contiendra donc des vins plus courants. A la limite, il n'y aura que des vins usuels, les grandes bouteilles étant achetées au fur et à mesure des besoins.

Pour ma part, je préconiserai la *cave mixte,* triplement équilibrée :
– entre couleurs : blancs, rouges et rosés,
– entre provenances : bordeaux, bourgognes, côtes du Rhône, etc.
– entre grands vins et crus courants : sur cent vingt bouteilles par exemple, j'aurais tendance à compter trente ou quarante bouteilles de vins de qualité – si ma cave est digne d'abriter ces respectables bouteilles, bien sûr.

3

Comment parler du vin ?

« Et si cela peut se dire, il s'écouta pendant un instant savourer le bouquet du vin. »

Eugène SUE

Vous avez certainement eu l'occasion de lire les envolées littéraires que le vin inspire aux gastronomes professionnels et, tout en admirant leur prose scintillante, vous vous êtes peut-être demandé ce qu'il fallait entendre par tous ces vocables aussi insolites que prestigieux. Tel vin a « de la charpente » ou « du corsage ». Tel autre est « en pleine sève ». Un troisième « renarde » ou « fait danser les chèvres ».

Et comment juger tout ceux-là qui « accrochent aux branches », « ont le bonnet qui dégringole », « chantent » ou « manquent d'allonge »...

Encore ne s'agit-il là que de locutions consacrées, un peu pâlottes à côté des expressions flamboyantes qui jaillissent de l'imagination des grands prêtres du vin.

Rassurez-vous, je n'ai pas l'intention de faire de vous un chantre patenté du vin. Je me contenterai de vous indiquer la signification d'une cinquantaine de termes usuels qui vous permettront de comprendre et d'exprimer l'essentiel sur le vin – plutôt *les* vins.

Deux expressions toutefois qui m'amusent et que je vous livre :

Si vous dégustez un vin dont le bouquet est riche d'arômes divers et s'épanouit comme se déploie un éventail, dites qu'il « fait la queue de paon ».

Inversement, d'un vin passé, trop vieux, qui n'a presque plus de goût, vous pourrez dire qu'« il tombe en dentelles ».

VOCABULAIRE SIMPLIFIÉ

Appellation d'origine

(voir chapitre 1)

Les trois appellations utilisées en France sont, dans l'ordre de rigueur réglementaire croissant :
- les vins de pays,
- les vins délimités de qualité supérieure : V.D.Q.S.,
- les vins d'appellation d'origine contrôlée : A.O.S.

L'appellation désigne une aire de production parfaitement définie. Elle est attribuée sous conditions plus ou moins restrictives : cépages, rendement, nature des traitements, degré d'alcool naturel, etc.

Arôme

Odeur originelle et spécifique d'un vin – muscat par exemple – et qui peut être plus ou moins plaisante.

L'arôme s'efface avec le temps, tandis que le bouquet se renforce.

Astringent

Se dit d'un vin à la fois râpeux (présence de tanin) et acide.

Blanc

Se dit de vins clairs, mais qui peuvent présenter toutes sortes de nuances : vertes, jaunes, ambrées, etc. On les obtient en faisant fermenter le jus du raisin après l'avoir débarrassé de ses éléments solides (peau, pépins, etc.).

Blanc de blanc

Se dit du vin blanc extrait de raisin blanc exclusivement par opposition au vin blanc provenant de raisin noir. Cette expression ne concernait à l'origine que les vins de Champagne. Elle s'est répandue dans d'autres régions et notamment en Provence où la mention « blanc de blancs » implique en même temps une qualité supérieure.

Bouchonné

Goût caractéristique de liège moisi que présentent certains vins par suite d'un défaut de bouchage ou d'une qualité insuffisante du bouchon. Au restaurant, n'hésitez pas à refuser un vin bouchonné.

Bouquet

L'odeur d'un vin se compose de nombreuses senteurs particulières. Elle peut donc se comparer à un bouquet de fleurs diverses et les connaisseurs évaluent à plusieurs dizaines de milliers de composantes l'odeur des vins. Toute la flore y figure : réséda, violette, pivoine, rose, acacia, aubépine, chèvrefeuille. Mais aussi l'ambre et le musc, sans oublier l'humus, le gibier, le maquis.

Le bouquet d'un vin évolue au fil des années et même des heures lorsque la bouteille est débouchée. Si vous êtes profane en la matière ne soyez pas chagrin de ne pouvoir analyser dans toutes leurs nuances les vins que vous dégusterez. Percevoir une dominante est déjà bien. Si vous trouvez à votre bourgueil son classique goût de framboise, bravo ! Mais si vous avez plutôt l'impression de violette ou chèvrefeuille, pourquoi pas ? A chacun son rêve !

Bouteille

Unité de mesure qui varie entre 73 centilitres et 80 centilitres (champagne). La contenance exacte étant moulée dans le verre. La demi-bouteille équivaut par définition à la moitié d'une bouteille. Dans les tailles supérieures, le magnum (équivalent à deux bouteilles) est la seule unité couramment utilisée.

Le *contenu effectif* peut être légèrement inférieur suivant le niveau de remplissage et la taille du bouchon.

Brut

Qualificatif d'un vin très sec. C'est notamment le cas d'un champagne auquel le producteur a ajouté un minimum de liqueur sucrée.

Capiteux

Vin qui peut monter à la tête en raison de sa teneur en alcool. A consommer avec modération...

Clairet

Vin rouge peu coloré. Se dit notamment de certains bordeaux. A boire jeune.

Chambrer

C'était à l'origine l'opération qui consistait à faire passer le vin de la température de la cave à celle de la pièce où il serait consommé (en moyenne 14 à 18 °C avant le chauffage central).

Un vin rouge gagne en général à être lentement réchauffé. Les vins légers et jeunes ainsi que les beaujolais et côtes-du-rhône peuvent se contenter de 12 à 15 °C. Les bourgognes sont à leur optimum vers 15 à 16 °C. Les bordeaux s'épanouissent autour de 17/18 °C.

Quant aux vins blancs et rosés, ils doivent être bus frais, soit entre 6 et 10 °C, y compris les liquoreux, qui ne gagnent pas à être exagérément rafraîchis, contrairement à une opinion répandue.

Parmi les champagnes, les bruts et surtout les grands millésimes sont au mieux de leur forme à la température d'une cave fraîche (8 à 10 °C). En revanche, il n'est pas sacrilège de faire descendre à 4 ou 5 °C les demi-secs ainsi que les mousseux.

Champagnisé

Se dit d'un vin rendu mousseux ou pétillant par la méthode champenoise.

Champenoise (méthode)

Cette méthode s'inspire de celle qui préside à la fabrication du champagne, mais en moins rigoureux. Elle consiste à mettre le vin en bouteilles, à laisser se produire une fermentation secondaire, puis à « dégorger » le vin, c'est-à-dire à en expulser le dépôt avant rebouchage. Il s'agit normalement de vins A.O.C.

Château

Entendez par là une propriété comportant des installations de vinification, qu'elle soit un véritable château (ce qui est parfois le cas dans le Bordelais) ou une exploitation plus rustique. Le consommateur a la garantie qu'un vin sur lequel figure le mot « château » provient effectivement des terres et des chais de la propriété en question.

Corsé

Un vin corsé présente normalement deux caractéristiques :
- il possède un relativement haut degré alcoolique,
- de plus, il présente une belle couleur et une saveur vigoureuse.

Dans les qualificatifs employés dans ce livre, corsé est le contraire de léger.

Coulant

Se dit d'un vin souple, rond, en général jeune, qui donne l'impression de « glisser » à la dégustation.

Coupage

Mélange de plusieurs vins visant à obtenir une qualité plus équilibrée et plus homogène. Se dit surtout des vins de table. Quand il s'agit de vins d'appellation, d'origine ou de millésimes différents, on parle plutôt de cuvée.

Crémant

Se dit d'un vin pétillant produit suivant la méthode champenoise, mais moins effervescent que le champagne.

Cru

Il s'agit de la vigne qui *a crû,* c'est-à-dire poussé, sur un territoire bien délimité. Cru est donc à peu près synonyme de terroir. En Bourgogne, on parle plutôt de climat ou de clos, en Bordelais de château, ailleurs de domaine.

Demi-sec

Vin blanc au goût plus ou moins sucré, soit naturellement (le sucre du moût n'a pas complètement fermenté), soit à la suite de l'addition d'une « liqueur » dans le cadre de la règlementation.

Se dit surtout des vins effervescents, champagnes ou mousseux.

Dépouillé

Vin limpide dont les éléments solides se sont déposés avec le temps. Mais attention à ne pas disperser le dépôt en remuant la bouteille sans précaution !

Dur

Se dit d'un vin un peu raide, trop chargé en tanin.

Effervescent

Se dit d'un vin qui dégage des bulles comme les champagnes, mousseux et crémants.

L'effervescence peut être aussi involontaire et résulter d'une fermentation en bouteille. Dans ce cas, aérez le vin en le versant, par exemple, dans une carafe.

Eventé

Vin qui est resté trop longuement au contact de l'air au point de perdre son arôme, voire de tourner à l'aigre...

Frais

Se dit du goût d'un vin jeune et léger.

Frapper

Opération qui consiste à rafraîchir rapidement un vin, soit en le plongeant dans un seau à glace, soit en le plaçant dans un réfrigérateur ou (avec prudence) un congélateur

Fruité

Se dit d'un vin encore jeune dont le goût et les senteurs rappellent le raisin dont il provient.

Généreux

Vin chaleureux, mais cependant moins qu'un vin capiteux.

Gouleyant

Un des mots clés du vocabulaire gastronomique emprunté à Rabelais. Se dit d'un vin léger qui se laisse boire aisément : « à grandes goulées ».

Léger

Qualifie un vin peu alcoolisé, à l'arôme délicat, mais ne manquant pas pour autant de bouquet. Est utilisé dans cet ouvrage comme le contraire de corsé.

Liquoreux

Il s'agit de vins provenant de raisins récoltés à un point de maturité avancé et donnant des moûts naturellement riches en sucre (sauternes, vin de paille, muscat).

Lourd

Se dit d'un vin exagérément riche en alcool et qui « alourdit » celui qui le consomme.

Madérisé

Certains vins blancs fixent de l'oxygène au long des années et voient leur couleur virer à l'or, voire au brun, en même temps que l'on perçoit dans leur goût un peu de l'amertume caractéristique du madère.

Millésime

Année où a été récolté le raisin d'où provient le vin considéré. Les bonnes années ne sont pas les mêmes pour toutes les régions viticoles, à quelques glorieuses exceptions près comme 1947, 1949, 1959, 1969, 1978, où le vin était très bon à peu près partout.

De toute façon, ne vous fiez pas trop à votre mémoire et consultez, s'il y a lieu, un ouvrage, en vous rappelant que pour une même région et un même millésime, vous trouverez de grandes différences de qualité selon les crus, les châteaux et les climats.

Mousseux

Le mousseux est un vin effervescent généralement présenté en bouteilles du type champenois. Il est produit suivant trois méthodes :
– la méthode rurale qui consiste à laisser le vin fermenter en cuves pendant trois ou quatre mois, avant de le mettre en bouteilles. La première fermentation s'y poursuit encore quelques mois, enfin le vin est filtré et changé de bouteille (Clairette de Die ou de Limoux, par exemple).
– la méthode champenoise, obligatoire, pour les autres mousseux d'appellation contrôlée : anjou, touraine, saint-péray, vouvray, seyssel, etc.
– la méthode de la cuve close : pour des mousseux ordinaires, généralement doux.

Négociant éleveur

Vous trouverez parfois cette mention sur une étiquette. Elle signifie que le choix du vin, sa mise en bouteille et sa maturation sont le fait non du propriétaire récoltant, mais d'un négociant.

Nouveau

C'est le vin de la dernière récolte. Il n'est considéré comme tel que pendant l'hiver qui suit. Le beaujolais nouveau est particulièrement célèbre.

Pelure d'oignon

Se dit d'un vin dont la couleur se situe entre le rose et l'orangé. C'est quelquefois aussi la teinte que prend un vin vieilli.

Perlant

Se dit d'un vin très légèrement pétillant où les bulles ne forment pas de mousse.

Pétillant

Se dit d'un vin effervescent, à demi-mousseux, où les bulles se contentent de former une légère mousse éphémère sur le pourtour du verre.

Primeur

Se dit d'un vin nouveau consommé rapidement après la vendange.

Puissant

Vin très corsé.

Rond

Vin souple et velouté.

Rosé

Les vins rosés, sauf dans le cas du Champagne, ne sont jamais des mélanges de vin blanc et de vin rouge.

Le procédé de vinification des rosés est analogue au procédé de vinification des vins rouges mais la phase de macération est interrompue lorsque le jus de raisin a atteint une coloration suffisante. Il est alors séparé par soutirage ou par pressurage afin qu'il ne se colore pas plus intensément au contact des peaux des raisins.

Les vins rosés, étant peu tanniques, ne s'améliorent pas en vieillissant. Il convient donc de les boire jeunes.

Rouge

Le vin rouge s'obtient à partir de raisins noirs en laissant plus longtemps le jus au contact de la peau du raisin, dans une cuve à fermentation. Les vins rouges très colorés et chargés de tanin ont nécessité des macérations prolongées.

Sec

Vin blanc sans goût de sucre (mais pas nécessairement acide) ou vin rouge sans rondeur.

Soufre

La vinification fait appel à divers produits qui sont d'ailleurs largement éliminés au cours du traitement. Au premier rang de ces produits, l'anhydride sulfureux SO^2, qui empêche le vin de fixer l'oxygène, de madériser. Beaucoup de vins blancs, surtout sucrés, sont traités au SO^2, mais à dose normale ce produit ne doit pas être perceptible.

Souple

Se dit d'un vin rouge qui coule agréablement sans donner l'impression râpeuse qu'entraîne la présence, et a fortiori l'excès, de tanin. Ce terme est employé dans le livre comme le contraire de dur.

Tanin

Substance présente naturellement dans le vin et qui contribue à lui donner du corps s'il s'y trouve en quantité convenable, mais de la dureté en cas d'excès.

Les grands bordeaux, les vins de Dordogne, sont particulièrement riches en tanin que l'on retrouve déposé au flanc des vieilles bouteilles.

Travail

Les micro-organismes peuvent déclencher des accès de fermentation dans le vin, même à l'intérieur d'une bouteille. Il s'ensuit une petite effervescence particulièrement perceptible à certaines saisons. Pour calmer un vin qui travaille : laissez-le un moment débouché avant de le servir.

Vieux

Tous les vins ne sont pas égaux devant le vieillissement. Les blancs ont moins de longévité que les rouges, les secs que les liquoreux, les mauvais millésimes que les bons. Attention à ne pas laisser se périmer vos vieilles bouteilles : un bon tient...

Vigoureux

Il s'agit d'un vin solide sous tous rapports – degré d'alcool, goût, équilibre – en somme d'un vin « bien charpenté ».

4

Comment marier les plats et les vins ?

En France, assurément, l'art de cuisiner ne s'arrête pas à la réussite d'un plat. Il consiste aussi à mettre ce plat en valeur, en choisissant pour l'accompagner un vin approprié, c'est-à-dire un vin tel que son bouquet et la saveur du plat se fassent mutuellement écho.

Ce jeu des mariages bien assortis est extrêmement amusant. Pour l'avoir longuement pratiqué, je me crois qualifiée pour vous donner quelques conseils permettant d'y jouer à votre tour.

L'art du sommelier est entouré de mystère. Mais ne vous laissez pas impressionner. S'il faut une longue expérience pour identifier du premier coup tel ou tel cru millésimé, il suffit d'avoir du goût, un brin d'imagination et la connaissance de quelques règles, d'ailleurs passablement flexibles, pour harmoniser les vins et les mets.

Ces règles sont peu nombreuses, simples et au demeurant assez logiques :

1. tout vin est à proscrire avec les plats à la vinaigrette, les salades, les desserts au chocolat et les fruits acides ;
2. entre deux vins différents, boire quelques gorgées d'eau ;
3. si le service comporte plusieurs vins, il est préférable d'aller :
   - du blanc au rouge,
   - du plus froid au plus chambré,
   - du plus jeune au plus vieux,
   - du plus léger au plus corsé.

Mais, comme vous l'avez sans doute déjà noté, ces principes souffrent bien des exceptions justifiées. Un vin blanc (champagne, sauternes) peut fort bien clôturer un repas et ce type de vin, servi frais, viendra après des vins rouges chambrés, éventuellement plus jeunes et plus légers !

Retenez plutôt cette idée qu'un *certain équilibre* doit exister entre les conjoints. Le vin ne doit pas écraser le mets, ni le mets le vin. Un sylvaner ou un mâcon blanc peuvent avoir du mal à se faire entendre en face d'une soupe de poissons. Inversement, un gewürztraminer risque de dénaturer des coquilles Saint-Jacques à la nage – encore que si vous vous en sentez d'humeur...

A titre d'exemple et non de règle absolue, je vais vous indiquer un certain nombre de « compatibilités » entre mets et vins que j'ai dégagées de mon expérience. Ces suggestions concernent spécialement les menus soignés ou de réception.

I LES VINS À L'APÉRITIF

Après une période de désaffection, les vins, en raison de leur caractère naturel, moins alcoolisé (et aussi peut-être parce qu'ils ouvrent mieux l'appétit que bien des apéritifs proprement dits) regagnent progressivement du terrain. Au premier rang, le champagne, bien sûr, joyeux et aérien. Ce champagne-apéritif n'a pas besoin d'être corsé, ni millésimé...

Si le prix du champagne nous le fait réserver pour les grandes occasions, vous pouvez disposer néanmoins de toute une gamme de vins champagnisés, joyeux, nettement plus abordables : vouvray, touraine, mesland, saumur, blanquette-de-limoux, clairette-de-die, gaillac, et bien d'autres encore.

Des *vins blancs non effervescents* font également fort bien l'affaire. Ils peuvent être secs comme un sancerre. Plus fruités comme des alsace, mâcon ou aligoté de Bourgogne, dont vous ferez des « kirs » couleur de rubis grâce à une touche (discrète) de cassis.

Les *vins blancs moelleux,* qu'un snobisme un peu obtus faisait naguère dédaigner, reviennent à la mode : vouvray, anjou, monbazillac, sainte-foy, gewürztraminer, et combien d'autres.

Un degré de plus dans la douceur, et voici les *grands vins liquoreux,* sauternes en tête, mais aussi côteaux-du-layon, vin de paille du Jura, jurançon.

Enfin les *vins doux naturels,* importés (comme le porto, le madère, ou le xérès), ou nationaux (comme le banyuls, le rivesaltes et le muscat), figurent depuis longtemps dans la panoplie des apéritifs. Pensez aussi au beaumes-de-venise ou au rasteau.

Le *vin rouge* lui-même, surtout s'il est léger et frais, peut constituer un apéritif original : c'est le cas du beaujolais, des coteaux-d'ancenis, des vins de sable, du prestigieux bouzy. Pour ma part, je leur préfère dans cet emploi les *rosés* et tout particulièrement le chusclan, un cousin germain du tavel, qui accompagne à merveille des amuse-gueule chauds.

Mais une pratique de plus en plus courante – en particulier dans les déjeuners d'affaires, mais valable aussi en famille – est de prendre pour apéritif le vin qui accompagnera le premier plat : muscadet ou chablis par exemple, s'il s'agit de fruits de mer ; sancerre ou médoc blanc dans le cas d'un poisson. Pas besoin de changer de verre !

II LES SOUPES ET POTAGES

En général pas de vin, sauf s'il s'agit d'une soupe « de résistance », telle qu'une gratinée.

Pour la soupe de poissons si elle est méditerranéenne : un côte-de-provence blanc ou rosé (de Bandol par exemple, ou, fin du fin, un rosé de Bellet).

Mais pour la cotriade, vous choisirez plutôt un vin blanc de Loire, pour la pauchouse un mâcon ou un bourgogne.

Tous les rouges conviennent aux soupes paysannes et bouillons de viande puissants. Pour faire couleur locale, offrez un cahors, un saint-pourçain ou, s'il s'agit d'une soupe au chou vendéenne, un vin « de pays des fiefs vendéens ».

III LES ENTRÉES

Pour les charcuteries, vous pouvez faire des alliances régionales en jouant sur la gamme des petits vins rustiques, notamment des vins de pays : chanturgue avec boudin d'Auvergne, jasnières avec rillettes de la Sarthe, irouléguy avec jambon de Bayonne. Pour un assortiment, vous disposez de vins à vocation « charcutière » : beaujolais ou chinon.

Pour le melon : vin doux naturel.

Pour les plats froids (poularde ou viande en gelée, pâtés en gelée), vous avez le choix entre des blancs pas trop secs : graves, mâcon, côtes-du-rhône, côtes-de-provence, ou même un peu moelleux comme le jurançon ou les coteaux-du-layon. Et des vins rouges relativement légers : médoc, beaujolais, champigny, champagne.

Quant aux plats chauds : tourtes, quiches, gougères, le choix du vin dépend de l'ingrédient dominant.

Prévoyez plutôt un vin blanc du Jura, de Savoie ou un beaujolais si la sauce est au gruyère ; un rouge léger ou un blanc moelleux s'il s'agit de roquefort.

Une tarte aux fruits de mer appelle les mêmes vins que des poissons en sauce.

Pour des entrées chaudes plus fines : quenelles, ris de veau ou cervelle en sauce, vol-au-vent, un blanc assez rond, voire demi-sec, conviendra : riesling, vouvray, graves. (Boire à la limite un vin moelleux : de Bordeaux ou d'Anjou.)

Si vous préférez un vin rouge, choisissez-le pas trop corsé, assez souple avec du bouquet : saint-amour, champigny, bourgueil, etc.

IV LES ŒUFS

En général, l'œuf et le vin ne font pas très bon ménage. Une omelette au lard cependant s'accommodera fort bien d'un saint-pourçain ou d'un chinon – une omelette aux crevettes d'un graves ou d'un bourgogne aligoté. Si elle a choisi d'être norvégienne, envisagez un vin blanc moelleux, si vous tenez vraiment à lui donner une escorte...

V LES COQUILLAGES, CRUSTACÉS, POISSONS

Ce vaste univers des produits de la mer est sous le signe du vin blanc ou rosé. Mais, nous le verrons, le rouge, s'il est léger et servi frais, y peut avoir aussi sa place.

Huîtres et coquillages

Trois vins remplissent particulièrement bien cet office ! le muscadet – spécialement le sèvre-et-maine –, l'entre-deux-mers et le chablis.

Les deux premiers sans doute à cause de la proximité de l'océan, le troisième par analogie, puisque son vignoble est planté au-dessus d'un dépôt géologique d'écailles d'huîtres.

Mais vous pouvez aussi bien faire appel à n'importe quel autre vin blanc sec. Certains permettent des « à-propos » : le picpoul du pinet avec les coquillages du bassin de Thau, le gros-plant avec le bigorneau breton, le cassis avec les violets locaux, etc.

Les Bordelais de bonne souche assurent que les huîtres d'Arcachon gagnent encore à être accompagnées d'un « clairet » de la région et de petites saucisses chaudes. Tel grand chef préconise le beaujolais. C'est possible. Mais attention ! vos convives risquent de porter plus d'attention à l'insolite de votre vin qu'à vos huîtres.

Huîtres et coquillages cuits

Moules marinières, palourdes farcies, etc. : prévoyez des vins blancs un peu plus corsés. Toutefois, veillez à ne pas porter ombrage à la suavité de préparations à la crème par un excès d'acidité : choisissez alors un vin rond : sainte-foy, bergerac, anjou, etc.

Crustacés

Vu leur rareté et leur prix, homards et langoustes méritent le tapis rouge sous la forme d'un grand vin blanc : meursault, corton, hermitage, château-grillet, voire sauternes ou château-chalon. Idéalement du champagne. Plus simplement, un bon sancerre ou un côtes-du-rhône blanc épanoui.

Plus simplement encore, et peut-être tout aussi judicieusement : un excellent muscadet-sur-lie.

Si ces crustacés sont à l'américaine, choisissez les plus puissants de la liste ci-dessus, à laquelle vous pouvez ajouter des vins rouges comme un gigondas, un bandol ou un rosé de Chusclan.

Quant aux plus « démocratiques » langoustines (encore que...) tourteaux, étrilles et écrevisses, l'attention que nécessite leur décortiquage risque de détourner un peu l'intérêt du vin. Ici encore, muscadet, gros-plant, entre-deux-mers, provence, font très bien l'affaire. L'eau aussi a sa place sur la table... dans le rince-doigts.

Poissons

Le vin choisi sera largement fonction de leur préparation.

— Poissons fumés

Tous les vins blancs peuvent convenir à condition d'être assez secs et corsés à la fois : pouilly-fumé, riesling, côtes-du-rhône, bandol, savennières ou – pourquoi pas ? – champagne s'il s'agit d'un somptueux saumon.

— Poissons grillés et meunière

Il faut un vin vigoureux pour tenir tête aux arômes dégagés par la cuisson. Un blanc de blancs de Provence est l'idéal pour les poissons méditerranéens : sar, pageot, pagre ou loup fabuleux. Mais cela n'exclut pas bourgogne, bordeaux ou côtes-du-rhône blancs, ni les rosés, ni même un rouge léger et frais : graves, bouzy, sancerre.

Pour la préparation meunière, choisissez plus léger, surtout avec la sole délicate qui craint l'excès d'acidité, mais s'accommodera d'un rouge léger et rond.

— Poissons avec sauce

Pour les hollandaise, mousseline, etc., on peut choisir entre vins blancs secs ou un peu moelleux. En ce qui concerne le beurre blanc et sa pointe d'acidité, il vaut mieux s'en tenir à un classique muscadet.

Avec des sauces très épicées, accentuez le caractère de votre vin et pensez bourgogne, laudun blanc, etc.

Pour les poissons d'eau douce (perche par exemple) orientez-vous vers les vins « continentaux » (alsace, jura, bourgogne, savoie, etc.) et pour les poissons de mer, vers les vins « maritimes » (vallée de Loire, Bordelais, Provence).

— Fritures

« Ah ! le petit vin blanc ! » Ce vin peut être petit puisqu'il s'agit surtout de vous désaltérer, ce qui ne l'empêchera pas d'être amusant : je pense à un rosé d'Anjou, un touraine pétillant pour une friture d'eau douce ; un picpoul du pinet, ou un vin des marches de Bretagne pour une friture « du golfe ».

VI LES VIANDES

Tout d'abord une recommandation générale qui vaut pour toutes les viandes, y compris les abats et volailles.

Si vous les cuisinez avec une sauce au vin, il est souhaitable de servir à table ou exactement le même vin ou tout au moins un vin de la même famille.

En général, *pour la cuisine,* vous pourrez vous arranger avec une appellation d'origine de bonne qualité sans trop raffiner sur le cru et le millésime ; n'en déplaise aux gastronomes, c'est parfois gâcher une grande bouteille que de lui faire subir l'épreuve du feu. Réservez-la pour accompagner votre civet ou votre bourguignon.

Quant aux sauces « blanches » qui vont de pair avec les viandes également blanches (volailles, veau et même porc), n'oubliez pas qu'elles aiment à rester jusqu'au bout sous le signe du blanc, et même du légèrement moelleux.

Enfin, dernière remarque, pour les viandes rôties et grillées, qu'elles soient blanches ou rouges, tous les vins rouges conviennent, votre choix dépendant surtout du degré de lustre que vous souhaitez donner à votre repas.

Voici cependant quelques suggestions pour vous aider dans votre choix :

Agneau et mouton

— ***Rôti, grillé***

Vins rouges assez corsés : bordeaux du type pauillac ou pomerol ; bourgogne du type côtes-de-nuits ; châteauneuf-du-pape ; cahors, madiran.

— ***En sauce***

Blancs ou rouges souples, suivant les cas.

Bœuf

— ***Rôti, grillé, poêlé***

Le rôti demandera en général des vins rouges assez souples (brouilly, côte-de-beaune, bourgueil, saint-émilion) et la côte de bœuf grillée, aux arômes plus puissants, s'accommodera bien d'un vin plus corsé : côtes-de-nuits, châteauneuf-du-pape, côte-rôtie, pomerol. Mais tout ceci est affaire de goût et de circonstances, souvent un vin régional peut parfaitement convenir : champigny, cahors, bandol rouge, fitou, etc.

— ***En sauce ou braisé***

Un vin rouge pas trop corsé, comme pour le rôti, mais si votre sauce est fortement épicée ou légèrement vinaigrée, montez d'un ou deux degrés et songez à un vin corse, un fitou, voire un bon vin d'Algérie.

Porc

— ***Rôti, grillé, poêlé***

Mêmes vins rouges que pour le bœuf rôti ou grillé, avec de plus larges possibilités de fantaisie.

Vous pouvez d'abord faire appel à des vins étrangers (ou dans certains cas à de la bière). En face d'un rôti un peu gras, je serais tentée par un vin de pays rouge ou blanc, un tantinet « décapant ».

Mais parfois, la saveur légèrement sucrée du porc, accentuée souvent par des garnitures de fruits (pommes, pruneaux, oranges, etc.) justifie le recours à des vins blancs fruités, moelleux, voire liquoreux : par exemple un muscat d'Alsace ou un gewürztraminer, un jurançon, un savennières ou un monbazillac.

— ***En sauce***

En général, prévoyez plutôt un vin corsé surtout si la sauce est épicée.

Veau

— ***Rôti, grillé, sauté, poêlé***

Avec un rôti de veau, il faudra jouer de la pédale douce (brouilly, volnay, bourgueil, graves) plus, bien sûr, qu'avec un veau orloff où le goût de la garniture l'emporte sur celui du veau (côtes-de-nuits, châteauneuf, fitou).

— ***Grillades***

Toujours un cran au-dessus du rôti (côtes-de-nuits, pomerol, côtes-du-rhône).

— ***En sauce***

Certains rosés (tavel, chusclan, cabernet d'Anjou) vont très bien avec la blanquette.

VII LES ABATS

Appliquez ici les mêmes « règles » que pour la *viande* de l'animal dont ils proviennent, compte tenu du mode de cuisson.

Je noterai simplement quelques cas particuliers :
- la cervelle ou le ris de veau meunière s'accommoderont bien d'un vin blanc légèrement moelleux ;
- pour les tripes à la mode de Caen, faites couleur locale, buvez du cidre !
- le foie préfère un vin rouge très, très souple ou – pourquoi pas ? – un blanc un peu doux ;
- avec le rognon en sauce : vin rouge

souple (beaujolais, saumur) ; grillé : vin plus corsé (bordeaux) ;
– enfin, si votre plat (langue par exemple) comporte cornichons, câpres, vinaigre, abondance de tomates, ne risquez pas une trop grande bouteille.

VIII LA VOLAILLE

Pour le poulet, suivez les conseils donnés pour le veau (vins souples et légers en général) ; et, pour la dinde, ceux qui concernent le porc (vins plus corsés).

Si votre volaille est « d'origine », voyez s'il n'existe pas un vin du même terroir : coteaux-d'ancenis pour le poulet nantais, mâcon ou beaujolais pour le bresse, tursan pour le landais. Même possibilité d'à-propos si la recette comporte une indication d'origine. Avec un poulet basquaise : un irouléguy ou un rosé de Béarn ; un poulet niçoise : un vin de Bellet ; un poulet vallée d'Auge : du cidre, mais bien choisi. Une poule au pot, un madiran.

IX LES GIBIER ET LAPIN

Avec le perdreau et le faisan, vous servirez des vins rouges, moyennement corsés s'ils sont rôtis, plus capiteux si vous les faites en salmis.

Pour le civet de lièvre et autres venaisons, une bouteille très généreuse : à défaut d'un grandissime bourgogne, un vigoureux côtes-du-rhône (cornas par exemple) ou un fitou peuvent être à la hauteur.

Plus original : un vin jaune du Jura, si vous traitez ce jour-là un gastronome averti.

Bien sûr, si votre gibier a été tué en lisière d'un vignoble, faites jouer le destin jusqu'au bout en servant une bouteille du cru.

X LES LÉGUMES

Les légumes sont le plus souvent servis comme accompagnement d'un plat de viande. Ils n'ont donc pas de vins à eux, sauf quelques gratins peut-être, et les nobles champignons. Pour ces derniers, voici quelques idées :

— ***Girolles***
Une bonne fricassée de girolles légèrement aillée peut indifféremment s'arranger d'un vin rouge de Loire ou d'un rosé corsé : tavel ou côtes-de-provence.

— ***Morilles***
Si vous avez la chance d'en cueillir assez pour les préparer à la crème, alors allez-y d'un vin aussi rare qu'elles : château-chalon, vin jaune d'Arbois, ou aussi précieux : champagne.

— ***Cèpes***
Graves, saint-émilion, côtes-de-beaune, côtes-du-rhône, et bien d'autres, conviennent. Si vous les avez ramassés vous-même, pensez au possible vignoble voisin...

XI LES RIZ, SEMOULE, PÂTES

Même remarque que pour les légumes.

Les pâtes pouvant faire office de plat principal, spécialement si elles sont agrémentées d'une garniture ou servies en gratin « riche ». Le mieux, pour rester dans la note, est de les escorter d'un vin italien (chianti, valpolicella) ou du moins « méridional » (côtes-de-provence, patrimonio corse, rosé du Béarn, côtes-du-rhône, vin de Savoie).

XII LES DESSERTS

Il n'est plus guère d'usage de servir un vin spécial pour les entremets ou le dessert.

Toutefois, si votre repas a été placé sous le signe du vin unique et que, de surcroît, votre dessert le mérite, pourquoi ne pas lui faire l'honneur d'un vin d'escorte ? Le choix ne manque pas.

Pour la grande famille des entremets : crème caramel, œufs à la neige, île flottante, etc. : vin modérément moelleux, tranquille (anjou, monbazillac, cérons, jurançon), ou pétillant (gaillac, saint-péray, vouvray et, bien sûr, champagne).

Pour les glaces, sorbets et crèmes glacées, le vin n'est vraiment pas à conseiller.

Pour la pâtisserie : vers 1900, on aimait bien la déguster avec un vin doux naturel, muscat, banyuls, porto ou vin de paille, beaumes-de-venise, rasteau. Mais mieux vaut éviter, grâce à une eau bien neutre, un possible combat du sucre avec lui-même.

En vérité, si vous souhaitez glisser une bouteille à la fin du repas, réservez-la plutôt aux fromages.

XIII LES FROMAGES

Le fromage est un monde en lui-même, bien distinct de mon univers familier qui est celui de la cuisine. Je connais, j'utilise, j'apprécie les fromages. Mais je n'ai pas la prétention de parler d'eux, ni de leurs alliances possibles avec les vins, avec autant de compétence que les maîtres fromagers, au premier rang desquels je placerai maître Androuet. Consultez son *Guide du fromage* (Stock) si vous vous passionnez pour les harmonies conjugales des vins et des fromages.

Pour ma part, je me limiterai à quelques indications vous permettant d'éviter les plus flagrantes mésalliances. Je voudrais dire tout d'abord que les extrêmes de la famille ne font pas bon ménage avec le vin. Il s'agit d'une part des fromages très forts (type dauphin, boulette d'Avesnes, vieux chèvre conservés dans du vin blanc ou du marc, voire maroilles ou époisses) ; d'autre part des fromages très doux (pâtes fraîches, notamment).

Dans le premier cas, le vin sera écrasé par la vigoureuse saveur du fromage, dans le second, c'est lui qui l'écrasera.

J'ajouterai que les fromages, lorsqu'ils sont des « crus » comme les vins, se prêtent à des *associations géographiques.* Il est dommage évidemment que les grandes régions productrices de l'Ouest ne portent plus guère de vignobles.

En revanche, pensez au vin du Jura pour le comté, aux vins d'Alsace pour le munster, au bourgogne pour l'époisses, au chanturgue pour la fourme d'Ambert, aux coteaux-d'ancenis pour le fromage nantais du curé, et aux côtes-du-rhône pour le saint-marcellin.

Voici donc mes suggestions pour les principales catégories de fromages :

— ***Pâtes molles à saveur modérée***

Ce sont les brie, carré de l'Est, brillat-savarin et camembert pas trop fort.

Tous les vins rouges légers conviennent : beaujolais, médoc, vins de Loire, coteaux du Languedoc, etc.

— ***Pâtes molles à saveur accentuée***

Pont-l'évêque, feuille de Dreux, livarot, munster, maroilles, camembert bien fait.

Il leur faut évidemment des vins rouges corsés : pomerol, bourgogne, fitou, etc.

— ***Pâtes sèches à saveur modérée***

Ce sont les pâtes pressées comme le port-salut, le saint-paulin, le saint-nectaire, certains cantal.

Leur conviennent des vins légers assez secs, un peu fruités : beaujolais, cabernet, chinon, bourgueil ; des rosés de Touraine ou d'Anjou, ou même des vins blancs comme le sancerre.

— ***Pâtes sèches à saveur accentuée***

Gruyère (beaufort, emmenthal, comté).

Ce sont des fromages un peu « bourratifs » qui gagnent à être animés par des vins légers, frais et fruités : rouges ou rosés, mais surtout blancs pour les amateurs éclairés. Vous les trouverez en Mâconnais et Beaujolais, mais pensez aussi aux vins de la région : arbois, côtes-du-jura, seyssel, crépy, bugey.

— ***Pâtes persillées***

(Roquefort, bleu de Bresse, bleu d'Auvergne, fourme d'Ambert, gorgonzola).

Pour le roquefort, il y a presque autant d'écoles que d'amateurs de ce fromage. Certains préconisent un vin de la même « région », du cahors ou du fitou, le châteauneuf-du-pape étant bien placé à vol d'oiseau. D'autres ne jureront que par le bourgogne. Il y a aussi les adeptes du vin blanc, les prudents s'en tenant au légèrement moelleux : sainte-foy, savennières, jurançon ; les audacieux allant jusqu'au sauternes.

Cette diversité de choix s'explique peut-être par le fait qu'en face du puissant roquefort, tous les vins, quels qu'ils soient, tendent à s'effacer.

Les autres bleus se contentent d'un rouge de caractère et, avec le gorgonzola, pourquoi pas un chianti ou un valpolicella, voire un orvieto blanc ?

— ***Pâtes fondues***

Ces pâtes ont une saveur en général si discrète que vous pouvez les marier à n'importe quel vin rouge léger, blanc ou rosé.

— ***Fromages frais***

Si vous voulez vraiment les déguster, laissez pour une fois le vin de côté.

— ***Fromages de chèvre***

C'est avec eux que vos choix sont les plus larges (vu la variété de ces fromages) et les plus dirigés aussi puisqu'il se trouve que la race caprine adore la proximité des vignobles. Si vous servez un assortiment de diverses provinces, arbitrez avec un vin de Loire ou un côte-de-provence.

AIDE-MÉMOIRE DES MARIAGES HARMONIEUX

PLAT	SIMPLE	CLASSIQUE	ORIGINAL
Soupes paysannes	Vins de pays	Bourgogne rouge	Pécharmant
Soupes de poisson	Vin des Sables-du-Golfe-du-Lion	Cassis blanc ou rosé	Chusclan
Charcuterie	Côtes-d'Auvergne	Rully ou Givry	Vouvray brut pétillant
Entrées froides	Coteaux-d'Ancenis Corbières-du-Gard	Champagne nature	Arbois
Entrées chaudes - quiches - quenelles	Saint-Chinian Saint-Pourçain	Saint-Julien Pouilly-Fuissé	Pinot noir d'Alsace
Œufs Omelette garnie	Eau ou vin de pays	Chinon	Montlouis
Coquillages	Gros-Plant Vin blanc des coteaux du Languedoc	Chablis	Picpoul du Pinet

PLAT	SIMPLE	CLASSIQUE	ORIGINAL
Crustacés	Muscadet Sauvignon	Meursault Hermitage	Chateau-Grillet
Poissons – fumés – grillés, meunière – en sauce – friture	 Gros-Plant Vin des Sables-du-Golfe-du-Lion Bourgogne aligoté Vin du pays de Retz	 Montrachet Graves blanc Pouilly-Fuissé ou Gewürztraminer Bandol	 Pacherenc-du-Vic-Bilh Menetou-Salon Sancerre rouge Vouvray pétillant
Viandes • Agneau, Mouton – rôti, grillé – en sauce	 Vin de pays du Gard, ou du Tricastin Vin rouge de pays léger	 Pomerol Volnay	 Côtes-du-Jura Bellet rouge ou (rosé)
• Bœuf – rôti, grillé – en sauce	 Vin de pays de l'Ile de Beauté Vin de pays du Languedoc	 Châteauneuf-du-Pape Côte de Nuits Côtes de Beaune Saint-Émilion	 Fitou Bardolino
• Porc – rôti, grillé – en sauce	 Vin de pays	 Côte-du-Rhône Juliénas	 Gewürztraminer Jurançon
• Veau – rôti, grillé – en sauce	 Minervois Vin de l'Aude	 Volnay Graves	 Chianti Marsannay-la-Côte
Abats • Cervelle, ris de veau • Tripes • Foie, rognon	 Vin blanc de pays Cidre Côtes-du-Lubéron	 Savennières Moulin à vent Pauillac	 Bouzy rouge Sancerre rosé Rosé d'Arbois
Volaille	Coteaux d'Ancenis Beaujolais	Savigny Saint-Émilion	Madiran Chanturgue
Gibier • Plume : – rôti – sauce • Poil : – rôti – sauce	 Vin de pays Aude – Hérault Corbières Côtes-de-Provence rouge Vin de pays catalan	 Saint-Julien Côte-de-Beaune Moulis Côte-de-Nuits Hermitage, Pommard	 Champagne Blanc de Blancs de Bandol Cornas Château-Chalon
Légumes	Même vin que pour viande ou fromage.		
Foie gras		Champagne Musigny Chateauneuf-du-Pape	Sauternes (fin du repas)
Riz, semoule	Vin Corse	Brouilly	Valpolicella
Desserts Entremets Pâtisserie	 Eau Eau	 Monbazillac Cadillac Sauternes ou Quarts-de-Chaume	 Saint-Peray Beaumes-de-Venise

5

Inventaire des principaux vins et leurs usages

Vous l'avez vu plus haut, il existe environ cent trente types de vins de pays, soixante-dix V.D.Q.S. et trois cent cinquante A.O.C., ce qui conduit, si l'on tient compte des climats, des crus, à des milliers de dénominations différentes.

Plusieurs ouvrages spécialisés décrivent dans le détail les particularités des vins correspondant à ces diverses dénominations.

Dans ce livre consacré essentiellement à la cuisine, j'ai pris le parti de limiter mon inventaire à cent soixante-dix noms environ. Cette sélection est un peu arbitraire, et je présente mes excuses à tous les absents dont le mérite n'est pas en cause. Ma sélection s'est effectuée sur les bases suivantes :

– je cite prioritairement les vins dont j'ai une connaissance personnelle ;

– je mentionne la centaine de vins que, d'après mes observations, vous avez le plus de chances de rencontrer sur les rayons des grandes surfaces ou dans le catalogue des magasins spécialisés ;

– la vingtaine de grandes vedettes, par exemple : « château-d'yquem ou clos-vougeot) que vous devez connaître au moins de nom ;

– pour l'anecdote, un petit nombre de vins curieux, rares ou portant des noms amusants (château-grillet, picpoul du pinet, vins des marches de Bretagne, etc.) ;

– enfin, tout en donnant la préséance aux vins français, j'ai introduit les vins étrangers rencontrés le plus couramment en France.

Dans l'inventaire nécessairement très incomplet qui suit, vous trouverez pour chaque dénomination (Anjou, Alsace, etc.) :

1. l'appellation légale du vin concerné (A.O.C., V.D.Q.S., etc.) ;
2. son origine : région, département, cépage ou tout autre élément d'identification ;
3. sa ou ses couleurs (rouge, blanc, rosé, gris) ;
4. son caractère dominant (variable suivant les couleurs) ; c'est-à-dire est-il corsé ou léger ? sec ? moelleux ? aromatique ? Quelle est la nuance de sa couleur ?
5. son niveau approximatif de prix * ;
6. une suggestion (en général classique) d'association avec un ou deux mets courants.

* Les prix variant fortement dans le temps, j'ai pris comme étalon le prix d'un litre de bon vin de table.

La bouteille du vin considérée vaudra environ :

✳ entre ce prix et le double de ce prix,
✳✳ entre deux fois et cinq fois ce prix,
✳✳✳ entre cinq fois et vingt fois ce prix,
✳✳✳✳ au-delà de vingt fois ce prix, certains millésimes exceptionnels pouvant coûter plus de cent fois le prix du litre « de base ».

CONNAISSEZ LES PRINCIPAUX VINS *

NOM	APPELLATION LÉGALE	ORIGINE	COULEUR	CARACTÈRE	PRIX	CONVIENT A
ALSACE	A.O.C.	Haut-Rhin et Bas-Rhin	Blanc Rosé Rouge	Sec à fruité Léger, vif Rare	x à xx xx xx	Choucroute Poissons Repas original
ANJOU	A.O.C.	Maine-et-Loire et Deux-Sèvres	Blanc Blanc Rosé Rouge	Sec Moelleux Fruité Léger	x xx x x	Charcuterie Poissons en sauce Entrées chaudes Entrées chaudes
ANJOU (Cabernet d')	A.O.C.	Cépage Cabernet	Rosé	Demi-sec	x	Entrées Quenelles
APREMONT	A.O.C.	Savoie	Blanc	Léger et vif	xx	Fondue savoyarde
ASTI	Italie équivalent A.O.C.	Piémont (produits à partir de cépage « muscat d'Asti »)	Blanc	Goût de muscat	xx	Desserts
BANDOL	A.O.C.	Provence (Var près de la mer)	Rouge Rosé Blanc	Très corsé Rond et fruité Sec et fruité	xx xx xx	Daubes Repas « méridional » Poissons grillés
BANYULS	A.O.C.	Roussillon		Vin doux naturel, liquoreux	xx	Apéritif
BARDOLINO	équivalent A.O.C.	Italie (Vénétie)	Rouge	Léger, souple	xx	Repas à l'italienne
BAROLO	équivalent A.O.C.	Italie (Piémont)	Rouge	Vin capiteux et bouqueté	xx	Repas à l'italienne
BARBERA	équivalent A.O.C.	Italie (Piémont et Lombardie, cépage « Barbera »)	Rouge	Très corsé, un peu bourru	xx	Repas à l'italienne
BARSAC	A.O.C.	Bordeaux	Blanc	Moelleux	xx	Plats à la crème
BÉARN	A.O.C.	Pyrénées	Blanc (Jurançon) Rouge (Madiran)	Moelleux Corsé	xx xx	Foie et canard Poule au pot
BEAUJOLAIS	A.O.C.	Rhône	Rouge Blanc	Léger Fruité	x x	Charcuterie Poissons d'eau douce

NOM	APPELLATION LÉGALE	ORIGINE	COULEUR	CARACTÈRE	PRIX	CONVIENT A
BEAUJOLAIS SUPÉRIEUR	A.O.C.	Rhône	Rouge	Souple	xx	Entrées chaudes
BEAUJOLAIS VILLAGES	A.O.C. Les 9 beaujolais de cru peuvent prendre l'appellation bourgogne	Rhône	Rouge	Léger, fruité	xx	Viandes rôties Repas soigné
BEAUNE (Côte-de-)	A.O.C.	Bourgogne	Rouge Blanc	Léger, bouqueté Fruité	xx xx	Volailles Poissons en sauce
BELLET	A.O.C.	Petit vignoble aux portes de Nice	Rouge Rosé Blanc	Léger Fruité Sec et fruité	xx xx xx	Agneau rôti Bouillabaisse Poissons grillés
BERGERAC	A.O.C.	Dordogne	Rouge Blanc	Corsé Moelleux	x x	Viandes en sauce Desserts
BERGERAC (Côte A.)	A.O.C.	Dordogne	Blanc	Sec, fruité Demi-sec	xx xx	Entrées chaudes Poissons crème
BLANQUETTE DE LIMOUX	A.O.C.	Aude	Mousseux	Fin et parfumé	xx	Apéritif Repas original
BLAYE	A.O.C.	Bordeaux	Blanc	Sec et léger	x	Fruits de mer
BLAYE (Côte-de-)	A.O.C.	Gironde	Blanc	Sec et fruité	x xx	Poissons meunière
BORDEAUX (sans mention Château)	A.O.C.	Gironde	Blanc Rouge	Léger, sec (10°) Moelleux (10°5) Léger, parfois fluet	x x x	Coquillages Entrées à la crème Bouillon Repas simple
BORDEAUX SUPÉRIEUR	A.O.C.	Gironde	Rouge	Plus corsé (11°)	x à xx	Repas soigné
BORDEAUX SUPÉRIEUR CÔTES-DE-CASTILLON	A.O.C.	Gironde	Rouge	A boire jeune et frais	xx	Entrées froides ou chaudes
BOURG ET CÔTES-DE-BOURG	A.O.C.	Bordeaux	Rouge Blanc	Coloré Corsé, un peu rude Demi-sec	xx xx	Repas soignés Volailles en sauce

NOM	APPELLATION LÉGALE	ORIGINE	COULEUR	CARACTÈRE	PRIX	CONVIENT A
BOURGOGNE (sans mention du « climat »)	A.O.C.	Yonne (partie) Côte-d'Or Saône-et-Loire Rhône (partie)	Rouge Blanc Rosé	Va du léger au corsé Fruité Rare	xx xx xx	Repas Poissons froids Entrées chaudes
BOURGOGNE ALIGOTÉ	A.O.C.	Provient du cépage aligoté	Blanc	Fruité, vif	x à xx	Parfait pour le « Kir »
BOURGOGNE GRAND ORDINAIRE	A.O.C.	4 départements Bourgogne	Rouge Blanc	Léger	x x	Repas simple Entrées chaudes Fritures
BOURGOGNE PASSE-TOUT-GRAIN	A.O.C.	Mâconnais (Gamay + autres cépages)	Rouge	A boire jeune et frais	xx	Repas soigné
BOURGUEIL	A.O.C.	Touraine (Indre-et-Loire)	Rouge	Fruité, souple Bonne garde	xx	Entrées chaudes
BOURGUEIL (St-Nicolas)	A.O.C.	Touraine (Indre-et-Loire)	Rouge	Bouqueté Bonne garde	xx	Volailles rôties Gibiers plumes Repas soignés
BOUZY	A.O.C.	Champagne (Côte d'Ambonnay)	Rouge	Fin et léger à boire frais	xx à xxx	Réception Repas original
BROUILLY	A.O.C.	Beaujolais	Rouge	Assez corsé Fruité	xx	Volailles ou viandes rôties
CADILLAC	A.O.C.	Côtes de Bordeaux au sud-est de cette ville	Blanc	Moelleux et fruité	xx	Foie gras Desserts
CAHORS	A.O.C.	Lot	Rouge	Coloré, corsé	xx	Cassoulet
CASSIS	A.O.C.	Provence près de la mer	Blanc Rosé Rouge	Sec et fruité Fruité Corsé	xx xx xx	Poissons Plats méridionaux Viandes rouges
CATALAN	Vin de Pays	Pyrénées-Orientales	Rouge	Honnête vin de table	x	Repas simples
CHABLIS	A.O.C.	Bourgogne (Yonne)	Blanc	Sec, couleur pâle	xx	Fruits de mer

NOM	APPELLATION LÉGALE	ORIGINE	COULEUR	CARACTÈRE	PRIX	CONVIENT A
PETIT CHABLIS	A.O.C.	Bourgogne	Blanc	Très léger	xx	Fruits de mer
CHABLIS (Premier cru)	A.O.C.	Bourgogne « climats » classés	Blanc	Plus racé	xx	Belons
CHABLIS (Grand cru)	A.O.C.	Bourgogne « climats » classés	Blanc	Le haut du panier	xxx	Poissons meunière ou grillés
CHAMBERTIN	A.O.C.	Bourgogne Côtes de Nuits	Rouge	Généreux et corsé Un de nos plus grands crus	xxxx	Volailles en sauce Gibiers à poil
CHAMPAGNE	A.O.C.	Région de Reims et Épernay	Blanc	Effervescent (Méthode champenoise)	xxx à xxxx	Apéritif Repas de fête Dessert
CHAMPENOIS (coteaux)	A.O.C.	Champagne « nature »	Blanc Rouge Rosé	Vin, non effervescent sec Léger, fin à boire frais Fruité, rare (type rosé des Riceys)	xx xx xx	Plats froids Foie ou rognons grillés Repas original
CHAMPIGNY	A.O.C.	Région de Saumur	Rouge	Fin et fruité	xx	Entrées chaudes Repas soignés
CHÂTEAU-CHALON	A.O.C.	Jura	Jaune	Sec et très corsé	xxx	Apéritif Langouste Écrevisses
CHÂTEAU-GRILLET	A.O.C.	Côtes du Rhône, minuscule vignoble région de Vienne	Blanc	Très rare : à la fois sec et capiteux	xxx	Apéritif Poissons en sauce
CHÂTEAUNEUF-DU-PAPE	A.O.C. Côtes-du-Rhône	Vaucluse	Rouge Blanc	Capiteux, coloré Bonne garde Fruité, rare	xx à xxx	Tous plats relevés, viandes rouges Poissons, crustacés, Charcuterie
CHENAS	A.O.C. Beaujolais	Rhône	Rouge	Robuste et fruité	xx	Entrées chaudes Repas soigné
CHINON	A.O.C.	Touraine Vienne	Rouge	Couleur rubis fruité, goût de « violette »	xx	Volailles Grillades

NOM	APPELLATION LÉGALE	ORIGINE	COULEUR	CARACTÈRE	PRIX	CONVIENT A
CHIANTI	Équivalent A.O.C.	Région de Florence, Pise, Sienne	Rouge	Classico Ordinaire	xxx xx	Repas à l'Italienne
CHIROUBLES	A.O.C. (Beaujolais)	Rhône	Rouge	Corsé et parfumé	xx	Charcuterie Abats Ragouts
CHUSCLAN	A.O.C. Côtes-du-Rhône	Gard	Rosé	Couleur soutenue, très fruité	xx	Repas « méridional »
CLAIRETTE DE DIE	A.O.C. Côtes-du-Rhône	Drôme	Blanc	Mousseux méthode rurale	xx	Apéritif ou desserts
CLAIRETTE DU LANGUEDOC	A.O.C.	Appellation réservée à 8 communes de l'Hérault	Blanc	Sec	xx	Poissons Desserts
CLOS DE VOUGEOT	A.O.C.	Côte de Nuits	Rouge	Généreux, bouqueté Un de nos « ténors »	xxxx	Viandes de choix Gibier
CORBIÈRES	V.D.Q.S.	Aude	Rouge	Robuste et franc	x	Repas simple
COSTIÈRES DU GARD	V.D.Q.S.	Gard	Rouge Blanc Rosé	Léger à boire frais	x	Repas « méridional »
CORNAS	A.O.C. Côtes-du-Rhône	Ardèche	Rouge	Très corsé	de xx à xxx	Viandes rouges Gibier
CORSE	A.O.C.	60 communes de la Corse	Rouge Rosé Blanc	Vins puissants et agréables	x à xx	Plats épicés Couscous, paëlla etc.
CÔTES-D'AUVERGNE	V.D.Q.S.	Puy-de-Dôme	Rouge Rosé	Léger + rare	x x	Charcuterie Entrées chaudes Fromages locaux
CÔTES-DU-JURA	A.O.C.	Franche-Comté Vignoble s'étendant sur 50 km au nord et au sud de Lons-le-Saunier	Rouge Rosé Blanc Mousseux Jaune de paille	Fruité, un peu acide Léger Sec Sec, fruité Liquoreux	xx xx xx xx xxx xxxx	Porc en sauce Repas original Poisson en sauce Apéritif, desserts Plats épicés Apéritif, desserts
CÔTES-DU-LUBÉRON	V.D.Q.S.	Vaucluse	Rouge Blanc	Léger Sec, fruité	x x	Agneau Entrées

NOM	APPELLATION LÉGALE	ORIGINE	COULEUR	CARACTÈRE	PRIX	CONVIENT A
CÔTES-DE-PROVENCE	A.O.C.	B.-du-Rhône Var Alpes-Maritimes	Rosé Rouge Blanc	Fruité Léger à corsé Sec, fruité	de x à xx	Tous plats méridionaux à boire de préférence sur place
CÔTES-DU-RHÔNE	A.O.C.	Vallée du Rhône, de Lyon à Avignon	Rouge Rosé Blanc	Simple, corsé Fruité, corsé Généreux	xx xx xx	Viandes rôties et en sauce Entrées chaudes Poissons en sauce
CÔTES-DU-RHÔNE VILLAGES	A.O.C.	Production d'une vingtaine de villages agréés (par exemple : Gigondas)	Rouge Rosé Blanc Vins doux naturels	Un peu plus riche et complet que les simples côtes-du-Rhône	xx de xx à xxx	Mêmes usages Apéritif Desserts
CÔTES-DU-ROUSSILLON	A.O.C.	Pyrénées-Orientales	Rouge Blanc	Corsé Généreux	x x	Viandes rouges Poissons en sauce
CÔTES-DU-ROUSSILLON VILLAGES	A.O.C.	Pyrénées-Orientales	Rouge Blanc	Qualité et degré d'alcool + élevé	xx	Repas soignés
CÔTES-DU-VENTOUX	A.O.C. Côtes-du-Rhône	Vaucluse	Rouge Rosé Blanc	Les plus légers des Côtes-du-Rhône	x	Agneau Cuisine aux herbes, etc.
COTEAUX-DU-LAYON	A.O.C. Anjou	Maine-et-Loire	Blanc	Très moelleux Longue conservation	de xx à xxx	Foie gras Plats à la crème Desserts
CRÉMANT	A.O.C.	Plusieurs régions : Loire Bourgogne Alsace, etc.	Blanc	Légèrement pétillant	de x à xx	Apéritif Repas soignés Desserts
EDELZWICKER	A.O.C.	Alsace Mélange de cépages de la région	Blanc	Variable, généralement sec et fruité	x	Plats alsaciens Poissons d'eau douce
ENTRE-DEUX-MERS	A.O.C. Bordeaux	Région entre Gironde et Dordogne	Blanc	Sec et moelleux	x à xx	Fruits de mer Poissons en sauce
ÉTOILE	A.O.C.	Jura	Blanc Jaune Mousseux	Sec et parfumé Très rare	xx xxx xx	Plats contenant du gruyère Écrevisses, crustacés Viandes blanches en sauce Desserts

NOM	APPELLATION LÉGALE	ORIGINE	COULEUR	CARACTÈRE	PRIX	CONVIENT A
FAUGÈRES	V.D.Q.S.	Hérault	Rouge	Assez corsé	x	Repas simples
FITOU	A.O.C.	Aude	Rouge	Très généreux Bonne garde	xx	Viandes rouges
FLEURIE	A.O.C. Beaujolais	Rhône	Rouge	Fin, fruité	xx	Charcuterie Entrées chaudes Volailles
GEVREY-CHAMBERTIN	A.O.C. Bourgogne	Côte de Nuits	Rouge	Très grand vin corsé et bouqueté	xxxx	Repas réception Viandes de choix rôties ou en sauce Gibier
GEWURZTRA-MINER	A.O.C. Alsace	Le nom désigne un *cépage* et non un lieu	Blanc	Très fruité moelleux avec soupçon d'acidité	xx	Poissons en sauce Tartes aux fruits
GIGONDAS	A.O.C. Côtes-du-Rhône	Vaucluse	Rouge	Corsé, un peu rude	xx	Plats épicés Venaison
GIVRY	A.O.C. Bourgogne	Côte chalonnaise	Rouge	Léger, racé, à boire frais	xxx	Pâtés, terrines Poulet rôti, voire repas entier
GRAVES	A.O.C. Bordeaux	Gironde (à l'ouest et sud de Bordeaux)	Rouge Blanc	De léger 10° à corsé 14° Sec et fruité Demi-sec ou moelleux	x à xx x à xx	Viandes blanches ou rouges suivant force Fruits de mer Poissons en sauce Desserts
GROS-PLANT DU PAYS NANTAIS	V.D.Q.S.	Loire-Atlantique	Blanc	Très sec et un peu acide	x à xx	Fruits de mer Charcuterie
HAUT-BRION (Château)	A.O.C. Bordeaux Graves grand cru classé en 1855	Un des plus anciens vignobles de France, aux portes de Bordeaux	Rouge	Une gloire nationale Vieillit admirablement	xxxx	Repas ou mets de haute qualité
HAUT-MÉDOC	A.O.C. Bordeaux	Région située entre Médoc et Bordeaux (Pauillac, Margaux, St-Estèphe, St-Julien)	Rouge	Vins généreux, toniques, demandant quelques années de bouteille	de xx à xxxx	Toutes viandes blanches ou rouges, rôties ou sautées

NOM	APPELLATION LÉGALE	ORIGINE	COULEUR	CARACTÈRE	PRIX	CONVIENT A
HERMITAGE ou ERMITAGE	A.O.C. Côtes-du-Rhône	Drôme	Rouge Blanc	Corsé et bouqueté Sec, fruité et généreux	de xx à xxx	Viandes rouges Gibier Crustacés
HOSPICES-DE-BEAUNE	A.O.C. Bourgogne	Vins sélectionnés de la Côte de Beaune provenant de la vente des Hospices	Rouge Blanc	Vins de haute qualité	xx à xxxx	Tous mets contenant du vin Repas « bourguignon »
ILE-DE-BEAUTÉ (Vin de l')	Vin de pays	Corse	Rouge Rosé Blanc	Vins corsés et aromatiques	x à xx	Repas méridional
IROULÉGUY	A.O.C.	Pays basque	Rosé Rouge	Vif et fruité	xx	Spécialités du pays basque : pipérades, etc.
JASNIÈRES	A.O.C.	Coteaux du Loir	Blanc	Sec et fruité bonne garde	xx	Poissons en sauce
JULIÉNAS	A.O.C. Beaujolais	Rhône	Rouge	Corsé et fruité	xx	Entrées chaudes Volailles
JURANÇON	A.O.C.	Pyrénées	Blanc	Demi-sec Moelleux (tous deux un peu acides)	xx	Poissons Foie gras Desserts
LAFITE-ROTHSCHILD (Château)	A.O.C. Bordeaux premier grand cru classé	Pauillac	Rouge	Très grande classe	xxxx	Repas exceptionnels
LANGUEDOC (Coteaux-du-)	V.D.Q.S.	Une quinzaine de village de l'Hérault entre Cévennes et Méditerranée	Rouge Rosé Blanc	Vins à personnalité A boire jeunes	x à xx	Repas soignés
LATOUR (Château)	A.O.C. Bordeaux premier grand cru classé	Pauillac	Rouge	Généreux, bouqueté Très grande classe	xxxx	Repas exceptionnels
LAUDUN	A.O.C. Côtes-du-Rhône	Gard	Rouge Rosé Blanc	Corsé Charpenté, couleur foncée Sec et capiteux	xx xx xx	Viandes rouges Repas soignés Poissons en sauce
LISTRAC	A.O.C. Bordeaux	Haut-Médoc	Rouge	Excellent « cru bourgeois »	xx	Repas soignés

NOM	APPELLATION LÉGALE	ORIGINE	COULEUR	CARACTÈRE	PRIX	CONVIENT A
MÂCON	A.O.C. Bourgogne recouvre toute une gamme de qualités diverses : • ordinaire • supérieur • villages	Saône-et-Loire, près de Mâcon. Certains crus ont droit à l'appellation beaujolais (St-Amour) Cépage Chardonnay (appellation limitée à une vingtaine de communes)	Rouge o s.v. Blanc o s.v.	Léger Plus corsé et coloré Sec, fin Fruité et corsé	x xx x xx à xxx	Repas simples Repas soignés Fritures Poissons en sauce « Kir »
MADÈRE	Vin portugais d'appellation contrôlée	Vignoble aux flancs de la montagne de l'île de Madère	Blanc (plus ou moins ambré)	Cépages : Malvoisie : brun, épais et doux Boal : demi-sec Sercial : sec, aromatique, à boire vieilli	de x à xx	Desserts Apéritif Entrées
MADIRAN	A.O.C.	Pyrénées	Rouge	Corsé, belle couleur foncée	xx	Viandes rouges, gibier
MALAGA	Vins espagnols d'appellation Nombreuses marques allant de 15 à 25°	Pentes montagneuses de la région de Malaga en Andalousie		Sec : ambré Demi-sec : roux Doux : brun foncé	xx à xxx	Apéritif Apéritif, desserts Desserts
MARGAUX	A.O.C.	Haut-Médoc	Rouge	Vin particulièrement distingué Vieillit bien	xx à xxxx	Viandes rôties
MARGAUX (Château)	A.O.C. premier grand cru classé	Haut-Médoc	Rouge	Bouqueté et délicat Un des 4 grands médocs	xxxx	Repas exceptionnels
MÉDOC	A.O.C. Bordeaux	Au nord-ouest de Bordeaux en direction de la mer	Rouge	Vins corsés et de bonne garde	xx à xxxx	Viandes rouges, rôties ou en sauce
MENETOU-SALON	A.O.C.	Cher	Blanc	Très fruité aromatique original	xx	Apéritif, poissons, crustacés
MEURSAULT	A.O.C. Bourgogne	Côte de Beaune	Blanc	Grand vin, sec, rond et bouqueté, de bonne garde	xxx	Langoustes Poissons en sauce
MINERVOIS	V.D.Q.S.	Hérault et Aude	Rouge	Corsé à très corsé	x	Entrées chaudes Repas soignés

NOM	APPELLATION LÉGALE	ORIGINE	COULEUR	CARACTÈRE	PRIX	CONVIENT A
MONBAZILLAC	A.O.C. Bordeaux	Dordogne	Blanc	Moelleux Très rond de très bonne garde	xx	Foie gras Desserts
MONTLOUIS	A.O.C.	Touraine, près de Vouvray	Blanc	Sec Moelleux Pétillant	xx xx xx	Fruits de mer Poissons en sauce Apéritif Repas originaux
MORGON	A.O.C. Beaujolais	Rhône	Rouge	Corsé Bouqueté avec l'âge	xx	Plats au vin Repas soignés
MOULIN À VENT	A.O.C. Beaujolais	Rhône, à la limite de la Saône-et-Loire Plus Mâconnais que Beaujolais	Rouge	Corsé évoque un Bourgogne De bonne garde	xx	Pot-au-feu
MUSCADET	A.O.C.	Loire-Atlantique Nom du cépage d'où il provient	Blanc	Léger et très sec, un peu acide A boire jeune	x	Coquillages
MUSCADET (Coteaux de Loire)	A.O.C.	Région de coteaux situés le long de la Loire, entre Nantes et Ancenis	Blanc	Léger et sec	x à xx	Fruits de mer Crustacés
MUSCADET DE SÈVRE-ET-MAINE	A.O.C.	Vignoble situé au Sud de Nantes (Vallet, Vertou, etc.)	Blanc	Plus fruité, plus corsé que les précédents, notamment le muscadet « sur lie » mis en bouteille au printemps suivant la récolte	xx	Apéritif Poissons au beurre blanc
MUSCAT d'ALSACE	A.O.C.	Haut-Rhin Bas-Rhin (cépage muscat)	Blanc	Très fruité, un peu musqué	xx	Apéritif Desserts alsaciens
MUSCAT DE FRONTIGNAN	A.O.C. Vin doux naturel	Hérault	Ambré	Capiteux, liquoreux, musqué	xx	Apéritif Desserts
MUSCAT DE RIVESALTES	A.O.C. Vin doux naturel	Pyrénées-Orientales	Ambré Limpide	Assez liquoreux, musqué	xx	Apéritif Desserts

NOM	APPELLATION LÉGALE	ORIGINE	COULEUR	CARACTÈRE	PRIX	CONVIENT A
MUSIGNY	A.O.C. Bourgogne	Commune de la Côte de Nuits	Rouge	Bouquet exceptionnel Très distingué	de xxx à xxxx	Viandes rouges Gibier Repas de réception
NUITS OU NUITS-ST-GEORGES	A.O.C. Bourgogne	Côte de Nuits	Rouge	Corsé Bouqueté	de xx à xxx	Viandes rouges Gibier Repas de réception
PACHERENC DU VIC-BILH	A.O.C.	Pyrénées, près de l'Adour Pacherenc est le nom du cépage	Blanc	Sec Moelleux Assez rare	xx	Poissons Plats béarnais Apéritif original
PALETTE	A.O.C. Côtes de Provence	Bouches-du-Rhône Petit vignoble près d'Aix-en-Provence	Blanc Rouge Rosé	Sec, fruité Corsé Élégant	xx xx xx	Accompagnement « original » à tous plats méridionaux
PAUILLAC	A.O.C. Bordeaux	Communes du Haut-Médoc	Rouge	Corsé et bouqueté	xx à xxxx	Volailles rôties Agneau, etc. Repas réception
PÉCHARMANT	A.O.C.	Région de Bergerac	Rouge	Corsé, tonique, couleur foncée	xx	Accompagnement original de mets du Sud-Ouest
PICPOUL-DE-PINET	V.D.Q.S.	Région de Sète Cépage Picpoul	Blanc	Sec et aromatique	x	Coquillages (moules crues de Bouzigues)
POMEROL	A.O.C. Bordeaux	Petite région au nord-est de Libourne	Rouge	Étoffé Bouqueté avec l'âge Belle couleur	xx à xxx	Terrines, pâtés Rôtis Gibier
POMMARD	A.O.C. Bourgogne	Côte de Beaune, aux portes de la ville	Rouge	Très célèbre Vigoureux	xx à xxx	Viandes rouges Gibier Plats relevés
PORTO	Vin de liqueur portugais d'appellation reconnue par la France Les meilleurs sont millésimés (vintage)	Vallée du Douro, au nord du pays	Blanc Rouge	Plus ou moins ambré Plutôt sec Foncé ou plus clair Plutôt doux		Apéritif Melon, foie gras
POUILLY-FUISSÉ	A.O.C. Bourgogne	Vignoble situé à l'extrême sud de la Bourgogne, près de Mâcon	Blanc	Sec et fruité Très belle couleur dorée	xx à xxx	Langouste Poissons en sauce Quenelles

NOM	APPELLATION LÉGALE	ORIGINE	COULEUR	CARACTÈRE	PRIX	CONVIENT A
POUILLY-SUR-LOIRE	A.O.C.	Nièvre, sur rive droite de la Loire	Blanc	Très sec Un peu pierre à fusil	xx	Fruits de mer
POUILLY-FUMÉ	A.O.C.	Même région que Pouilly-sur-Loire. Mais cépage *fumé* (Sauvignon)	Blanc	Sec, fruité, aromatique Agréable couleur mordorée	xx à xxx	Poissons beurre blanc Entrées chaudes
QUARTS-DE-CHAUME	A.O.C. Anjou	Coteaux du Layon, au sud d'Angers	Blanc	Très moelleux et fin à la fois Vin de grande classe	xx à xxx	Foie gras Poissons froids Desserts
QUINCY	A.O.C.	Cher	Blanc	Très sec un peu âpre	xx	Poissons en sauce Fromage de chèvre
RIESLING	A.O.C. Alsace	Nom du cépage d'où provient le vin	Blanc	Vif et bouqueté	xx	Poissons Choucroute Coq au Riesling
RIOJA (Vin de la)	Dénomination d'origine Espagne	Région située sur les rives de l'Èbre, au sud de Bilbao	Rouge Clarete Reserva Impérial	Jeune, léger, clair Plus âgé et plus corsé Vieux, capiteux		Paëlla Sangria Viandes rôties ou repas à l'espagnole
RIVESALTES	A.O.C. Vin doux naturel	Soit « pur muscat » soit contenant d'autres cépages	Rouge ou Blanc (ambré)	Liquoreux, capiteux à boire vieilli	xx	Apéritif Desserts
ROUSSETTE DE SAVOIE	A.O.C.	Départements : Savoie et Hte-Savoie Roussette : nom du cépage	Blanc	Sec Assez fruité	xx	Fondue et spécialités savoyardes
SABLES-DU-GOLFE-DU-LION (vin des)	Vin de Pays	Bouches-du-Rhône vignoble littoral	Blanc Rosé Rouge	Léger et fin Léger et vif	x x	Repas méridionaux
SAINT-AMOUR	A.O.C. Beaujolais	Saône-et-Loire au sud de Mâcon	Rouge	Fruité et souple	xx	Charcuterie Abats Volailles
SAINT-CHINIAN	V.D.Q.S.	Hérault	Rouge	Corsé, coloré, un des meilleurs « Languedoc »	x	Repas soignés

NOM	APPELLATION LÉGALE	ORIGINE	COULEUR	CARACTÈRE	PRIX	CONVIENT A
SAINT-ÉMILION	A.O.C. Bordeaux	Vignoble situé près de Libourne Gironde	Rouge	Corsé Bouqueté Couleur foncée Très bonne garde	xx à xxxx	Viandes et volailles rôties Repas de réception pour les crus classés
SAINT-ESTÈPHE	A.O.C. Bordeaux	Haut-Médoc	Rouge	Assez léger souple et bouqueté	xx à xxx	Entrées chaudes Viandes blanches Volailles
SAINT-JULIEN	A.O.C. Bordeaux	Haut-Médoc	Rouge	Fin Bouqueté	xx xxx	Viandes rôties et grillées
SAINT-PERAY	A.O.C. Côtes-du-Rhône	Ardèche, près de Valence	Blanc	Fruité Mousseux méthode champenoise	xx	Apéritif Repas originaux
SAINT-SATURNIN	V.D.Q.S.	Hérault	Rouge et rosé	Léger et fruité	x	Repas soignés
SAINTE-CROIX-DU-MONT	A.O.C. Bordeaux	Premières côtes au sud-est de Bordeaux, le long de la Garonne	Blanc	Liquoreux ou demi-sec	xx xx	Foie gras Desserts Poissons en sauce
SAINTE-FOY	A.O.C. Bordeaux	Sud-est de Libourne, sur rive gauche Garonne	Rouge Blanc	Léger, nerveux Moelleux	xx xx	Repas soignés Apéritif Desserts
SANCERRE	A.O.C.	Cher	Blanc Rosé Rouge	Sec, fruité Fruité Léger et vif (à boire frais)	xx	Belons, poissons Fromage chèvre Repas original
SANTENAY	A.O.C. Bourgogne Côte-de-Beaune	A l'extrême sud de la Côte-d'Or	Rouge	Fin, souple	xx à xxx	Volailles rôties
SAUMUR	A.O.C. Anjou	Coteaux sud de la Loire	Rouge Blanc Mousseux	Fin, léger (servi frais) Léger, sec	xx xx xx	Charcuterie Plats à base d'œufs Repas soignés Poissons Apéritif, desserts Repas originaux
SAUMUR-CHAMPIGNY	A.O.C. Anjou	Une dizaine de communes sur le plateau au sud de Saumur	Rouge	Plus corsé et fruité, souple	xx	Charcuterie Entrées chaudes Volailles
SAUTERNES	A.O.C. Bordeaux	Petit vignoble sur rive Sud de la Garonne	Blanc	Très liquoreux et capiteux Couleur foncée Très bonne garde	de xx à xxxx	Foie gras Langouste Desserts

NOM	APPELLATION LÉGALE	ORIGINE	COULEUR	CARACTÈRE	PRIX	CONVIENT A
SAVIGNY	A.O.C. Bourgogne Côte-de-Beaune	A la limite sud de la Côte de Nuits	Rouge	Fins, légers Bouquetés	de xx à xxx	Volailles rôties ou en sauce
SYLVANER	A.O.C. Alsace	Nom du cépage donnant ce vin	Blanc	Très sec et vif Un peu acide Couleur pâle	xx	Poissons meunière ou frits Choucroute
TAVEL	A.O.C. Côtes-du-Rhône	Gard (près d'Avignon)	Rosé	Très fruité Assez capiteux Couleur rose ambré	xx	Hors-d'œuvre Melon Repas méridionaux
TOKAY	A.O.C. Alsace	Nom du cépage donnant ce vin : Tokay ou Pinot gris	Blanc	Sec, léger Couleur très pâle	xx	Poissons meunière Volailles en sauce
VALPOLICELLA	équivalent A.O.C.	Italie, région de Venise	Rouge	Léger et souple	xx	Pâtés Ratatouille Repas à l'italienne
VOUVRAY	A.O.C. Touraine	8 communes de l'Indre-et-Loire, rive nord	Blanc	Nature (sec ou demi-sec) Mousseux	xx xx	Poissons beurre blanc ou en sauce Apéritif Repas originaux
VALDEPENAS	Vin espagnol d'appellation	Région de la Manche entre Tolède et Valence	Blanc Rouge	Doré, rond, corsé Foncé, robuste	xx	Paëlla Viandes rôties Repas à l'espagnole
VENDÉENS (vins des fiefs)	Vin de Pays	Vendée	Rouge	Léger et clair	x	Soupes paysannes Potées Repas simples
VAL D'ORBIEU	Vin de Pays	Aude	Rouge	Léger	x	Repas simples
YQUEM (Château)	A.O.C. Bordeaux	Sauternes premier grand cru classé	Blanc	Un de nos plus grands vins Liquoreux Bouqueté Élégant De très bonne garde	xx à xxxx	Apéritif Foie gras Desserts
XERÈS (ou Jerez ou Sherry)	Vin espagnol d'appellation	Andalousie	Types les plus courants : • Fino • Amontillado • Olorozo	 Sec et léger Fruité sec et pas alcoolisé Foncé, plus doux Très fruité	 xx xx xxx	 Apéritif Idem Idem

PETITE BIBLIOGRAPHIE DES VINS

*	Simple
**	Élaboré
***	Technique

COINTAT (Simone) : *Les Doigts d'or : Vins* (2 vol.), Atlas **
COUDERC (Philippe) : *Les Vins, la cave,* Hachette *
DEBUIGNE (Dr Gérard) : *Larousse des vins,* Larousse ***
DOVAZ (Michel) : *Le Livre du vin,* de Vecchi **
DUMAY (Raymond) : *Guide du vin* (Livre de Poche pratique), Stock **
DUMAY (Raymond) : *Petit guide de poche du vin et de la cave,* Tchou *
DUSSERT-GERBER (Patrick) : *Guide des vins de France,* Albin Michel
GEAY (Louis) : *Le guide des vins et de leurs à-côtés,* La Courtille **
JOHNSON (Hugh) *Atlas mondial du vin,* Laffont ***
JACQUELIN (Louis) et POULAIN (René) : *Vignes et vins de France,* Flammarion ***
KRESSMAN (Edouard) *Le guide des vins et des vignobles de France,* Elsevier Sequoia **
LICHINE (Alexis) : *Encyclopédie des vins et des alcools,* Laffont ***
MASTROJANNI (Michel) : *Le Grand Livre des vins de France,* Solar ***
MONTSERVAN (Nathalie) et PLANCHE (Bernard) : *Le Monde fascinant du vin,* Gründ, **
PLESSIS (Louis) : *Le Vin à la maison,* Flammarion *
RAMAIN (Dr Paul) : *Les Grands Vins de France,* Jeanne Laffitte (Marseille), rééd. **
RENAY (Georges) : *Les Étiquettes de vin,* Berger-Levrault ***

INDEX
PAR CATÉGORIE DE PLATS

POTAGES

ENTRÉES – SALADES

ŒUFS

POISSONS – COQUILLAGES CRUSTACÉS

AGNEAU – MOUTON

BŒUF

PORC

VEAU

ABATS – TERRINES – PÂTÉS

VOLAILLES

GIBIER – LAPIN

LÉGUMES

PÂTES – RIZ – SEMOULE

SAUCES

DESSERTS

SAVOIR METTRE LE COUVERT, 11

DU BON USAGE DU VIN, 341

INDEX ALPHABÉTIQUE

D

E

F

G

Q

R

S

T

V

Achevé d'imprimer
par Maury-Eurolivres S.A. – 45300 Manchecourt
en mai 1996
23.26.6193-9/01
ISBN : 2-01-236193-5

Achevé d'imprimer
par Maury-Eurolivres S.A. – 45300 Manchecourt
en mai 1996
23.26.6193-9/01
ISBN : 2-01-236193-5

N° d'édition : 37072
N° d'imprimeur : 53190 M
Dépôt légal : 5314-05-1996

Photos P. Asset